2024年度甘肃省社科规划青年项目
"产业创新体系支撑甘肃创新能力提升的实现路径和对策研究"（项目批准号：2024QN031）

A Social Constructivist Study of the Evolution of
Chinese Technology Market

我国技术市场演进的
社会性建构研究

■ 安涌洁 / 著

中国财经出版传媒集团

经济科学出版社
Economic Science Press
·北京·

图书在版编目（CIP）数据

我国技术市场演进的社会性建构研究／安涌洁著 .
北京：经济科学出版社，2025.4. -- ISBN 978 - 7 -5218 -
6900 -2

Ⅰ. F723.84

中国国家版本馆 CIP 数据核字第 20256E844P 号

责任编辑：杜　鹏　武献杰　常家凤
责任校对：杨　海
责任印制：邱　天

我国技术市场演进的社会性建构研究
WOGUO JISHU SHICHANG YANJIN DE SHEHUIXING JIANGOU YANJIU

安涌洁／著
经济科学出版社出版、发行　新华书店经销
社址：北京市海淀区阜成路甲 28 号　邮编：100142
编辑部电话：010 - 88191441　发行部电话：010 - 88191522
网址：www. esp. com. cn
电子邮箱：esp_bj@ 163. com
天猫网店：经济科学出版社旗舰店
网址：http://jjkxcbs. tmall. com
固安华明印业有限公司印装
710 ×1000　16 开　18.75 印张　300000 字
2025 年 4 月第 1 版　2025 年 4 月第 1 次印刷
ISBN 978 - 7 -5218 -6900 -2　定价：128.00 元
（图书出现印装问题，本社负责调换。电话：010 - 88191545）
（版权所有　侵权必究　打击盗版　举报热线：010 - 88191661
QQ：2242791300　营销中心电话：010 - 88191537
电子邮箱：dbts@ esp. com. cn）

序　言

当今世界正经历着百年未有之大变局的纵深演进，我国也进入了向第二个百年奋斗目标进军的新发展阶段。在复杂的国际、国内形势变化下，深入实施创新驱动发展战略、把科技自立自强作为国家发展的战略支撑、加快建设科技强国是我国培育发展新动能、在国际竞争中占据有利地位的根本路径。在此背景下，发展技术市场具有极为突出的战略意义，其在宏观上对国民经济发展的规模和范围有增量助推作用、对发展的质量和层级有价值提升作用；在微观上对为市场主体注入创新动力、为科技组织释放创新活力、为创新创业拓展新经济空间有直接促进作用，是我国应对百年未有之大变局、实现科技自立自强、构建国内国际双循环发展格局、抗击国际单边主义逆流的务实之举。

我国技术市场是改革开放以来影响科技、经济乃至社会发展的重要制度创新。其创设源于我国经济体制转型，其发展贯穿于科技和经济体制改革过程，在四十多年的发展中不仅放活了广大技术市场主体、丰富了中国特色社会主义市场经济内涵，还通过搭建起技术商品化、产业化的渠道激活了市场竞争机制和资源配置机制，促进了技术要素参与生产和经济价值的实现，提升了创新主体科技创新的积极性和能动性。而技术市场的发展壮大进一步支撑了我国国家技术转移体系建设、创新驱动发展、科技自立自强等战略的实施和实现。

2021 年《中华人民共和国国民经济和社会发展第十四个五年规划和 2035 年远景目标纲要》将发展技术市场列为科技创新领域的重要着力点。2022 年中共中央、国务院发布《关于加快建设全国统一大市场的意见》，提出打破行政分割、市场分割的技术市场发展格局，形成全国范围内技术要素自由流动和配置的新发展格局。此后，科技部下发《"十四五"技术要素市场专项规划》，从建立健全科技成果产权制度、强化高质量科技成果供给、建设高标准技术交易市场、提升市场服务体系的专业化、促进技术要素与其他要素融合、推动技术要素国际化大循环等方面提出新时代发展技术市场的重点举措。党的二十大报告中强调"构建全国统一大市场，深化要素市场化改革，建设高标准市场体系"。而从当下发展实际来看，我国技术市场还存在要素和主体规模有限、收益分配机制扭曲、供需匹配转化不畅、市场服务体系专业性不足、与其他要素市场融合不够、资源配置渠道单一、功能割裂和创新断链等问题，严重制约着科技和经济的双向融合。

技术市场作为不可分离于经济环境、社会系统的组成部分，其发展必定受到诸多经济因素、社会因素的影响。但是学界的相关讨论多数是从政府或市场的单一维度进行实证研究，少有的理论研究也主要是从经济学角度寻求破解技术市场因为高风险性、正外部性等属性引发的交易障碍的方法。正是因为缺少综合分析视角，导致现有研究现实基础不足，并对市场涌现出的大量现象解释乏力。因此，面向新发展阶段，寻求新的理论视角全面、系统地分析我国技术市场的形成、发展受哪些经济性、社会性因素影响，并从历史演进的角度探讨这些因素在我国技术市场四十多年的发展历程中发挥了何种作用、产生了何种结果，引致技术市场表现出何种演化规律和发展特征，进而提出发展建议是必要且有深远意义的。

为此，本书在社会学市场研究的主要理论洞见启发下，按照"概念梳理—模型构建—实证研究—结论分析"的思路，构建起分析我国技术市场的GSA框架，借以观察技术市场的演进进程，并形成了以下主要研究结论。

（1）我国技术市场的发展动力从源自政府自上而下的规定演变为政府、社会性网络和行动者的共同驱动，但是这些因素尚未实现"携手"共治。本书基于已有研究梳理出形塑技术市场的四类因素——政治、关系网络、文化、认知，将它们整合发展出针对技术市场的GSA分析框架。在此框架下将我国技术市场的发展历程划分为1980~1992年、1993~2012年、2013~2020年三个阶段，使用政策文献量化分析、社会网络分析和描述性分析方法分析市场演进动力。研究发现，不同阶段政府根据新的经济目标、发现的市场问题调整政策意图和干预手段，这种外生于市场的干预始终为技术市场提供了突破固有发展模式的动力。市场中具有强势地位的行动者占据着较多社会资本，有能力调节和改变市场内部的关系网络，进而赋予市场内生变革能力。第一阶段占据较多社会资本的为国有组织，第二阶段分散至民营企业，第三阶段进一步分散至中介机构，这些行动者的组织属性意味着市场中能够积极响应市场内部变化、为市场转型提供助力的主体从不足到多元，进而市场逐渐具备了自主性变革能力。综上所述，市场发展动力从政府自上而下的规定演变为政府、社会性网络和行动者的共同驱动。但是因为政府对强制性政策工具的使用偏好、"重宏观引导轻规则建立、重行政干预轻市场指导"的政策特征、对市场规律认识不足的治理缺陷使得政府和市场尚未建立良好的互动机制，因此，政府力量和市场力量尚未实现自上而下、自下而上的良性互动，各类影响市场发展的因素尚未实现"携手"共治。

（2）技术市场的发展是一个政府不断加强市场整体设计和治理、通过更多规制实现市场改革的过程，但这种过程还存在对市场规律认识不足、行政干预过强等问题。本书利用政策文献计量法分析了三个阶段的技术市场政策主题，得出政府在市场中的角色经历了从单一到多重、从外部到深入嵌入市场内部的转变过程，同时这种转变是渐进性的不断完善过程。因此，技术市场的发展和改革是一个政府更深入介入市场的过程，而非解除政府干预的过程；是一个政府不断培养维持市场治理能力的过程，而不是摒弃政府的过程；是一个逐渐认识市场规律并加以治理，而不是放任市场的过程。此外，我们还构建了"政策工具—现代市场体系理论"框架对政策内容进行量化研究。从政策工具的使用来看，在不同阶段政府对强制性具有一致偏好，并且始终表现出"重管制、轻治理"的特征，同时，政府能力建设经历了"行政能力建设"到"行政能力优化"再到"市场治理能力提升"的过程。从现代市场体系维度分析，不同阶段政府对市场体系中不同维度的关注度有很大差异，但是并没有发生"从无到有"的转变。将两个维度结合发现政策工具的选用并没有根据市场体系不同维度的特点而有明显差别，也没有随着市场演进阶段的不同而有明显调整，即始终倾向于使用强制性工具。因此，政府在市场中的介入方式是对市场的整体设计和治理，但是这种治理主要通过制度化、行政化的方式实现，从而严重低估和忽视了市场导向的政策选择的范围。

（3）我国技术市场形成了以高校和科研院所为基础研究主体、企业为创新主体，非正式制度作用突出、正式制度尚未发挥理想作用的偏向于协调型市场体系的发展模式。首先，通过在宏观、微观两个层面观察市场各类行动者的参与规模、参与方式和在技术生命周期链各环节的参与倾向，发现行动者的变化呈现出以下特点：一是高校、科研院所在政策引导下，从主要参与技术基础研究、共性技术研究，对技术商业化阶段的参与远远不足演变为积极参与技术商品开发和工艺开发活动，但始终承担着主要的"知识来源"角色。企业在与市场相容的激励机制下从以引进机器设备为主要技术需求转变成为技术商业开发、工艺开发的主要力量，创新地位逐渐突出。但是企业对技术的需求是已经经过中试环节并能迅速商业化的技术，基础研究能力不足。二是市场交互方式从技术咨询和技术服务逐渐转向技术开发和技术服务，表现出以"产学研"结合为代表的"社会化大生产"的知识生产、传播、应用方式。这些变化导致了市场中基于技术创造的竞争不足。其次，通过对社会性网络中网络结构、节点和运行机制的分析得出，市场运行中基于社会文化、意识形态、社会规范、行为惯习的非正式制度作用突出，开放、公平、基于价格竞争的正式制度作用逐渐增强但尚未发挥理想作用。由此市场稳定性、信任度提升，机会主义行为和交易成本降低，但同时市场资源配置机制、价值传递机制和公平获取机制作用发挥不足。从而，技术市场的"核心—外围"特征明显，核心区对外围区的辐射带动不足，形成强者愈强的市场分割发展格局。最后，从政府维度来看，政府从建设初期以"供需对接"的方式设置市场运行规则，到第三阶段以"一体化"和"网络化"为原则设计市场，使用多种激励措施将创新体系从高校、科研院所内部研发转变为基于创新者网络的模式。以上这些特征说明技术市场偏向于协调型市场体系。协调型经济体系更擅长渐进式创新，因此可能会过早固化已有研究，导致路径依赖而不能保持创新活力。

相比于已有文献，本书的贡献在于：第一，从社会学角度明确了影响技术市场发展的经济性、社会性因素，并将这些因素整合，创新性地提出分析我国技术市场的 GSA 分析框架；第二，通过收集多源异构数据以及运用多种分析工具将技术市场运行依靠的各类因素通过完整的数学工具进行剖析，进而立足实践，揭示了我国技术市场的发展特征和演进规律。本书不仅拓展了研究我国技术市场的理论边界，也为政府政策制定提供了决策参考。

安涌洁

2025 年 3 月 21 日

Contents

目录

第三部分　治理技术市场

第一部分
认识技术市场

　　技术市场是我国社会主体市场经济的重要组成部分，技术要素的高风险性、信息隐蔽性、正外部性等特征使得技术的公平、公开、公正交易成为历史性、世界性和时代性难题，从而技术市场具有明显异质于其他市场的特征。在现实和理论上加深对技术市场的理解，对于解决其发展困境具有突出意义。

第一章
技术市场的发展

我国技术市场是改革开放以来影响科技、经济乃至社会发展的重要制度创新。其创设源于我国经济体制转型，其发展贯穿科技和经济体制改革过程，在四十多年的发展中不仅放活了广大技术市场主体，丰富了中国特色社会主义市场经济内涵，还通过搭建起技术商品化、产业化的渠道，激活市场竞争机制和资源配置机制，促进技术要素参与生产和经济价值的实现，提升创新主体科技创新的积极性和能动性。而技术市场的发展壮大进一步支撑了我国国家技术转移体系建设、创新驱动发展、科技自立自强等战略的实施和实现。但技术市场发展有积累，也有积弊，同时，其发展已经置于完全不同的形势之下，需要承担新的使命、解决新的问题。本章的目的是厘清国内外技术市场发展历程，从宏观角度把握发展脉络和规律。

第一节　我国技术市场政策历程

根据科学技术部火炬中心发布的《中国技术市场三十周年发展报告》，中国技术市场起始于 1978 年——技术的商品属性初步得以确立、出现了一批中介服务机构、技术成果的推广应用实现了从无偿到有偿的突破。然而由于当时关于技术是否是商品还存在严重的分歧，许多单位在技术协作、协同发展中虽然实行有偿服务和有偿转让，也是不公开或半公开的，其着眼点也仅仅是给技术持有者以适当补偿，并没有从商品交换的高度来认识这一活动。

1984 年，随着《技术有偿转让条例》实施，技术市场概念首次出现在官方文件中，加速科技成果转化，技术合同制度在国内普遍施行。1985 年 1 月国务院颁布了《关于技术转让的暂行规定》，3 月中共中央颁布了《关于科学技术体制改革的决定》，4 月《中华人民共和国专利法》正式实施。这些具有划时代意义的法律法规和政策文本提供了技术商品可供有偿使用和转让的法律依据，确立了技术市场在社会主体商品经济中的地位，厘清了开放技术市场中的重大原则问题。

进入 20 世纪 90 年代，技术市场发展主要受到两部科学技术领域重要法律的影响。首先是 1993 年 10 月我国实施的第一部技术基本法《中华人民共和国科学技术进步法》。该法第十二条提出"国家建立和发展技术市场，推动科学技术成果的商品化"，从而以法律的形式将技术市场作为经济发展的重要制度和举措明确下来。其次是 1996 年 10 月 1 日正式实施的《中华人民共和国促进科技成果转化法》，该法的目的是进一步加速科技进步、促进科技成果转化为现实生产力、规范科技成果转化活动。相应地，国家科委、国家体改委于 1994 年联合印发了《关于进一步培育和发展技术市场的若干意见》。这是第一份不再局限于"技术市场监督管理"的专项政策文件，不仅明确了培育技术市场的任务和基本方针，还从流通体系、市场秩序、科技计划、农村市场、市场融合、管理调控六个方面提出了具体的发展要求。两年之后的 1996 年 10 月，即《中华人民共和国促进科技成果转化法》实施的当月，国家科委又单独印发了《"九五"全国技术市场发展纲要》，这既是第一次与国民经济五年规划同步的技术市场政策文件，又是第一次以发展纲要的形式规划了技术市场的奋斗目标和重点工作，并特别提出了 12 项技术市场具体政策措施。之后，国家科委还于 1997 年印发了《加强技术交易会管理的通知》和《技术经纪资格认定暂行办法》等具体领域政策。总体上，技术市场从"开放"到"培育"虽然仍处于初级发展阶段，但政策的出台从具有鲜明改革特征已逐步显现出一定规划性，政策制定者也提出"将培育技术市场的工作提高到战略高度来认识"。

21 世纪前 10 年政策的出台主要受到 2006 年 2 月国务院印发的《国家中长期科学和技术发展规划纲要（2006—2020 年)》影响。2006 年 3 月科技部印发了《关于加快发展技术市场的意见》。该意见明确指出"现代技术市场体系建设是国家创新体系的重要架构和提高自主创新能力的重要内容"，提出加快现代技术市场体系的健全和完善是未来的发展方向。由于正值"十一五"开局之年，该意见有利于全国科技行政管理部门统一思想、适应科技战略调整、加快完善技术市场政策、创造自主创新的良好环境。2007年12月，国家发展改革委、科技部、财政部、国家工商总局、国家版权局、国家知识产权局联合印发了《建立和完善知识产权交易市场指导意见》。该意见是第一份指导知识产权交易市场建设的部委层面规章，对技术市场中知识产权交易暴露的交易机构定位不清、交易方式单一、价值评估困难、市场保护和监管不力等问题从推进市场体系建设、规范知识产权交易行为、改进知识产权交易配套服务、加大政策扶持力度、加强领导和监督管理五大方面提出政策措施。2008年6~7月，《国家知识产权战略纲要》和新修订的《中华人民共和国科学技术进步法》先后正式实施。《国家知识产权战略纲要》对于完善技术市场政策，从加强知识产权中介服务管理、规范执业资质管理、发挥行业协会的作用、构建交易体系、发展信息服务等方面，重点提出了"发展知识产权中介服务"的战略措施。而修订后的《中华人民共和国科学技术进步法》在发展技术市场的规定中，除了遵循自愿平等、互利有偿和诚实信用的原则以外，新增了鼓励创办中介服务机构、引导建立技术交易服务体系、推动科技成果推广应用三项具体条款。

2012年底党的十八大报告在强调坚持中国特色自主创新道路基础上，首次提出实施创新驱动发展战略。自此创新驱动发展战略的提出与部署对科技服务业、科技成果转化、国家技术转移体系、知识产权运用等相关政策都产生重大影响，而技术市场则成为上述各领域政策的共同着力点之一。例如，2014年10月国务院出台《关于加快科技服务业发展的若干意见》，提出发展多层次的技术交易市场体系、探索网上技术交易模式、鼓励技术转移集成服务；2015年8月修正的《中华人民共和国促进科技成果转化法》规定，国家培育和发展技术市场，并鼓励科技中介服务机构创新线上线下服务场所和服务类型；2017年7月国务院发布《关于强化实施创新驱动发展战略进一步推进大众创业万众创新深入发展的意见》，在保护知识产权、活跃技术交易的措施中，提出发挥网上技术市场的作用、丰富知识产权运营服务体系，以更好地促进供给与需求对接；2017年9月国务院印发《国家技术转移体系建设方案》，提出了国家技术转移体系和技术市场发展的"两步走"目标，到 2020 年初步形成互联互通的技术市场，到 2025 年技术市场充分发育，并对全国技术交易网络、技术交易市场功能、技术转移服务规范等提出具体要求。

在此期间，技术市场的专题政策文件也连续出台。首先，科技部于 2013 年组织编制了《技术市场"十二五"发展规划》，该规划提出以技术转移和科技成果转化作为技术市场发展的两条主线，重点强化优化市场机制、科技服务体系以及市场发展环境，形成"制度、组织和机制三位一体的现代技术市场体系"，并为此制定了技术市场的四大任务和六项保障措施。其次，为贯彻 2015 年新修订的《促进科技成果转化法》及其配套政策要求，科技部又于 2017 年编制了《"十三五"技术市场发展专项规划》，技术市场的 5 年规划首次得以延续。该规划的两大特点是强化市场化服务和推进全国技术市场大流通格局建设，并就相关内容在具体任务和保障措施上进行政策完善。2018 年科技部制定的《关于技术市场发展的若干意见》，其主要是为了落实党的十九大精神和 2017 年《国家技术转移体系建设方案》要求，提出"四个着力"的现代技术市场发展任务，即构建技术交易网络、提升专业化服务功能、优化制度环境和加强监管服务。2020 年《关于构建更加完善的要素市场化配置体制机制的意见》着重提出通过培育专业技术转移机构和技术经理人、促进技术要素和资本要素融合发展推动技术要素市场高质量发展。2022 年 10 月科技部印发《"十四五"技术要素市场专项规划》提出要高标准建设技术要素市场。

第二节　我国技术市场发展现状

在制度环境不断完善、市场经济逐渐繁荣的趋势下，我国技术市场交易日趋活跃、市场规模大幅提升、市场服务不断完善、市场环境持续优化，将以有形市场建设为主的技术市场发展推向了高潮，但同时也出现了市场交易类型单一、地域分割现象严重、服务体系专业性不足等问题，以下进行详细梳理。

一、发展优势

（1）市场规模拓展，价值提升。技术合同成交额快速增长。过去四十多年，我国技术市场保持快速发展态势，技术交易活跃，2016 年以来每年有 30 余万项技术成果通过技术市场交易实现转移转化，技术合同成交金额年均增长率达到 18%。2019 年全年共登记技术合同 48.4 万项，认定登记成交额为 2.24 万亿元，首次突破 2 万亿元，首次超过全社会 R&D 经费投入规模。2022 年，全国技术市场合同成交项数和金额再创新高，全国共登记技术合同 77.2 万项，认定登记成交金额 4.78 万亿元，占 GDP 的比重 3.9%（见表 1-1）。在优化科技投入方式、促进科技成果转移转化和推动国民经济高质量发展方面的作用愈加凸显。

表 1-1　　　　　　　　2015~2022 年全国技术交易情况

年份	技术合同成交项及增长率（项，%）		技术合同成交额及增长率（亿元，%）		技术合同成交额占国内生产总值的比例（%）	技术合同成交额与R&D 经费投入的对比
2015	307132	3.40	9835.8	14.67	1.4	69.4：100
2016	320437	4.33	11407.0	15.97	1.5	72.8：100
2017	367586	14.71	13424.2	17.68	1.6	76.2：100
2018	411985	12.08	17697.4	31.83	1.9	90.0：100
2019	484077	17.50	22398.4	26.56	2.3	103.0：100
2020	549353	13.48	28251.5	26.13	2.8	115.7：100
2021	670506	22.05	37294.3	32.0	3.2	133.4：100
2022	772507	15.21	47791.0	28.14	3.9	155.2：100

资料来源：《中国科技统计年鉴》2015~2023 年历年版。

对产业发展的支撑显著。2021 年，电子信息、先进制造、生物医药、航空航天、新材料、新能源等高技术领域成交额占据了全国技术交易近 70% 的市场份额。基于国内企业对引进先进制造工艺、现代设计和计算机硬件等技术需求，先进制造领域的技术引进合同快速增长。从而，通过技术市场渠道，大量的技术要素流通至关键产业领域，推动了科技成果转移转化、加速了高新技术产业发展和传统产业转型升级。

（2）市场主体数量增长，类型多元。交易主体数量规模提升。我国活跃参与技术交易的主体数量保持增长态势。从卖方主体来看，2021年在全国技术市场管理部门认定登记的技术合同中共有卖方机构7.53万家，比2015年（"十二五"末年）增加了4.34万家，年均增长率达22.6%；从买方主体来看，2021年在全国技术市场管理部门认定登记的技术合同中共有卖方机构23.7万家。[①]

企业作为技术要素市场核心力量的地位进一步强化。作为供给方，2021年我国技术要素市场中企业法人性质卖方机构达到7.5万家，占全部技术卖方机构数量的91.76%，比"十二五"末年提高了将近20个百分点；企业法人性质卖方机构成交技术合同43.78万项，占技术合同总量的65.3%，成交金额34550.6亿元，占技术合同成交额总量的92.64%，如图1-1所示。作为需求方（购买方），2021年我国技术要素市场中企业法人性质买方机构共有17.98万家，占全部买方机构数量的75.7%；企业法人性质买方机构成交技术合同49.8万项，占技术合同总量的74.3%，成交金额30377.6亿元，占技术合同成交额总量的81.4%。凸显了企业的双向市场主体地位。特别需要指出的是，大企业与中小企业签订的技术合同成交额和与大企业签订的技术合同成交额的比例由2018年的1∶1.5上升为2021年的1∶1，充分显示了大企业更倾向于向中小企业购买技术，用于技术集成与二次开发[②]。尤其是专注于新能源、环境保护等领域，能够提供专业化、精准化的绿色技术研发与服务的中小企业更加受到大企业的青睐。

高校、科研院所作为技术要素市场重要的高质量供给主体，参与技术要素市场活动的积极性进一步提高。高校、科研院所通过委托研发、合作研发、技术转让和技术服务等方式，进一步释放研发服务能力和科技成果转移转化活力，为技术市场提供了大量高质量的科技成果供给。2021年共有1108家高等院校作为卖方机构参与技术交易，比"十二五"末年增长了92%，成交的技术合同项数占全国技术合同总项数的比例达到18.97%；2021年共有2126家科研院所作为卖方机构参与技术交易，比"十二五"末年增长了85.9%，

---

① 《全国技术市场统计年度报告2022》。
② 《全国技术市场统计年度报告》2018～2022年历年版。

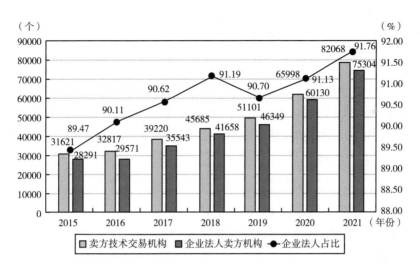

图 1 - 1　2015 ~ 2021 年全国卖方技术交易机构及企业法人构成情况

成交技术合同项数占全国技术合同总项数的 11.5% 。①

　　新型技术要素市场供给主体和需求主体不断产生。随着新技术—经济范式演进，一些新型的技术要素供给主体和需求主体产生和发展。一是专业化技术转移机构成为新的技术要素供给和需求主体。如 2002 年成立的科威国际技术转移公司的前身是清华大学国际技术转移中心，公司以生物化工和节能环保为关注重点，在全球范围内开展技术本地化、技术商业化、技术引进与出口。二是新型研发机构逐渐成为技术要素重要供给主体。据《2022 年新型研发机构发展报告》，2021 年，我国 2412 家新型研发机构共实现技术性收入为 501. 26 亿元，平均每家实现技术性收入 2078. 2 万元。三是专业化科技企业孵化器成为以科技创业项目呈现的技术要素的重要的买方力量。如中国科学院西安光机所 2013 年成立了中科创星光电产业孵化器，通过鼓励创新创业促进科技成果转化，为科研人员创业提供技术成果、投资资本、开发平台和配套服务，形成了"人才 + 技术 + 资本 + 服务"四位一体的科技成果产业化及服务模式。截至 2021 年底，我国入统孵化器已孵化高科技企业 13377 家，总收入 572 亿元，带动就业 309 万人。② 四是国际技术转移机构日渐成为我国技

---

　　①　《全国技术市场统计年度报告 2022》。

　　②　《火炬统计年鉴 2022》。

术要素市场的供给和需求主体。如美国沪亚公司签署了100多个战略合作以及优先合作协议，还建立了中国原始创新性化合物数据库。德国弗劳恩霍夫协会、史太白等都在国内建立了分支机构。2016年弗劳恩霍夫协会与海尔集团签订技术合作协议，打造国内第一个智能家电智慧园区示范基地。

（3）市场服务发展，模式创新。技术交易和成果转移服务形成全国架构。我国技术市场的服务机构和创新载体发展迅速。截至2021年底，全国建成12个国家技术转移区域中心、420家国家技术转移机构、90余家中国创新驿站、26家技术（产权）交易机构及30余个技术交易服务平台；国家技术转移机构建设实现100%全覆盖，73%的省市建立起中国创新驿站站点。[①] 初步形成了技术转移服务机构—技术转移服务联盟—技术转移网络平台—技术转移区域中心的四级架构，有效促进了技术要素在全国范围内的自由流动和有效配置。

科技创业服务实现升级发展。近几年围绕科技创业提供服务的机构繁荣发展，特别是市场化创业孵化服务机构大发展为科技成果以创业企业股权融资形式实现价值转化和参与生产提供了良好支撑。统计数据显示，我国科技企业孵化器数量逐年攀升，2021年已突破5000家，2020年达到5339家，2021年达到6627家，2021年众创空间数量达到9026家。[②] 这些孵化器和众创空间开展的集成服务有效赋能了科技创业活动开展。

二、发展问题

（1）交易类型单一。我国技术市场以技术开发、技术转让、技术咨询、技术服务四类交易为主。其中，技术服务占比居四类合同首位，2021年技术服务合同占比57.4%，成交额为21422.7亿元；技术开发合同比重为31.3%，成交额为11673.9亿元。技术咨询和技术转让占比很低。技术服务知识产权依赖度低、经济效益不明显、技术性不足。技术开发包括技术研发、加工、包装、组合和产业化，风险大、外溢性强、经济效益高，但同时联系紧密，

---

① 《全国技术市场统计年度报告2022》。
② 《火炬统计年鉴2022》。

容易形成技术壁垒。说明市场交互方式单一，市场导向性、灵活性不足。

（2）地域分割现象严重。区域间的技术市场交易呈现分割态势，全国统一大市场尚未建立。全国以京津冀、长三角、粤港澳大湾区三大城市群为主，形成了技术交易活跃发展的核心。2021年，三地技术合同成交额占全国技术合同成交总额一半以上，达到21928.2亿元，其中，北京与津冀的技术合同成交额9009.8亿元，居全国第一位；长三角地区四省份间的技术交易占全国的23.5%；粤港澳大湾区技术合同成交额增速领跑三大区域，成交额占全国的11%。此外，2021年，全国技术合同成交额排名前十的省份是北京、广东、江苏、上海、山东、陕西、湖北、浙江、安徽和四川，成交总额占全国技术合同成交额的78.5%，这些省份经济基础雄厚，但对经济基础不足的区域带动不足。①

（3）服务机构专业性不足。截至2021年底，我国科技部火炬中心评选的420家国家技术转移机构是技术市场服务组织中最具代表性和先进性的组织机构。420家国家技术转移机构中，具有完全独立地位市场化运作的企业法人机构192家，占机构总数的48.1%；依托政府或社会建立的独立事业法人、社团法人共119家，占比29.9%；依托高校、科研院所等设立的内设机构共110家，占总数的26.2%。② 61.8%依赖于政府或高校/科研机构的组织不以营利为全部运营目的，受到政府行政力量的控制和影响，自主性和积极性明显不足，也难以形成独立的运行逻辑。在所提供服务方面，国家技术转移机构主要提供的技术服务包括信息对接、技术推广、技术转移和后续服务，与国家相关政策要求和与国外史太白等先进机构的服务能力有较大差距。在从业人员职业身份方面，2021年，420家技术转移机构仅有技术经纪人4441人，主要集中在东部地区，超过其他地区技术经纪人数量之和，而西部地区和东北地区技术经纪人占比明显不足。职业身份的培养需要较长时间，无法在短期内补充市场缺口，导致从业者整体水平良莠不齐，从而制约了技术转移机构能够提供专业化服务的能力。

（4）技术市场和资本市场的融合不够。资本市场在促进技术市场资源循环方面具有重大作用，是提升科技资源配置效率的关键抓手。在资产端，

---

① ② 《全国技术市场统计年度报告2022》。

资本市场精准匹配企业在各个发展阶段的融资需求，助力企业创新链升级活化。在资金端，资本市场匹配不同种类技术交易风险偏好，实现科技资源的最优配置。但是资本市场和技术市场融合不足一直是阻碍市场发展的一大问题。一是全国现存 400 多家技术市场的业务大多局限在技术转移环节，不具备开展股权转让的资质和能力，技术买卖方进场意愿不高，对高价值科技成果吸引力有限，尚未与资本市场实现有效对接，在技术卖方、中介方、资金方之间缺乏风险共担、收益共享的良好机制，影响了科技成果的有效转化。我国 VC/PE 持有大量科技企业股权，但投资到期退出难的问题突出，导致其支持早期科技项目的意愿不强。二是技术转移机构大多不具备投资功能，仅有北京"七星天"、科威国际等少数几家与投资机构合作建立了技术转移基金。三是投资机构倾向于投资项目的后期成熟阶段而非早期技术探索开发阶段。四是知识产权运营基金发展不足，目前各地知识产权运营基金仅有十只，如国知智慧知识产权股权基金、北京市重点产业知识产权运营基金等。

第三节　新时期的形势、 机遇和挑战

一、面临形势

新时代背景下，我国技术市场面临着全新的发展形势。

一是知识生产、应用和扩散模式的变化。一方面，进入 21 世纪以来，知识经济继续深化，科技创新能力和运用水平早已经成为并将继续作为经济发展的主要驱动力和国家的核心竞争力；另一方面，现代人类社会知识生产范式、应用和扩散模式正在经历重大变化。就知识生产活动而言，已经由原来的局限于高校、科研院所等专业部门和专业人员的生产方式扩展成为一种"社会化大生产"的方式，知识生产的主体、领域和范围都大大扩展了。与之相应的，一种更为高效的、"产学研政"深度结合的创新联合体的知识生产方式诞生，并成为最高效、最有竞争力的生产方式。这种知识生产方式不仅有更高的知识创造效率，而且在生产环节就解决了知识应用的问题，大大增强

了知识生产活动的市场导向和经济价值。就知识的应用和扩散模式而言，知识除了深度融入和嵌入到人、工具、设备、产品乃至思想当中，随着这些载体的交易、流动而扩散，技术本身也被尽力抽取出来，以纯粹的技术买卖、许可和咨询的形式加速应用和扩散。在技术应用和扩散的推动力上，以创新资本为代表的市场力量和政府相关科技政策代表的国家力量成为两股主要的推动力。

二是技术体系、经济循环格局的变化。改革开放以来，我国深度融入全球经济体系，形成了"两头在外"的国际大循环的经济格局。但随着内外形势的变化，我国加快构建以国内大循环为主体、国内国际双循环相互促进的新发展格局。"两头在外"一般是指原材料和市场在外，但从技术来源，尤其是产业技术来源来看，也存在同样"在外"的问题。改革开放以来，无论是直接的技术引进，还是伴随 FDI 的内化于设备、工艺、管理的技术转移，发达国家和跨国公司一直是我国现代产业的重要技术来源。然而，随着中美大国竞争加剧以及美国的科技脱钩政策，我国产业技术发展格局，尤其是产业技术来源也必须转向内部求索。关联到技术要素市场发展策略的变化，首先，在技术市场的国际化和开放性方面要抱着审慎和保护主义的态度，技术市场要更倾向于本土创新主体的导入和培育，在技术来源上，以本土技术来源为主，要避免出现我国技术市场越发达，技术却更越依赖国外的状况；其次，技术市场的建设发展要有体系化的考虑，我国已经具备了全球最完整的工业体系，拥有联合国全部的工业门类，但在技术体系上，却存在很多空白和薄弱点，建立多层次的、能够覆盖和支撑整个产业体系的技术要素市场也是新格局下我国技术要素市场建设需要考虑的新命题。

三是科技创新水平、领域和市场阶段的变化。我国处于新发展阶段，这是明确阶段性中心任务、制定路线方针政策的根本依据①。就技术要素市场的建设发展而言，需要重点考虑三个方面的阶段性变化：第一，我国人均 GDP 已经超过 1 万美元，研发经费支出超过 2 万亿元，位于世界第二，从总量来看，我国的科技创新已经有了充足的物质保障，下一阶段，要更多考虑提高资源配置效率以及提高投入产出效率。具体到技术要素市场，首当其冲的是

① 来自习近平《求是》杂志文章：把握新发展阶段、贯彻新发展理念、构建新发展格局。

要考虑放弃对技术合同登记的过度激励，甚至学习国知局的知识产权政策转向，考虑终止对技术合同的激励政策①。第二，我国的科技创新已经从以跟跑为主，逐步转向在更多领域并跑和领跑。这意味着，技术要素市场的功能，要从主要服务成熟技术的引进和扩散转向增强对原始技术、先进技术的研发激励和应用支持。第三，就技术要素市场本身而言，也需要有一个阶段性的研判。本书认为，以技术合同交易额超过两万亿元为标志，实质上以登记技术合同所标志的技术市场已经难以为继。技术市场在内容上必须有所扩展和突破，以涵盖更多形式的技术交易和扩散活动，同时，也必须构建一整套体系化的、符合科技规律和市场规律的技术要素市场政策话语体系和政策工具箱，以将技术要素市场的建设和发展真正从整个国家创新体系建设和经济发展的整体中相对剥离出来，使其成为一个真正成立的有功能、有抓手、有目标、可评价的任务板块。

四是科技发展方针、产业发展目标的变化。党的十九届五中全会明确提出，要坚持科技创新在我国现代化建设全局中的核心地位，把科技自立自强作为国家发展的战略支撑。科技自立自强的提出标志着我国科技发展战略方针的重大变化，所有的科技政策和科技工作都要体现这种变化，并服务和支撑这个目标的实现。同时，也必须清醒地认识到，单纯的在科技的范畴讨论自立自强是没有意义的。科技自立自强之所以重要，是基于科技自立自强与产业自立自强和国家自立自强的内在联系。对科技自立自强追求的实质是为了支持实现产业升级、国家富强的目标。首先，新时期我国技术要素市场的建设发展要体现国家总体的科技战略方针的变化。除了前面提到的要注重培育本土技术创新主体，更要进一步地意识到，技术要素市场本身是将科技自立自强转变为产业自立自强和国家（主要是经济）富强的关键传导。因此，新时期技术要素市场的建设也需要考虑增进传导效率，即科技目标和产业经济目标联系。不能出现技术交易在高校科研院所之间互相买卖，虽然这样一来数据好看，但实际是科技成果在科技体系内部空转，徒有价格、没有（经济产业）价值的情况。

---

① 2021年1月，国家知识产权局发布《关于进一步严格规范知识产权申请行为的通知》，"十四五"期间，各地方要逐步减少对专利授权的各类财政资助，在2025年以前全部取消。

二、发展机遇

党的十九大报告指出，创新是引领发展的第一动力，是建设现代化经济体系的战略支撑。在新一轮科技革命快速发展的背景下，全球的创新活动进入新一轮爆发期，在新能源、新材料、新信息、新生物技术等方向取得多点突破，这带来了国际分工和世界竞争格局的重新调整和布局，同时也为技术市场带来新的发展机遇。

一是全球技术创新资源流动的速度、范围和规模达到空前水平。随着新一轮科技革命和产业变革的加速演进，以数字经济为代表的创新经济快速崛起，技术创新资源投入持续大幅增长，世界范围内的人才、知识、技术等技术创新要素流动的速度、范围和规模达到空前水平，技术创新要素的质量、供给能力与配合效率已经成为直接影响一国经济发展方式、结构和比较优势的关键。世界贸易组织数据显示，2019 年知识产权使用费全国进出口总规模达到 8743.19 亿美元，比 2005 年的 3565.84 亿美元翻了 2.5 倍。科技部火炬中心数据显示，2021 年全国技术要素市场共登记技术合同 670506 项，成交金额达 37294.3 亿元，分别比上年增长 22.1% 和 32.0%，再创历史新高。知识产权方面，2021 年我国专利商标质押融资项目达 1.7 万项，质押融资金额达到 3098 亿元，惠及企业 1.5 万家，专利实施许可合同成交额 958.4 亿元，同比增长 17.5%。

二是建设全国统一大市场给技术市场带来战略机遇。建设知识、技术和数据等技术创新要素的全国统一大市场是党中央应对全球创新竞争新态势、新格局，着眼建设高标准市场体系、推进国家创新体系建设、强化科技战略支撑而提出的重大战略举措。这一重大战略举措可以充分发挥市场促进竞争、深化分工等优势，在更大范围内优化配置资源、提高效率。同时，有助于更好厘清政府与市场的边界，加快转变政府职能，不断提高政策的统一性、规则的一致性、执行的协同性。在此机遇下，全国各地区无论是从完善知识产权保护、市场准入、公平竞争、社会信用等基础制度规则的统一，还是深化要素市场配置改革、打造统一的要素和资源市场，以及推动市场监管公平统一、破除地方保护和区域壁垒等重大举措方面都应当积极探索部署技术要素市场化配置改革的重大举措。

三是技术体系、经济格局发生变化。改革开放以来，我国深度融入全球经济体系，形成了"两头在外"的国际大循环的经济格局。但随着内外形势的变化，我国加快构建以国内大循环为主体、国内国际双循环相互促进的新发展格局。"两头在外"一般是指原材料和市场在外，但从技术来源，尤其是产业技术来源来看，也存在同样"在外"的问题。改革开放以来，无论是直接的技术引进，还是伴随 FDI 的内化于设备、工艺、管理的技术转移，发达国家和跨国公司一直是我国现代产业的重要技术来源。然而，随着中美大国竞争加剧以及美国的科技脱钩政策，我国产业技术发展格局，尤其是产业技术来源，也必须转向内部求索。关联到技术要素市场发展策略的变化，首先，在技术市场的国际化和开放性方面要抱着审慎和保护主义的态度，技术市场要更倾向于本土创新主体的导入和培育，在技术来源上，以本土技术来源为主，要避免出现我国技术市场越发达、技术却更越依赖国外的状况；其次，技术市场的建设发展要有体系化的考虑，我国已经具备了全球最完整的工业体系，拥有联合国全部的工业门类，但在技术体系上，却存在很多空白和薄弱点，建立多层次的、能够覆盖和支撑整个产业体系的技术要素市场也是新格局下我国技术要素市场建设需要考虑的新命题。

三、发展挑战

全新的形势客观上要求我国技术市场要进行一次大重构和新建造。这种大重构和新建造需要革新理念、触动利益、拥抱风险，这就构成了对技术市场的最大挑战。

第一，体制制约的挑战。当前技术市场发展缺少与之适配的制度和体制环境，主要包括这样几个方面：一是保障市场作用发挥的宏观管理体制仍不健全。技术要素市场化改革缺乏顶层设计和实施路线图。在科技领域法律政策中，重行政导向、轻市场配置，政府购买社会服务、PPP 模式、创新券等市场化工具使用不足。二是技术权属"双轨制"制约技术要素市场化。知识产权是技术要素的合法性基础，公平取得知识产权是技术要素市场化的"第一公里"。为适应国际接轨要求，我国专利法于 2000 年第二次修订，全面删除了涉及所有制形式区分的规定。但在科技成果行政管理体制中，依法取得知识产权的事业单位仍然受制于国有资产管理和科技成果转化行政审批，难以像其他权利人一样依法自主行使知识产权获得合法收益。三是事业单位改革滞后影响体制内创新主体参与市场化。科研事业单位自主权不足、治理结构法人化滞后与体制内创新主体市场角色不明、利益冲突回避机制缺位的问题并存。科研机构的市场权利、政府权力与管理权限不分，行政化的机构治理结构使其无法完全自主应对市场化带来的风险与法律责任。

第二，市场失灵的挑战。在 2020 年 4 月发布的《中共中央　国务院关于构建更加完善的要素市场化配置体制机制的意见》中主要提到土地、劳动力、资本、技术、数据五大要素市场。但不同于其他四个要素市场，源自技术要素的非标性和不确定性，技术市场的市场失灵是最严重的。就现实中的技术市场而言，很少有纯粹的技术形态的商品参与交易，更多的是以人力资本、高科技产品设备等形态进行交易。编制技术要素市场规划、制定技术市场促进政策这件事情本身就天然设定了技术要素市场是促进技术交易扩散的有效方式这一前提，但从现实来看，技术市场作为配置技术要素资源的方式存在很大的局限性，那种古典经济学意义上的"完全自由市场"几乎是不成立的，更别提对于那些查漏补缺、为了提升自主可控水平的技术研发活动，由于存在物美价廉的国外技术供给，更是不会有市场激励。因此，技术市场一定比其他要素市场更需要政府干预，以弥补市场失灵，是一种看起来"充满非市场行为"的"有组织的市场"的形态。这种强政府干预性也不可避免地会成为规划的特征。

第三，行政分割的挑战。创新驱动发展上升为国家战略之后，我国地方政府加大了科技创新投入，早在 2012 年，地方科技财政支出超过中央，到 2020 年，地方科技财政支出已经占到 67%，成为名副其实的"大头"。然而，在推动科技创新的策略上，地方政府倾向于建立大而全的区域创新体系，试图在本地覆盖从基础研究到产业化的全链条。不仅如此，各个地方政府还围绕创新资源展开激烈竞争。因此，我国围绕地方行政区边界，形成了一个个自成体系——相对封闭的区域创新体系，创新资源和活动被区域创新政策和行政力量锁定在这些碎片化的体系当中。《中共中央　国务院关于构建更加完善的要素市场化配置体制机制的意见》中明确提出了"统一开放""自由流动"的要求，然而，要建立统一开放、能够跨（国家内部）行政边界流动的技术市场，必须要面临的就是来自地方政府的阻力，这客观上要求地方政府放弃一部分，尤其是直接涉及创新要素流动的创新政策自主权，并且增强创新政策的区域协同。然而，作为创新资源和平台的投入者和建设者，地方政府要求这些资源平台为己所用的诉求合情合理。由此，可以想见，技术市场发展，不仅涉及国家统一的基础性的制度安排，还涉及国家与地方之间和地方与地方之间的权力和关系调整。

第四，供给缺位的挑战。2020年4月发布的《中共中央　国务院关于构建更加完善的要素市场化配置体制机制的意见》中对发展技术市场的任务设计从政策逻辑上来看，仍是科技成果转化的逻辑，是供给推动的模式。但是，科技成果转化的逻辑认为高校科研院所拥有足量的具备潜在市场价值的存量科技成果，而在现实中，即使是美国的斯坦福、麻省理工等一流高校，其依靠专利许可授权的收入也是微不足道的。实际上，由于高校评价转向唯SCI和论文数量之后，高校科研院所的老师倾向于做跟随性、短平快的研究，高校科研院所并没有多少具备转化价值的存量技术，即使有，其先进性和产出效率也难以承载起提升整个国家创新实力和产业竞争力的重任。所以，高校科研院所并不能承担作为产业技术供给方的重任，而我国产业研发力量的主体，包括龙头企业、专业的技术服务公司、产业技术联盟等又未充分发育起来。因此，我国的技术市场实际上一直存在供给缺位的问题。

四、目标使命

技术市场的发展，既要立足技术市场，又要跳出技术市场，站在国家发展的视角，统筹考虑，明晰其价值和定位。而其价值和定位又与具体国情紧密关联。就我国的发展背景来看，技术市场与国家创新体系、社会主义市场经济体系、科技成果转移转化三大概念密切相关。也即是说，技术市场发展的目标使命需要从与这三个概念的关系上去理解和把握。

第一，完善国家创新体系。国家创新体系是企业、高校、研究机构、政府等机构之间相互作用形成的创新共同体，核心在于完成新技术的研究、开发、转化和应用等，以提升一个国家的创新能力。由此可以看出，国家创新体系在构成主体方面，既包含了市场化的主体和力量，也包含了体制内的主体和力量。在运行机制和动力机制方面，既有市场化的机制发挥作用，也有政府计划的机制作用，在不同的国家创新体系中（体系规模、产业领域、发展阶段等的异质性），市场与政府作用的强弱关系不尽相同，没有一定之规。就我国当下的创新发展和国家创新体系建设情况来看，一是政府的力量已经得到了较为充分的发挥，国家投入和支持的科研组织是科技研发的主体；二是市场化的创新力量偏弱，市场化的机制在国家创新体系中的作用范围较小；三是基于上述原因，科技与经济融通一直存在体制机制制约，国家创新体系存在科技成果不符合市场需求、转化不顺畅、技术支撑产业发展有限、系统整体效能不高的问题。在此背景下，增强国家创新体系中的市场的力量和作用机制、构建国家创新体系新形态对于提升国家创新体系整体效能具有重要作用。而加快发展技术市场就是增强我国国家创新体系市场化力量、扩大市场化机制发挥作用范围的重要手段。一是以技术市场为依托，发展面向市场的国家创新体系新主体。包括引导国立科研组织面向市场组织资源开展研究，培育新型市场化技术要素供给主体。二是以技术市场为依托，促进市场机制在国家创新体系的植入。如探索科研项目新型管理模式，基于市场化导向的科技项目实施团队组织、项目管理和结项评审等。三是以技术市场为抓手，促进国家创新体系的国际化发展和影响力提升。如通过技术市场高效对接全球科技创新资源开展技术交易和创新合作，从而提升我国对全球科技资源的整合能力。

第二，补强社会主义市场体系。生产要素是开展物质资料生产活动的基本条件，生产要素通过流通、交换和配置进入生产过程，并产出商品和服务，之后进入商品市场进行交易实现价值增值。市场经济条件下，商品市场与生产要素市场交互协同，共同构成有机统一的社会主体市场体系，支撑整个经济系统的有效运转。改革开放特别是党的十八大以来，我国社会主体市场体系建设取得长足进展。特别是商品市场领域的改革有序推进，商品市场化程度已达97%，市场竞争环境也在不断优化。而要素市场发育则较为滞后，与商品市场不相匹配。特别是技术市场，作为我国社会主义市场体系的重要组成，相比其他市场领域发展缓慢，整体尚处于相对初级的阶段。加快推进技术要素市场化是高标准市场体系建设中亟待解决的重要议题。尤其在当下我国全面进入高质量发展新阶段的历史背景下，技术市场建设对社会主义市场体系和经济系统的意义更加凸显。一是完备的技术市场体系建设不但能够使得技术要素充分地参与生产，融入生产过程，还能够加速技术要素的新组合，产生新的技术甚至引致新的产业，使生产活动具有规模报酬递增的可能，引致经济的"无极限"增长；二是基础性技术要素（如数字技术）具有赋能价值，完备的技术要素市场机制能够使技术要素充分、快速地植入各行业领域，促进传统产业的转型升级，实现新旧动能转换，促进科技与经济融合发展。

第三，促进科技成果转移转化。我国在过去三十多年的发展中所开展的科技成果转化的重点在于促进国立科研组织的科技成果向市场主体的转移，即把国立科研组织中生产出来的"确定性的"或"现成的"知识技术与研究方或创造方（持有人或载体）"剥离"，以一种知识包或专利的形式转移进产业界。而随着技术经济的发展节奏加快和范围扩大，存量可用的确定性科技成果不足，且产业经济发展对技术要素的需求越发逼近科学技术研究的前沿，大量现实需求的知识或技术要素需要同步创造。在此背景下，我国的科技成果转化活动已经远远超出上述狭义的科技成果转化活动边界，而扩展为知识的生产和转移转化活动，是"知识成果生产、扩散、应用"构成要素递进的关系链条，包括知识产生、扩散、应用链条和全过程，"链条"的任何环节发展不好都会影响整个链条的效用。

第四，支撑新质生产力发展。新质生产力是由技术革命性突破、生产要素创新性配置、产业深度转型升级而催生的先进生产力质态，以劳动者、劳动资料、劳动对象及其优化组合的跃升为基本内涵，能够引领创造新的社会生产时代，为高质量发展注入强大动能。与传统生产力形成鲜明对比，新质生产力是创新起主导作用，摆脱传统经济增长方式、生产力发展路径的先进生产力质态，具有高科技、高效能、高质量特征。发展技术市场的核心要义是推动技术要素的市场化配置能力，引发生产过程的质量变革、效率变革。因此，发展技术市场的目标使命必然包含支撑新质生产力发展。

第四节　国外技术市场发展历程

从文献调研来看，国外对技术市场概念没有统一界定，"无形市场（mar-

kets in intangible，MI）""技术市场（market for technology，MT）""专利市场
（market for patent，MP）""知识产权市场（markets for IP，MIP）""知识市场
（market for knowledge，MK）""技术和创意的市场（markets for technology and
idea，MFTI）"都指向范围不同的技术相关市场。国外技术交易以专利制度的
建立为起点已有四百多年历史，其发展从一开始便融入了资本主义市场经济
体系，形成了较为先进的科技成果转移转化政策体系和环境。以下详细阐述
美国、日本等发达国家的先进经验。

一、美国

（一）制度规范

美国是最早以宪法形式对科学技术进步作出规定的国家，1790 年美国颁
布了第一部专利法，促进了科技成果的推广和应用；1950 年制定的《国家科
学基金法》保证了科研投入的持续稳定增长；1980 年，美国国会通过了《大
学与小企业专利程序法案》，即《拜杜法案》。该法案对美国知识产权战略和
技术创新实践具有里程碑意义，因为它从根本上改变了政府资助项目的知识
产权的权属标准。《拜杜法案》将联邦政府投资所形成的发明获得专利的权利
授予完成发明的大学等非营利机构，并对政府监督和介入权利进行了详细的
规定。该法案的颁布与实施使得美国的大学、科研机构和中小企业能够获得
专利所有权，并通过技术授权的方式将其商业化，从而极大地促进了美国高
校的技术转移动力，并积极建立技术许可办公室来管理其专利权。1980 年制
定的《史蒂文森·威德勒技术创新法》确立了推进技术创新的主要制度，技
术转移被纳入联邦政府相关部门的职责中，同时还规定了联邦实验室的技术
转移职责。1984 年颁布的《国家研究法案》放宽了反托拉斯法对相互竞争企
业建立合作研究与开发风险机构的约束。1982 年制定的《小企业技术创新进
步法》的目的是鼓励中小企业技术创新。1984 年出台的《国家合作研究法》
允许两家以上的公司共同合作，从事同一个竞争研发项目，并成立了若干个
大学和产业界组成的技术转移联盟。1986 年颁布的《联邦技术转移法》授权
科研机构可与州政府及企业的科研机构共同开展合作和研究，在鼓励国内各
层次科研力量合作的同时，还鼓励高新技术的国际合作。

（二）实践经验

美国技术交易体系的组织机构既包含国家层面的技术转移机构，也包含大学和研究机构（如国立卫生研究院、国家标准和技术研究院、国家疾控中心等）层面的负责技术转移的专门机构。具体而言，国家层面的技术转移机构包括国家技术转移中心（NTTC）、联邦实验室技术转移联盟（FLC）、国家技术信息中心（NTIS）、美国大学技术经理人协会（AUTM）。而经过长期发展，美国大学的技术转移产生的三种最为出色的模式，分别是斯坦福大学首创的技术授权办公室（TLO）模式、麻省理工学院首创的第三方模式以及威斯康星大学的校友研究基金会（WARF）模式。

1. 斯坦福技术授权办公室模式。斯坦福大学是当代美国大学技术转移的奠基者，在技术转移史上有着无可比拟的先驱地位。斯坦福大学的技术转移促使了硅谷（silicon valley）的诞生，在硅谷和生物技术湾（biotech bay）中始终保有重要地位。

斯坦福大学自身并不创办企业，并将自身严格限定为技术的出让方，受让方是企业。这和美国的文化和社会传统是密切相关的。大学创办企业将会影响大学的社会声誉以及所能获得的校友捐赠收入，而这些对于美国的大学而言是非常重要。斯坦福大学将技术转让给企业，至于企业是市场上的企业还是师生创办的企业则无关紧要。随着计算机、互联网和生物技术的兴起，大学师生创办企业的情况日渐增多，用股权代替部分专利许可费的做法越来越流行，这使得 TLO 持有越来越多的创业公司的股权。另外，斯坦福大学本身也资助一些比较前沿的科研项目，使技术不断发展成熟，以便接近或达到市场的要求，并进行许可或支持师生将其产业化。

斯坦福大学于 1970 年首创了技术授权办公室（Technology Licensing Office，TLO）模式，其宗旨是促进大学技术应用于社会的发展、获取收入及进一步支持大学的教育与研究。TLO 内设计划开发、管理服务、授权合同的拟定、知识产权的保护等职能。其工作人员有生物、化学、电子工程、化学工程、机械工程等领域的学位，既具备技术背景，又懂法律、经济和管理，擅长谈判。TLO 模式的创新之处在于：一是大学亲自管理专利事务，并将专利营销放在工作的首位。由于美国的专利申请费用高达上万美金，因此 TLO 通常先向企业营销，有企业愿意接受授权才申请专利。二是工作人员知识结构全面。TLO工作人员具有技术、法律、经济、管理、谈判等方面的能力。这在过程复杂、要求多方面能力的技术转移过程中是非常重要的。

2. 麻省理工第三方模式。麻省理工学院（Massachusetts Institute of Technology，MIT）的技术转移机构主要有技术授权办公室（Technology Licensing Office，TLO）、公司关系办公室（Office of Corporate Relations，OCR）、资助项目办公室（Office of Sponsored Programs，OSP），各部门分工各有侧重。技术授权办公室主要面向 MIT 的教师，为教师的研究成果商业化提供一系列咨询和服务。公司关系办公室主要面向企业。企业通过注册缴费成为会员，享受 OCR 提供的一整套服务。OCR 指定一个产业联络负责人与企业保持长期联系，及时了解公司的需要，并将 MIT 的最新技术与企业的需求进行配对，并帮助企业从 MIT 的人力资本和智力资本中获益。资助项目办公室负责协商、执行和管理学校与校外赞助者之间签订的协议和合同，保证赞助者在研究经费的使用和合同中有关技术开发的权利。这种校外赞助者包括美国政府机构、各种基金会、非营利组织、企业、外国政府等。相比于前两者，OSP 主要起到政策引导和监督作用。

3. 威斯康星校友研究基金会模式。1925 年，威斯康星大学的哈利·斯蒂恩波克（Harry Steenbock）教授为了给包括自己在内的本校教师申请和管理专利提供方便，和几个校友发起成立了专门管理本校专利事务的机构——威斯康星校友研究基金会（Wisconsin Alumni Research Foundation，WARF）。WARF 享有独立的法人地位。随后，明尼苏达大学、俄亥俄州立大学等效仿 WARF 模式也成立了附属的研究基金会，管理本校的专利事务。在 WARF 模式下，大学的专利许可收入较为可观。但在当时，大学沾手专利管理的做法遭到了很大非议。因此，虽然该模式影响较大，但是并未得到推广。

二、日本

（一）制度规范

1996 年，日本《科学技术基本计划》规定国立科研机构的发明人与国家共享研究成果的专利权、实用新型权，并允许发明人用自己研究开发的成果创办企业。1997 年，日本《经济结构的变革和创造之行动计划》规定加强知识产权保护，促进专利流通、转移和活用大学、研究机构的研究成果。1998 年，日本政府依据 1995 年制定的《科学技术基本法》原则，制定颁布了《大学技术转让促进法》（Technology Licensing Organization，TLO 法），旨在促进大学科技成果转化、技术创新和技术转让。该法还确立了政府从制度与资金方面对高校科技成果转化工作机构支持与资助的责任。1998 年，日本东京大学先端科学技术研究中心以日本企业为研究对象制定了《知识产权战略指标》，包括战略指标和定量指标两类。1999 年，日本特许厅以日本企业知识产权战略为评价对象发布了《知识产权战略指标》报告。1999 年 10 月，日本通过《产业活力再生特别措施法》，即日本版《拜杜法案》。该法案有两项重要规定：第一，规定大学教师以及学院的科研成果属于大学，大学可以对其申请专利并集中管理；第二，通过政府审批的技术转移机构 3 年内可以减免 50% 的专利费。2000 年，日本制定《产业技术强化法》。该法案规定技术转移机构可以无偿使用国立大学的设施，并允许国立大学教授在技术转移机构中任职。2004 年，日本经济部产业政策局发布了《知识产权战略评价指标》，该指标体系主要包括以下三个主要层面的评价指标：一是国家宏观层面知识产权战略实施情况；二是从微观方面根据公开数据对其优势产业的知识产权国际竞争力进行评价的战略指标；三是针对企业特别是上市公司的知识产权资产成果而制定的知识产权战略评价指标。2004 年，日本正式实施《国立大学法人法》，该法案在日本高等教育史上具有里程碑式的意义。这次制度变革的特色主要有：一是保证国立大学自主运营；二是借鉴美国大学的管理模式；三是大学教师的身份向"非公务员型"转变，教师不再是公务员，可以自由兼职。

（二）实践经验

1. 日本高校 TLO 模式。内部组织型 TLO 是高校的内设机构，由学校选派人员自主管理经营，对外行使法人资格。其主要职责是组织实施学校科技成果的登记、管理、信息发布、转化开发、专利申请以及向企业的技术转让、转移活动等。内部组织型 TLO 的优点是便于学校的统一管理经营，在组织实施成果转化、开发及技术转让、转移过程中的知识产权明确清晰，收益分配简单，缺点是学校缺乏成果转化开发、技术转让、转移的经验和专业人才，对科研成果的应用前景、市场需求、商业价值的评估缺乏较准确的判断，对由此衍生的新企业的创办及资金的运营管理缺乏经验，从而影响科技成果转化的后续开发。

单一外部型 TLO 是设在校外但由学校出资控股的独立机构，学校与 TLO 之间是单纯的业务委托和出资入股的一对一关系。它是国立大学 2004 年法人化以前，为了回避国有资产和教员公务员身份限制等问题，由学校和研发人员出资并联合社会力量在校外建立的机构。这种单一外部型 TLO 与内部组织型 TLO 相比，有专门的经营成果转化、专利申请、技术转移和转让人员，对学校科研成果应用前景、市场需求、商业化开发及资金的运作管理等方面更加专业化。所以，单一外部型 TLO 的业绩与效果一般优于内部组织型 TLO。此外，这种形式使学校与 TLO 机构的关系十分明确，学校通过入股参与对 TLO 的运营管理，还可以减小所承担的成果转化开发产生的金融风险。但缺点是学校获得的科研成果转化开发、技术转移和转让收益会相应减少。

外部独立型 TLO 是具有完全法人资格、既独立于大学又与大学有广泛业务关系的 TLO 机构，它有完全的经营自主性和广泛的业务范围，不是单一的面向固定的大学开展科技成果转化业务，而是与多所大学同时进行业务合作，从而充分利用不同地域、不同学科高校的优势资源，广泛开展成果转化开发与技术转让、转移业务。外部独立型 TLO 有比较齐全的专业人才队伍，与高校联系广泛，与企业关系密切，有丰富的市场化运作经验，能够帮助高校实现成果转化收益最大化。通过与多所高校和企业的业务合作，既保证了自身的业绩和收益、促进了高校科技成果转化为现实生产力，又推动了国家产业技术水平的升级，是日本政府提倡发展的 TLO 机构。例如，日本关西 TLO 就是外部独立型 TLO 的典型，自 1998 年成立以来，其相继与京都大学、和歌山大学、芬兰阿尔托大学等国内外多所大学签订了业务委托的合约，是日本 TLO 中运营业绩较为突出的机构。目前，TLO 确定了国际化运营战略，在进一步强化与国内高校和企业合作的同时，将技术转移的目标延伸到欧美国家的企业，并与国外大学建立联系，初步形成了国内外合作、共同享有专利、在国际市场中寻求各类企业最适合的技术成果和专利产品的 TLO 经营发展新格局。

2. 日本科技振兴机构。日本科技振兴机构（Japan Science and Technology Agency，JST）在日本国家科技成果转化体系中发挥着重要作用，也是亚洲最具活力的科技成果转移转化机构。JST 为促进学术研究成果尽快向产业转移，设立了竞争性的计划 A – STEP（adaptable and seamless technology transfer program through target-driven R&D）。这个计划以高质量的基础研究的成果、知识产权等为基础，旨在弥合学术研究成果与产业需求之间的差距，支持产学研协同研发，实现高效率和高效益的创新，以确保这样的研究成果能够服务于日本社会。A – STEP 根据研发阶段和每个具体项目的目标确定最优的研发资金和研发周期，实现中长期研发的无缝衔接。A – STEP 计划由三个阶段组成，覆盖了从基础研究成果向产业成果的各个阶段。研究者可以从任何一个开发阶段申请资助，获得资助的研究者可以在当前研究阶段结束前申请下一个研发阶段的支持。JST 还可以指定外部专家为每个在研项目提出建议。

第一阶段有两种支持类型，一种支持战略性研发主题，另一种支持响应产业需求的开发。"战略主题型"研发的使命是转化 JST 支持的基础研究项目的优秀成果，这类成果能为新产业的发展打下基础。"产业需求响应型"研发旨在通过解决产业中通用技术问题来提升日本产业竞争力。第二阶段与第一阶段的不同之处在于，它没有设定任何具体的研发主题，而是针对除医药领域外的所有科技领域。学术界和产业界的研究人员都可以申请这一阶段的资助，但相关公司必须匹配 JST 提供的资金的 1/4 ~ 1/2，公司需要出资的比例由其资本规模决定。第三阶段是接近市场的研发阶段，这个阶段的主要参与者是私营企业。根据研发规模、研发周期以及公司规模，第三阶段提供两种类型的资助："NexTEP – A 型"和"NexTEP – B 型"。"NexTEP – A 型"类似于一种专为民营企业设计的无息贷款，这种类型的公司如果成功地实现了他们和 JST 预先设定的技术目标，就有偿还义务。但如果他们没有达到预先设定的目标，他们只需要偿还总研发成本的 10%，剩余的 90% 不用偿还。此外，成功的公司也有义务向 JST 支付一部分由 JST 支持的研发所产生的销售收入。"NexTEP – B 型"是一种只为从事小规模研发的中小型企业提供的资金，获得资助的中小企业不用偿还其提供的资金，但需要分担研发期内研发总成本的一半（配套资金）。除此之外，这些公司需在 10 年内向 JST 支付由 JST 支持的研发所产生的部分收入。

三、德国

（一）制度规范

1982 年，联邦政府制定《促进创建新技术企业》的计划，将建立更多高技术公司作为国家的一项战略措施。1996 年 7 月，德国内阁通过的《德国科研重组指导方针》明确了德国科研改革的方向。1998 年，联邦政府颁布《INFO2000：通往信息社会的德国之路》白皮书，有力推动了德国信息产业的发展。2002 年 2 月 16 日，联邦议院通过联邦政府提交的《高校框架法第 5 修正法》草案，为在大学建立青年教授制度提供了联邦法律依据。同年，德国修改《雇员发明法》，将发明所有权从科研人员转到科研机构，认为发明人个人拥有专利所有权往往难以实施，既影响了大学科研成果的商业化，也限制了政府资助成果的转移运用。所有权在调整的同时明确规定大学等公共科研机构应当向职务发明人支付专利实施纯收入的 30% 作为报酬。2004 年 11 月，联邦政府与各州政府签订《研究与创新协议》，规定大型研究协会（马普学会、亥姆霍兹联合会、弗劳恩霍夫协会、莱布尼兹科学联合会）的研究经费每年保持至少 3% 的增幅。2006 年，联邦教研部制定的《科技人员定期聘任合同法》规定将公立科研机构研究人员的定期聘任合同的最长期限放宽至 12～15 年，以留住青年科技人才。同年，联邦政府首次发布《德国高科技战略》报告，继续加大特别是 17 个创新领域的投入，以确保德国未来在世界上的竞争力和技术领先地位。2012 年 3 月 28 日，德国政府推出《高科技战略行动计划》，计划从 2012～2015 年投资约 84 亿欧元，以推动在《德国 2020 高科技战略》框架下 10 项未来研究项目的开展。同年 10 月，联邦议院通过《科学自由法》，即《关于非大学研究机构财政预算框架灵活性的法律》。2013 年 1 月 16 日，德国联邦内阁通过《联邦政府航空战略》，以保持德国航空工业在欧洲乃至全球的竞争力。标准在德国工业体系中拥有举足轻重的地位，"工业 4.0"是德国面向未来竞争的总体战略方案。2013 年 4 月，在汉诺威工业博览会上，德国正式推出《德国工业 4.0 略计划实施建议》，旨在支持德国工业领域新一代革命性技术的研发与创新，确保德国强有力的国际竞争地位。

（二）实践经验

1. 弗劳恩霍夫协会。弗劳恩霍夫协会是德国也是欧洲最大的应用科学研究机构，成立于 1949 年 3 月 26 日，总部位于德国慕尼黑。弗劳恩霍夫协会是公助、公益、非营利的科研机构，致力于面向工业的应用技术研究，在微电子、材料与零部件、制造、信息与通讯、生命科学以及工艺与表面技术等领域为企业，特别是中小企业开发新技术、新产品、新工艺，协助他们解决自身创新发展中面临的各种问题。

弗劳恩霍夫协会在德国各地设有 1 个总部和 72 个研究所，同时在欧洲、美洲、亚洲及中东地区设有研究所和代表处，约 247000 名员工，研发经费 30% 来自政府、70% 来自合同研发。弗劳恩霍夫协会以需求侧牵引的科技创新和成果转化模式可归纳为以下五点：一是具有先进的技术转移理念。协会的技术转移理念从最初单纯的技术转移发展到技术转移 + 沟通交流，最后发展到"技术能力"的转移。二是嵌入式服务。协会目前针对企业创新的不同环节，主要为中小企业提供不同形式的嵌入式研发项目服务。三是适应国家创新体系的组织定位。德国国家创新体系由三大板块构成：（1）高等院校，包括大学、高等应用技术学院，主要从事基础研究。（2）公立研究机构，包括马普学会（MPG），主要从事基础研究；弗劳恩霍夫协会（FHG），主要从事应用研究；亥姆霍茨联合会（HGF），主要从事大科学研究；莱布尼茨协会（LG），主要从事小型应用基础研究。（3）企业研发中心，主要从事产品与服务开发。四是市场化的技术开发及转移模式。弗劳恩霍夫协会面向产业界采取市场化的定制技术开发与转移模式。五是符合技术与产业规律的评价体系。弗劳恩霍夫协会注重对研究所宏观的综合评估，并且以 5 年为一个周期，评估委员会通常由学术界、产业界和政府部门的专家组成。

2. 马普学会。马克斯·普朗克科学促进学会（International Max Planck Research School）是德国政府资助的全国性学术机构。马普学会是非营利性学术团体，共有 80 多个研究所和附属研究机构，其下设 3 个学部：生物—医学部、化学—物理—技术部以及人文社会科学部。1970 年，德国马普学会成立了最早的技术转让机构研究成果工业化应用公司，2006 年其更名为马普创新公司。马普创新公司下设物理化学技术部、生物医学部、副产品公司部、协议和财务部、专利部、行政组织部。

马普学会采取设立全资公司作为科技成果转化机构的模式。马普学会于1970年创立马普创新公司，马普创新公司虽名为公司，但按照德国法律实为非营利机构，职责就是"联结科学与商业"，把马普学会的发明与技术向市场转化，业务包括为研究所申请专利提供支持、在国内外物色有效的许可伙伴、商业化谈判及过程监管、与企业建立研发关系、为研究所提供研究与经济对接的各种咨询等；马普学会83个研究所的科研人员产生职务发明后，由科研人员本人或所在研究所负责成果转化的顾问向马普创新公司报告，并协助进行专利申请、商业化等事宜。马普学会通过书面协议全权委托马普创新公司处理马普学会的知识产权和技术转移事务。马普学会委托马普创新公司进行产权交易，其全部收益归属马普学会所有，马普学会则向马普创新公司支付代理费用。发明人、发明人所在研究所分别获得许可转让收入的30%，其余成果转化的收益在扣除马普创新公司业务费用后上交马普学会。

3. 亥姆霍兹联合会。亥姆霍兹联合会使用一系列嵌入式"转化工具"，应用于基础研究、应用研究、试验研究、市场进入等科技创新生命周期的不同阶段。通过搭建一系列的交流对话平台，帮助研发人员发现潜在的商业机会，拓展同战略伙伴的协作关系；通过在研究会内部设立创新实验室开展公开或企业私人委托研究，利用各种资金工具为研发人员的奖励、研究项目的应用验证、创业项目的商业运作提供资金支持。多种手段的联合运用成功促使联合会的众多科学技术发现转化为实际的社会应用。

首先，其交流对话平台包括首席技术官圈、研究日、创业日、创新日等。"首席技术官圈"在2012年创立，是由亥姆霍兹联合会主席设立的与商业界定期交流对话的平台，借此平台，联合会研究中心主任与研究密集型企业的主席以及大学、非大学研究机构代表共同就研究课题、行业趋势乃至创新基础条件进行高层次水平的讨论。"研究日"的目标是使企业深入了解亥姆霍兹联合会的研究项目，并启动可能的项目合作和技术许可，研究日活动按年度通常在企业举办。2013年创立的"创业日"和2012年创立的"创业日"皆由德国四大国立科研机构联合设立，前者按年度轮流在德累斯顿和波恩举办，用于为有意向创业的科学家提供涉及企业成立的相关信息辅导，并获取已成功创立企业的科学家们给予的宝贵建议；后者按年度轮流在柏林和慕尼黑举办，由从事应用研究的科学家、技术转让专家、企业研发人员、风险投资公司代表组成，是一个成员约 300 人的交流平台，每年从德国四大国立科研机构的 40 项最佳技术和创业项目中各选取一个主题进行合作探讨。

亥姆霍兹联合会的科技成果转化政策资金工具包括创新基金、中试基金、企业计划等。其中，"亥姆霍兹创新基金"用以保障和激励技术转让活动，基金的预算管理由设立在各研究中心的技术转让办事处负责，基金池中按照一定比例奖励科研成果转化人员以及为"亥姆霍兹中试基金"和"亥姆霍兹企业计划"提供融资保障；"亥姆霍兹中试基金"用以帮助科学家判断乃至增加其科学成果实现商业价值的可行性，融资额一般在 25 万 ~ 100 万欧元之间，最高可达 400 万欧元，资助期限 2 年。"亥姆霍兹企业计划"用于为联合会下属研究团队成立高技术企业提供财政支持，所支持的资金可用于支付企业创立过程中的人事管理、商业计划咨询、专利和市场调查研究等，这种支持有助于增强创业团队的管理经验、提高创业成功率。

亥姆霍兹联合会的科技成果转化实验平台主要是在各研究中心内部设立的创新实验室，通过物理空间内的合作将科学知识和最终的客户需求纳入更短的迭代循环中。科学家与企业合作伙伴共同进行研究和开发，在创新实验室中反复测试、验证和改进技术、服务、商业模式，乃至进行跨行业的创新。创新实验室在知识创造和实际应用之间建立了桥梁，其根本目的是实现科学知识的商业化，并与研究型实验室区分开。

4. 史太白技术转移中心。史太白技术转移中心（Steinbeis Transfer Centers，STC）成立于 1971 年，为纯私营机构，其核心为两个部分，即公益性的史太白经济促进基金会和专门从事技术转移、具有非营利性质的史太白技术转移有限公司。经过四十多年的发展，史太白技术转移中心已由一个州立的技术转移机构发展成为国际化、全方位、综合性的技术转移网络。截至 2013 年底，已在 50 多个国家设立了 810 个独立核算、自主决策的专业技术转移机构或分中心，并且拥有众多附属机构、风险投资伙伴和项目合作者，拥有专家教授 700 余人，各类雇员 6000 余人，每年营业收入超过 1 亿欧元，其规模和业绩在欧洲位居首位，名列全球第三。史太白技术转移中心和附属机构依托大学、科研机构或者公司成立；在用人机制上，史太白网络以大学教授、科研机构专业人员为基础，以项目合作为依托，采取灵活的用人机制。大学教授、科研机构专业人员在史太白技术转移中心和附属机构是兼职的、比较固定的，并担任史太白技术转移中心和附属机构的负责人。

德国史太白技术转移模式特点及成功经验主要表现在：一是技术转移模式充分体现"产学研"结合的特点，为高校院所、科研机构提供展示合作的平台；二是政府和市场运作完美结合，实现资源的优化配置；三是推行扁平化管理，建立灵活高效的运作机制；四是全力打造技术转移平台，提供多角度、全方位、国际化服务。

四、英国

（一）制度规范

英国是世界上最早建立知识产权制度的国家，其在 1624 年颁布的《垄断法条例》建立了国家权利干预智权的最初萌芽。1993 年 4 月英国政府发表科技白皮书《战略》，该科技白皮书明确了未来英国科技发展的方向，即增加财富和提高生活质量。根据白皮书的战略思想进一步制定战略实施计划：科技展望和技术预测计划。2000 年 7 月 26 日发布的《卓越与机遇——21 世纪的科学和创新》白皮书全面阐述了英国面向 21 世纪的科学和创新政策，为英国政府的科技政策确定了基调。其在 2004 年推出了"十年研发投入框架"，英国政府在大幅度增加研发投入的基础上积极推进技术转移、促进企业参与创新、构建大学和企业之间的良好互动机制，采取税收、政府采购等多种方式和手段支持企业开展创新活动。2008 年发布《创新国家》的白皮书进一步突出了创新在促进经济发展和社会发展中的重要作用，并从政府作用、创新需求、企业创新、研究基础和创新人才等方面出发，系统分析了英国创新体系现状，并提出了一系列支持创新的具体政策举措。可以说，《创新国家》白皮书的发布标志着英国创新体系和创新政策框架的基本形成。此后，英国政府又发表了一系列的文件对其进行阐发和补充。近年来，英国政府相继出台《促进增长的创新和研究战略（2011）》，强调企业要与科研机构加强联系，合作开展科研和新技术开发；《英国产业战略：行业分析报告（2012）》和《我们的增长计划：科学和创新（2014）》对英国科学研究、技术开发、企业创新、科研基础设施、新兴产业发展等进行战略布局，并制定实施系列科技创新相关政策措施，发挥科技创新对经济发展的驱动作用。其中，《我们的增长计划：科学和创新》战略文件把科学和创新置于英国长期经济发展计划的核心位置。2016 年 5 月 16 日，英国原商业、创新与技能部（于 2016 年 7 月改名为商业、能源与产业战略部）发布白皮书《通向知识经济的成功之道》，明确提出要对研究和创新的管理和资助体系进行改革。2016 年 5 月 19 日，英国政府发布《高等教育和研究法案》，给予改革以立法支持。

（二）实践经验

1. 英国技术集团。英国技术集团（BTG）是 1981 年由原来的英国国家研究开发公司与国家企业联盟合并后组建的一家专门从事科技成果转化工作的大型中介服务机构。BTG 于 1991 年由国有制改为民营化，完全按照市场商业化模式运作，1995 年在伦敦股票交易所成功上市。多年来，集团作为专门以风险投资支持科技成果转化的中介机构，一直得到英国政府的大力支持，具有国家授权的保护专利和颁发技术许可证的职能，还具有根据社会需求对国家研究成果及有应用前景的技术进行再开发的职责，有权对相关项目给予资金支持。这些都为集团的发展提供了有利条件，并获得了英国企业、研究机构的信任。BTG 总部设在伦敦，在美国费城、日本东京等设有分支机构，目前集团聚集了 200 多名来自不同领域的科学家、工程师、专利代理人、律师、会计师等专门人才，有丰富的技术、市场、法律、金融知识和实践经验，能为成果供需各方提供全方位的服务。

从目标与定位来看，BTG 致力于从市场实际需求出发挑选技术项目，并通过最有效的手段将技术推向市场，主要目标是实现技术的商品化，包括寻找、筛选和获得技术、评估技术成果、进行专利保护，协助进行技术的商品化开发、市场开发、转让技术、监控转让技术进展等。其基本任务是推动新技术的转移和开发工作，尤其是促进大学、工业界、研究理事会以及政府部门研究机构的科技成果的产业化和商业化，包括提供商业支持，鼓励私营部门的技术创新投资和扶持中小企业。从运行机制来看，BTG 属于科技中介股份有限公司，它的运行机制就是通过自身卓有成效的工作，充分利用国家赋予的职权，同国内各大学、研究院所、企业集团以及众多发明人有着广泛的紧密联系，形成技术开发—推广转移—再开发及投资等一条龙的有机整体，且利润共享，BTG 真正起到了将开发成果转化为现实生产力的桥梁和纽带作用。主要业务方面，BTG 涉及的主要领域包括医学、自然科学、生物科学、电子和通信，业务涵盖不同发展阶段的新技术，在 BTG 的业务清单中可以选择需要的技术。具体业务包括寻找、筛选和获得技术、技术转移、风险投资、支持各类形式的技术开发。BTG 的技术转移一般经过技术评估、专利保护、技术开发、市场化、专利转让、协议后的专利保护与监督、收益分享七个阶段。

2. 剑桥模式。剑桥模式管理机构是剑桥企业有限公司（Cambridge Enterprise Limited），具有独立法人资格，负责剑桥大学内部的科技成果转化和知识产权保护等商业化活动，职责是帮助剑桥大学的发明者、创新者、创业者将自己的想法和技术成功地运用于社会服务中，使国家经济、学校和发明者三方受益。是剑桥企业有限公司有丰富商业实践经验的专业团队，设有总经理、市场经理、咨询服务经理、技术转移项目经理、生命科学项目经理、物理科学项目经理、创新业务项目经理、风险投资项目经理、知识产权律师及其他辅助人员，同时与剑桥大学各院系、科研机构保持紧密的业务联系。剑桥企业有限公司有严谨而详细的工作流程，从项目的确立到知识产权所有权的归属再到商业化的选择方向均有明确步骤及相关文件支持。与生产服务企业达成合作意向后，技术开发和技术转移合同由剑桥企业有限公司完成。剑桥企业有限公司与合作伙伴一起讨论明确许可权属、产品类型、许可时间、产品推广方式及款项支付方式。通常创新技术需要很长时间的开发才能获得盈利，所以剑桥企业有限公司在选择与公司合作时着重关注企业方面对早期技术转移价值的识别以及从实验室原型到工业放大的风险认知及承受能力。剑桥大学由教授或博士组成企业合作联络人，对剑桥企业有限公司所提供的服务进行意见反馈。

剑桥模式有合理的组织架构、规范的操作流程、明确的奖励机制，优惠的税务支持，政府不干涉、不参与。所获得的收益在发明者、科研机构、管理机构之间按照明确的比例进行分配。分配原则首先是奖励为社会创造高新技术的发明人，其次是奖励为技术发明人提供环境的发明人所在的科研机构，最后是奖励为高新技术商业化提供服务和资金的管理机构。分配原则合理考虑了各方的利益，充分肯定了发明人的重要价值，并且充分认识到发明人是剑桥模式的前提。这一分配原则通过公平的政策和有效的激励对剑桥大学科技创新商业化的成功起到了重要作用，以致使剑桥大学成为剑桥高科技的龙头，使剑桥小镇成为世界璀璨夺目的高科技集聚地。

五、韩国

（一）制度规范

为了促进技术转移和产业化，韩国政府提出了通过"产学研"和地区联合来强化创造新产业职能的国政课题，并采取了多种多样的政策，试图转变韩国的"产学研"合作模式。

2008 年 9 月，韩国知识经济部为了促进技术转移和产业化，开始实施专利信托管理制度。提出将用于现金、不动产等资产管理与运营的信托方式应用于技术和专利领域，从而促进大企业、大学及研究院所等未被利用的技术或专利的转移和产业化。2014 年 7 月 30 日，韩国发布的《韩国政府研究开发体系创新方案》提出发掘、支持有前景的技术，改进技术转移机构，改组成果应用推广平台等措施。2014 年 7 月 30 日，韩国对《技术转移与产业促进法》进行了修订，提出每年制定一次技术转移年度促进计划，每三年制定一次技术转移中期推进目标和计划。同年发布科学技术领域政府资助研究机构技术产业化推进计划，提出逐步开放研发计划体系、改进技术成果评估管理制度、提高技术产业化能力、加强宣传、建立技术交易平台以及加强产业化网络及合作网络建设等措施。2016 年 8 月 3 日，韩国发布最新的《政府资助研究机构所属中小、骨干企业扶持方案》，提出集中扶持具有成长潜力的 170 余所企业的扶持计划。此外，韩国技术转移与产业化促进计划从 2000 年起开始实施，目前已经实施了五次，每次计划的制定背景和任务各不相同，但是在政府引导、扶持和保障方面的基本做法是一贯的。2017 年 3 月，韩国颁布了《第六次技术转移与产业化促进计划》（2017～2019）。与前五次促进计划不同，第六次促进计划是在第四次产业革命背景下为应对技术创新周期缩短和市场变化加快等情况而制定的，设立了相对合理的目标。

（二）实践经验

大德科技园区。20 世纪 70 年代初，韩国政府仿效美国、日本等国家，以日本筑波科学城为蓝本，在韩国中部腹地规划建设大德科技园区，其定位和使命是建设成为韩国乃至亚洲最优秀的研发、人才培养、产业化和培育新产业的基地，为韩国经济、社会发展提供技术引擎。目前，大德科技园区已吸引了5所大学以及56家政府和民间科研机构。其中，政府研究机构29家，包括原子力研究所、航空宇宙研究院、电子通信研究院、生命工学研究院、标准科学研究院、能源技术研究院、地质资源研究院等，这些研究机构重点承担国家课题研发，同时也接受企业委托研究；民间科研机构有27家，主要是由三星、LG、SK、现代、金星等大财团投资设立的企业研究所，主要从事企业自身发展所需的技术开发，同时也通过投标方式承担国家课题研究，大德科技园区的重点研究领域是情报通信、生物医疗、精细化学、新材料、能源、机械等基础科学，国家战略产业高技术和大型复合技术，各领域研究每年都有大量的科技成果。

推动技术研发与技术转移是园区的首要职责。首先，大德科技园区是以高水平研究型大学和研究所为支撑的科技型研发及创业园区，一方面，大学是园区最为倚重的创新要素，大学技术研发和技术转移是园区持续发展的动力之源；另一方面，园区为大学提供了技术创新及转移扩散的平台和场所，并且是多所大学共享园区的平台与政策，很好地促进了资源与技术的充分共享。这种"一对多"而非"一对一"的园区发展模式有利于形成完整技术转移链，发挥技术和产业聚群效应，使园区成为推动韩国创新驱动及经济转型的"实验区"和"示范田"。其次，在园区定位上坚持技术开发与产业化并重的发展理念。2005年出台的《大德研究开发特区法》明确规定"研究开发特区，是为研究开发创新技术并为研发成果的扩散和产业化促进而设立的区域"，因此，大德科技园在支持大学及研究机构进行科技创新的同时，还制定一系列鼓励政策支持其主动推进技术转移和技术成果的商业化。比如，为推动大学及研究机构将其成果转化和产业化，允许建立"实验室工厂"，并允许以支持创业为主业的企业进驻园区，加强对研究人员的创业支持和有关企业的资金支持。同时，还以企业为主体、以市场为导向，通过政策支持吸引一批科技型企业入驻园区，使其快速成长。比如，当企业提供的研究、设计、分析及监管等技术服务必须运用极复杂的科学技能，则该营业项目所产生的收入可以在创立的课税年度起以及未来5年内享受50%的所得免税；当私人企业在进行国家研究开发计划、核心基础科技开发、工业科技开发、替代性能开发等计划时，政府会补助这些计划的各种研究开发费用，最高上限为50%。同时，为了挖掘和培育领先企业，韩国政府还为特区建立了风险企业支持系统，在金融、税收等方面提供了一系列配套政策。比如专门设立1亿美金的风险基金，如果企业得到投资，则投资最小期限为7年，即至少7年后才回收；对于从事尖端技术开发的企业，免交7年的地方税，还可以先免5年法人税和所得税，再减半征收3年。总的来说，就是强调要让教育研究与技术、市场、产业有机结合，在研发阶段就让企业需求与研发行为对接，研究机构主要承担研发风险，企业主要负责成果转化和产业化，然后再投资新的成果研发，从而形成一个良性循环的产业链组织体系。最后，建立形成"产学研"一体化的管理体制和运行机制。为了确保园区发展理念落到实处，很好地发挥大学与科研机构的集群效应，把先进的科研成果转移扩散到产业界，转化成现实的生产力，大德科技园区还重点推进"产学研"一体化的体制机制建设。一是成立研发特区支援总部，其具体负责园区运营与管理工作。支援总部下设技术商业化中心、福利中心和管理支持中心三个部门。技术商业化中心主要负责实施园区的发展计划，协调与政府及相关利益群体的关系以及市场拓展业务等；管理支持中心主要为入驻研究机构及企业提供各类服务和支持；福利中心负责园区的公共事务等。二是建立专业化技术转移中心及企业孵化器。园区内创立了以茶山馆、创业孵化中心等为代表的风险企业集中设施，为风险企业的发展提供空间，催生了一批具有竞争力的高新技术企业。三是通过建立联合研发中心等形式推进大学、研究机构与企业之间进行研发的前端合作。

第二章
概念辨析

新增长理论将技术内生化，充分强调了技术在经济增长中的作用，而技术转移是技术发挥经济作用的关键环节。技术转移有市场自发形式的，也有政府干预的，技术市场即是为市场机制下技术转移搭建的平台和空间。从世界范围来看，技术市场是发达国家占领国际市场和发展国际贸易的重要内容，也是发展中国家吸收国外先进技术和发展本国经济以实现赶超的重要路径。从国家范围来看，技术市场是充分利用国内的技术成果，实现本国技术资源的优化配置，进而实现国内区域协调发展和整体发展的重要任务。本章的目的旨在探析和厘清技术市场的内涵、特征、构成、功能等基本概念。

第一节　技术市场基本概念

一、技术市场内涵

市场是社会分工与经济发展的伴随物，早期市场专指商品交换的场所。18世纪末期，市场概念从物理和社会空间分离开，意指所有商品交换关系的总和（符平，2013）。就技术市场而言，技术市场是长期经济增长的动力所在，是重要的生产要素市场，随着社会分工和市场经济发展，其内涵也在不断丰富，逐渐由狭义的技术商品交易的场所发展形成更加广义的概念内涵。而它与传统市场最大的区别在于其中流动的知识、技术与土地等具有确定性形态的要素不同，可依据其复杂性和显性化程度以多种形态流通和参与生产，如专利许可、咨询服务、合作开发等。因此，技术市场不仅局限于交换关系，而是被学者们理解为从技术开发到技术商品流通，直到转化为生产力的全过程和全组织（含个人）的相互关系的总和（田波，2015）。在政策文献中，2018年科技部印发的《关于技术市场发展的若干意见》也明确了技术市场的概念，指出"技术市场是各类技术交易场所、服务机构和技术商品生产、交换、流通关系的总和"。因此，本书遵循已有学者的定义，将技术市场理解为技术要素生产、交换、流通，直到转化为生产力的全过程关系的总和，强调的是从技术成果进行商品化开发、流通，直到进入生产部门转化为生产力的全过程中各类关联主体之间的交互关系。

技术市场并非我国独有，凡是建立市场经济体制、开展了技术交换和技术参与生产活动的国家都存在技术市场和技术要素市场化活动。但由于欧美等国家高度发达的市场经济和有效的知识产权保护制度，其技术要素的交换和参与生产活动早已全面渗透其市场经济系统，而无须专门提出技术市场概念。由此，在改革开放初期，国务院领导指出"加速科技成果商品化、开放技术市场是科技体制改革的突破口"，在国家政府层面提出了技术市场的专有概念，由此开始了具有中国特色的社会主义技术要素市场建设历程。需要指出的是，在2020年《中共中央　国务院关于构建更加完善的要素市场化配置体制机制的意见》提出"技术要素市场"概念之前，我国一直沿用"技术市场"的概念，两者并无本质区别。从"技术市场"到"技术要素市场"，只是更加突出了在我国高质量发展的时代背景下，技术作为关键生产要素的地位，以及通过市场实现技术要素的有序流通、高效配置，从而更加广泛和深度地参与生产的发展导向。

二、技术市场的特征

由技术作为生产要素的特殊性作为基点引申出技术市场的特征。

第一，市场交易过程以"商品—过程"模型取代"商品—平台"模型。经济学家认为市场的一切交易活动基本遵循"商品—平台"模型（谢崇赟，2021），即理性经济人在利益驱动下收集到关于商品的完整信息，按照一系列稳定的偏好进行交换行为，毫无冲突和摩擦地实现效用最大化。但对于高度异质、非标准、信息不对称、嵌入于当时"场景"且与其他商品相联系的技术要素，一是如果交易只发生在交付的那一刻，必然引发高风险、欺诈定价、机会主义行为；二是技术的商业价值体现在技术设计、生产、转移、应用紧密关联的全过程中；三是技术要素的市场交换活动涉及技术转移和转化两个方面，两个方面的内容都无法简单交易、即时完成。首先，就技术要素的转移（物理平移）来说，由于技术要素具有依附性，存在隐性内容，需要多轮的沟通和交流，才能实现知识吸收和有效转移。其次，就技术要素的转化（化学变化）来说，由于技术要素不具有确定性形态，需要根据市场需求通过多次开发过程才能形成能够被需求方接受、可以进行交换的标的物形态，由此更加需要供给方、需求方和服务方的协同合作，这往往需要一个较长的过程，不可能同普通商品一样，通过"一手交钱，一手交货"的方式快速完成交换活动。从而使得技术要素交换活动具有复杂性。因此"商品—过程"模型更符合技术市场交易过程的真实状态，强调供需双方围绕物的交易而建立的技术要素从生产到商业化的全过程关系。

第二，技术市场的运行不仅依靠价格机制，更是依靠网络机制。技术市场作为典型的中间品市场，主要功能是为生产者提供服务，其中流动的产品或服务处于和消费市场有一段距离的产业链中端，因此具有生产者市场特征。根据怀特（White，1981）的市场理论，生产者市场区别于自由交换市场的核心标志是其不仅仅依赖价格信息，更是借助社会网络决定生产策略。首先，市场主体通过产业链中地位等同体的产品数量、价格、类型以及是否转产等信息决定自己的生产策略；其次，生产者之间要建立沟通渠道，通过频繁沟通建立信任和理顺交易条件。

第三，交易方式的"专用性"特征明显。根据威廉姆森（Williamson，1971）的交易成本理论，交易方式的选择主要取决于资产的专用性和资产的交易频率。这意味着作为高专用性、知识密集型资产的技术，必然需要发展出普通交易的替代模式，比如技术拍卖、联合开发、技术联盟、股权参与、质押融资等。由此技术市场的功能已经从技术交易的单一功能进入集技术买卖、技术开发、创新创业、人才培养、投融资等多功能为一体的系统性功能。发展定位也从科技成果转化走向集研究开发、信息集散、技术咨询、企业孵化、检测检验、委托代理、信贷融资等综合性内容的服务体系。

第四，技术的价格确定机制高度异质化。社会学认为商品价格是对物的所有文化和社会条件以货币形式表征的真实反映，而在现实中对于一般物质的价格确定机制倾向于将社会条件同质化处理（谢崇赟，2021），比如利用成本法、预期收益法等。经济学用供求机制解释价格如何形成——供求决定价格，价格影响供求，供求相等时达到均衡价格。对于技术要素来说，首先，由于其具有无损耗性和重复可利用性，其生产过程不是简单的重复再生产过程，因此对社会条件的同质化处理将诱致柠檬市场、机会主义行为。同时，经济学供求机制因为技术供给具有的垄断性或相对垄断性而失灵。其次，技术市场价值的发现，交易过程中的信息不对称性、技术要素经济价值实现的风险性、技术要素开发程度等因素导致技术交易价格难以有一个公认的评价标准，交易双方不易达成共识。此外，在现实场景中，技术要素价格确定往往需要多轮磋商，甚至需要借助专业评估机构促使价格形成。且在支付方式上，技术受让方通常会随该技术转化实现的程度依照合同约定逐项梯次支付费用，或用技术入股等方式。因此，技术市场的价格确定机制是以分类、分级、量化、排序为基础的高度异质化价值评估系统。

第五，技术市场的运行需要其他要素市场的支持和配合。技术要素的依附性和情景化意味着大部分技术要素需要通过活化或物化与其他生产要素结合、融合在一个特定的技术网络中，通常不能以独立的编码形式存在。而被一个新的技术网络接纳且在其中以某种可控的规程运作，也需要与其他物质、资本、数据和人力等要素结合，进行不断的质化和再质化。因此技术市场的运行需要与数据、人力、资本等其他生产要素市场紧密结合。

第六，交换形式的多样性。技术要素与土地等要素具有确定性形态和呈现形式不同的特点，技术要素可根据其依托的载体、表达方式等以多种形态进行呈现。同一种技术成果，可以是完整的技术成果转让，也可以是技术开发、技术咨询或技术服务；可以是样品形态，可以是图纸数据形态，也可以是科技人员头脑中的一个想法；可以是单个产品的技术，也可以是完整产品的整套技术；可以是单项技术，也可以是集成技术。此外，国内外学者将技术创新的特性总结为七个方面，即不确定性、路径依赖性、累积性、不可逆转性、相互关联性、内隐性和公共性，由此导致技术要素的三个"不确定"，即形态不确定、价值不确定和需求不确定。技术创新活动的一系列特性决定了技术很难像洗衣粉牙膏那样，通过市场机制，尤其是单纯的市场交易来实现技术的转移转化，真实的技术转移转化过程往往要通过人的流动和组织的扩展。由于技术的不确定性、复杂性和缄默性，只有非常成熟的技术才适合采用直接交易的方式进行转移，对应的模式包括技术许可、技术授权。科技成果转化过程往往采用合作研发和衍生创业的形式进行。合作研发最大限度地保障了技术供需的匹配度，也更好地实现优势互补、风险共担、利益共享的效果。但合作研发是针对技术存在配套资产（企业往往提供的就是配套资产）的情况，对于缺少配套资产的情况，往往需要通过创业的方式进行转化。需要注意的是，在实际的技术转移过程中，并不是孤立地采用若干模式的一种，而是往往要综合采用多种模式来实现技术转移的目标。从国内外最新的实践来看，主要的技术转移是技术许可、合作研发和衍生创业三种模式。

第七，交易后经济价值转化的风险性。首先，因为技术要素的价值具有时效性，如果使用不及时，可能被迅速替代，导致技术要素转化为现实生产力存在相应风险。其次，技术作为知识信息，有溢出和部分的非排他性，可被多个主体同时占有。因此，知识产权保护不力会为技术要素使用带来收益风险。最后，技术成果的转化和产业化本身就存在不确定性，技术成果的开发方案、使用主体的吸收能力、技术的成熟度等都影响技术要素的经济价值转化。

三、技术市场的构成

根据技术市场的概念，技术市场在结构上主要包含了如下几个维度的构成。

第一，市场主体。在技术市场中开展活动的主体又包括三类：一是技术要素的供给方，即能够且有意愿面向市场提供可供交换的技术要素的主体，包括不以营利为目的（非市场化存在）的科技机构，如高等院校、科研机构、社会组织；作为经济单元的企业和市场化存在的研究开发机构，包括各类性质注册的、依靠市场化生存的社会性和公益性科技实体；专门从事技术要素买卖的运营机构（如知识产权运营机构），新型研发机构，企业、个人以及专门从事技术买卖和运营的机构，如知识产权运营机构等。二是技术要素的需求方，即希望通过市场获取技术要素的主体包括：作为经济单元的组织，其中的企业组织构成了市场上技术要素的核心需求群体；有技术要素需求并能提供市场价值交换的社会法人实体，如医院；谋取技术要素权益收益的资本、社会组织或个人，如通过技术投资（购买）、组合和运营获取收益的组织①，通过投资科技创业企业获取增值收益的天使投资机构等。三是技术中介和服务方，即围绕技术要素交换提供服务的各类组织包括技术转移服务机构、技术交易机构、科技金融机构、创业孵化服务机构、中试基地和检验检测机构等。

第二，市场客体。技术是关于实践操作的知识，目的在于解决现实问题。当其用于经济目的、参与生产，就成为了生产资料。在当下知识经济快速发展、创新驱动成为诸多国家的发展战略背景下，技术已成为当今经济活动中不可或缺的生产资料，其作为关键生产要素的价值凸显，由此形成了技术要素的概念。技术要素作为技术市场的客体，其呈现形态决定了其在市场上参与交换的具体形式。根据技术要素的呈现形态，可以将技术要素划分为三类：（1）人在生产中运用的知识和智慧（想法）。这类技术不具有物质形态，与人力资本紧密结合，表现为"经过特定训练的人具备的生产能力"。（2）更新或改善的生产工具和方式。这类技术因为凝结在生产工具和生产条件中，从而以具体形态呈现，表现为"具有更高生产能力的生产工具和方式"。（3）新产品或服务的发现、发明或发展。这类技术以有形新产品或无形新服务的状态呈现，具有拓展新生产和新经济空间的作用。

需要注意的是，并不是所有的技术都需要通过技术要素市场进行交换。如与人力资本紧密结合的技术，如果这类技术实现了广泛的扩散，被一般劳动者所掌握，这类技术就内化为劳动力市场的内容；凝结在生产工具和生产条件的技术，如果这类技术随社会发展和技术进步被普遍植入生产工具和条件，构成了经济运行的一般性生产条件，这类技术也不通过技术要素市场进

---

① 如英国技术集团科技中介公司是一家在风险领域内从事技术转让的风险投资公司。该公司员工大部分是工程师、科学家、会计师、律师和专利代理，业务是由专业技术人员对研究机构、高等院校和技术公司的科技成果进行评估，对有商业前景的技术进行风险投资以帮助其开发，并对科技成果进行包装和推广，但以公司的名义进行专利申请并成为专利权人。

行流通和交换；从国家的整体利益出发需要进行管制的技术也不能在技术要素市场进行交换；企业等组织主体内部生产和持有的、以自用为目的的技术要素并不需要经过交换和流通环节就可直接参与生产。在此之外，涉及技术要素价值或权益在不同主体之间的有价转移的则构成了可以在技术要素市场中进行交换的技术对象（见表2-1）。

表 2 - 1 技术要素市场中的主要技术类型与交换形态

序号	技术类型	交换标的物
1	与专业人才（科研人员）紧密结合的技术要素	· 专业技术服务
2	凝结在专有科研设备设施条件中的技术要素	· 科技创业企业股权
3	新产品或服务	· 可与人和生产工具进行一定程度剥离的技术商品（知识产权、技术方案等） · 专业技术服务 · 科技创业企业股权

第三，市场活动。技术市场是以技术要素交换为核心活动的场景存在。技术要素交换活动。技术要素市场强调的是技术要素在市场中的"生产、扩散、应用"全过程，强调全链条的要素构成和关系。由此，技术要素交换活动并非如普通商品一样的简单的一次性交易活动，而是伴随多轮洽谈、磋商、交流、学习，以及深度互动的连续性活动。且具体交换形式也具有多样性，既可以是技术商品交易，也可以是技术服务交易，或者是科技创业企业的技术股权交易。因此，当下我国在指定（法定）技术交易场所（有形市场或显性市场）开展的技术交易活动（所有纳入四技合同登记的技术交易活动），不足以衡量现有技术要素市场的整体规模，"无形"市场或"隐性"市场的技术要素交换活动也大量存在。为技术要素交换提供服务的活动包括技术交易信息服务、技术交易路演服务、技术价值评估服务、技术拍卖服务、中试服务、检验检测服务等各类服务活动。需要指出的是，当下技术要素市场中服务活动的情况在变化：一方面，从事纯粹的技术中介和服务组织继续大量存在；另一方面，越来越多的中介和服务机构在改变这种纯粹性，在促进转移的过程中开始谋求技术价值和权益，导致同时具有技术供给方、技术权益需方和中介服务方的混合性质的组织产生，开展"研发、转化、应用并放大应用价值"的集成活动（如表2-2所示）。

表 2 - 2　　　　　　　　技术要素市场中的主要技术类型及相关服务

交换活动类型	举例	提供服务	相关服务主体举例
股权交易	科技创业项目股权投融资	技术要素供求信息服务	技术转移服务中心、技术（产权）交易机构、技术拍卖机构、科技创业路演服务机构、众包平台运营机构
专业技术服务交易	技术服务（咨询、培训等）技术开发	促进技术要素商品化服务	中试基地、检验检测服务机构、知识产权代理机构等
技术商品交易	技术转让（专利权转让、计算机软件著作权转让等）	促进技术要素企业化（资本化）服务	创业孵化服务机构、科技金融机构、众筹平台运营机构
		技术要素价值评估服务	技术评估机构
		综合服务	新型研发机构

　　第四，市场环境。技术市场的健康运转需要相应的环境条件支撑，主要可分为制度环境和硬件设施支撑两类。关于制度环境。（1）技术成果的产权制度设计、技术要素参与分配的制度规定、国立科研组织对机构科技成果的处置权等构成了技术要素市场存在的基础；（2）技术要素市场对相关的公平竞争、反垄断管制、信用制度等进行监管则是技术要素市场有序运转的保障。关于硬件环境。（1）有形交易场所建设，技术要素市场并不必然要求有形场所的存在，但是20世纪80年代我国开启技术要素市场建设之时，为形成建设抓手和开展有效监管和服务，发展技术要素市场的主要举措就是搭建专门用于开展技术交易的场所和平台，面向特定场所提供配套技术交易所需设施和条件以及技术交易中介服务。由此，就当下来看，有形交易场所依然是我国技术要素市场的重要物理空间环境。（2）市场化的交易平台，近年来，伴随国民经济发展和数字经济范式转变，众筹平台、众包平台以及孵化器、众创空间等双创（创新创业）平台都成为了新时期发生技术要素交换活动的集中场所。（3）基础设施条件，如支撑构建全国统一技术要素市场的大数据中心、云计算基础设施等都是技术要素市场高效、良性运转的重要硬件条件支撑。

　　第五，政府部门。政府部门不仅是市场环境中制度环境的主要设计者，而且通常需要承担的角色包括指导、监督、提供技术市场发展所需的环境和条件、制度供给和协调处理经济纠纷，同时也会部分承担包括从生产到销售的相关经济事务及社会事务、建立支撑市场良好运行的硬件或软件设施。

四、技术市场的功能

我国建立和发展技术市场的目的在于通过市场机制促进技术要素供给、交换和流通，有效参与生产过程，实现以科技创新驱动的经济运行和发展。因此，技术市场需要具备以下功能。

一是科技创新资源配置功能。现代社会中存在两种基本的资源配置方式，即由政府主导的计划配置方式和由市场主导的市场化配置方式。技术市场的市场化配置主要发挥三种作用：通过供求调节、价格机制促进供给侧，以产业和企业需求为导向组织科技创新资源，使科技创新资源在各种不同的用途和目的之间充分流动，并进入那些能产生最高价值或效益的项目中，生产和提供企业和产业亟须的技术，达到对企业和产业创新发展的有效响应；通过市场竞争下的评估机制衡量企业自身的质量及在市场中的竞争实力，从而将资源从边际报酬较低的企业引入边际报酬较高的企业，提升科技创新资源的组织和使用效率；通过为社会组织提供生存和发展的公平空间，实现技术要素资源充分流通，保障各类市场主体能够公平地获得创新资源。

二是技术要素信息平台功能。一个完善的技术市场应能为市场主体提供信息集散、信息检索、转让拍卖、委托代理、信贷融资等多种形式的信息服务。首先，技术要素的供给主体、需求主体、服务机构等可以通过技术供求关系、交易价格、公开信息了解技术行情、制定生产决策。其次，国家通过对技术市场的统计管理评估国家创新实力、根据市场主体的行为动向了解技术前沿，从而在尊重创新规律的前提下制定和调整科技政策、支撑国家创新系统建设。同时，国家的相关政策也可以通过技术市场得到更好的落实、使市场主体可以更好地了解政策意图。最后，技术的知识特性决定了其信息公开的难度，同时过度公开又使其失去商业价值，从而出现信息不对称、柠檬市场等问题。因此，信息平台功能利用新技术、新工具实现技术要素的合理化显性表达，扩展和完善技术要素信息传播渠道和方式，在保护技术信息商业价值的同时，降低信息不对称带来的市场风险。

三是技术要素的价格发现和交易功能。技术要素价值的发现和价格形成是市场发挥调节和配置功能的重要依托，交易则是技术要素价格形成和市场价值实现的路径。技术要素的定价和交易具有极高的复杂性，难以有一个统一的评价标准，因此，交易双方不易达成共识。技术市场需要促进市场机制在技术要素价格发现中的作用发挥，通过市场进行公开、规范的竞争交易，在技术交易双方之间进行充分的信息交流与博弈，最终形成一个真实、综合、系统、动态反映技术供求关系的权威性价格体系。

四是降低技术创新风险功能。技术的研发和应用是一个专业性很强、充满高度不确定性的过程。科技创新的信息不对称、缄默知识比重大、边际报酬递增、投资周期长等特性使得科技创新充满欺诈风险、市场风险、能力风险，导致科技创新活动往往达不到预期的目标。技术市场通过市场机制降低技术创新风险：首先，通过技术市场的流通和交换，为技术创新主体开展活动提供基础技术资源支撑；其次，通过技术市场的组织功能促进各类创新主体围绕技术研究、开发、生产、交换活动开展协同合作，降低技术风险；最后，以技术市场的信息平台和定价功能加强技术创新的市场导向性。

五是规范市场主体行为功能。有序运行的市场需要市场与政府协同制定规则和秩序，规范市场主体行为。一方面，通过市场竞争机制等的作用，在一定程度上约束市场主体行为，促进市场有序发展；另一方面，通过政府监管、立法、建立技术市场信用体系等规范交易活动、惩治违法行为、建立良好的市场环境、促进技术市场高质量发展。

五、技术市场交易方式

技术市场起源于我国由计划经济向市场经济的转轨阶段，其对技术交易的认识和促进模式反映了那个时代对技术转移规律认识的历史局限性，这种局限性延续至今已经成为一种思维惯性和历史包袱。设立和开放技术市场的最大进步意义是承认了技术的商品属性，反映了我国将技术视为与其他有形商品一样的质朴认识，但实际上，技术的交易流动很少是在有形市场里发生的。此后，我国设立了技术合同登记免税政策，拯救了技术市场，并制造了技术市场的"繁荣景象"，但实际上很难说技术市场对技术交易起到了真正的促进作用，这一政策只使得技术交易"显性化"，在依靠搜索引擎寻找信息的网络时代，技术信息的数字化仍然很有必要，但聚集在一个平台上呈现，集中交易的必要性就几乎没有了。

建设技术市场是基于这样的假定，即把技术当成和土地、资本一样的其他要素，以交易的方式进行配置。但实际上，单独的技术要素形态是难以确定价值的，并且只能通过与其他要素结合发挥作用。真实的技术交易实际上是以高技术产品和服务的形态进行交易的，将技术要素形态的配置过程内化于人才流动、研发和创业的行为过程并不是以市场交易的形式进行的，这就导致狭义技术市场的两个缺陷：一是难以做大，二是难以盈利。我国技术市场机构未来要发展，对技术市场的理解就必须突破将技术市场看成是有形的交易市场的认识，要将技术市场看作是技术经济或者知识经济下的一整套制度安排。从这个角度来看，知识经济形态下的所有市场都可以看作是技术市场。

按照商业模式划分，我国技术交易模式可大致分为三大类，即交易市场型、资源对接型和熟化孵化型。

（1）交易市场型。交易市场型，顾名思义，即服务内容以技术交易服务为主，通过搭建网上技术市场平台，提供包括信息检索、路演推介、在线竞价、挂牌交易、成交信息公示等在内的服务。当前我国各地的技术交易市场大多采用该模式，以中国技术交易所、上海技术交易所和中国浙江网上技术市场为典型代表。这类技术市场仅将技术看作一种可直接交易的"有形商品"，此时的技术市场更多地扮演着技术合同登记机构这一角色，主要帮助企业享受政策优惠。"可直接交易"意味着技术标的需要拥有很高的成熟度，而标准化的技术交易流程难以契合技术转移本身的非标属性，因此对科技成果转移转化的作用十分有限。

（2）资源对接型。资源对接型技术市场构建资源网络平台化对接，以首都科技条件大平台为代表，平台集成23家高校研发实验服务基地、12个行业领域中心和12个区工作站，跨部门、跨领域整合仪器设备、科技成果和科技人才三类科技资源，提供测试检测、联合研发及技术转移等服务。资源对接型技术市场不局限于技术交易服务，服务内容涵盖技术转移转化全流程，不自建研发能力，但拥有强大的外部研发网络，从而有效解决了技术二次开发的问题。这类技术市场平台化功能的有效发挥依托于强大的资源统筹能力和组织管理能力，其背后需要强政府的大力支持。此外，纯网络化的运营模式决定了此类技术市场不具备自我造血能力，而是需要政府持续稳定的财政支持。

（3）熟化孵化型。熟化孵化模式代表了技术市场的未来发展方向，不仅解决了技术供需对接、二次开发的问题，还能通过微创新体系解决技术市场自我造血的问题。熟化孵化型技术市场以深圳先研院、西安光机所等新型研发机构为代表，其拥有技术开发、企业孵化、资本投资等多项服务能力，其核心特征是通过构建组织内微创新生态系统，将大空间尺度、需要多主体协同、高交易成本的创新活动内置化。与资源对接型技术市场相比，熟化孵化型独有的强联系、高度整合的微创新生态有效降低了技术转移转化的成本，提高了创新活动的效率。此外，技术的不确定性、复杂性和系统性决定了技术市场必须具备专业的技术服务能力，相比外部研发支持，自建研发能力有利于保持技术市场自身的核心竞争力，进而提升了自我造血能力。

六、技术市场运行机制

技术市场运行机制包括了基础保障、应用支持两部分。应用支持包括价值交换机制、信息流动机制、跨界学习机制；基础保障包括资源汇集机制。

（1）资源汇集机制。资源汇集机制是指包括科技金融、科技人才、技术市场在内的创新资源汇入、集聚并形成创新集群的演变过程。技术市场创新创业活力来自包括科技金融、科技人才、技术市场在内的相关主体提供的各类资源。技术市场创新生态系统具有的资源汇集机制能使得科技金融、科技人才、技术市场等子系统所提供的资源能够呈现出系统化整体的发展态势，而且能够服务于某个区域自身的创新体系建设。自然界生态系统的重要功能之一便是能够为植物、动物等物种提供广阔的成长发展空间以及各式各样的物质和能量。技术市场的存在及演变发展的首要目标是服务于创新组织及其科技成果产业化。作为一项刚刚从实验室或研发中心走出来的科技成果项目，缺乏足够的技术成熟度和产业化所需的技术标准，大多数时候也不为产业化用户或最终客户所直接地、即刻地认可，更重要的是其本身的价值难以衡量或不可直接体现出来。健康的、完善的技术市场能够在更高层面、更大程度上基本解决这一个问题。由政府财政、风险投资、科技人才、产业化机构等不同支撑要素以及市场环境所构成的综合性系统所能汇集的资源种类是多种多样的，通过创新生态系统内部有规律的流动机制，这些资源要素能够有序地、稳定地流入产业化过程中。在科技成果的研发、小试、中试、产业化等不同阶段上，创新生态系统所扮演的重要角色持续性在加强，这从硅谷、中关村、筑波等产业园推动区域经济发展的经验中可窥见其成长机理。因此，资源汇集机制是技术市场创新生态系统协同发展的基本保障。资源汇集机制也是研究分析技术市场创新生态系统的投入产出指标选取的重要来源。

（2）价值交换机制。价值交换机制是指包括科技金融、科技人才、技术市场在内的各子系统的参与主体在产业化过程中通过创新生态系统能够实现各自的实际价值。科技金融是多层次资本市场的重要组成部分，科技金融通过为科技成果注入天使基金、风险投资、银行贷款等加速、催化科技成果尽快尽早实现制造销售以及产业化、规模化发展，或者科技项目通过创业企业实现在新三板、主板市场等上市，这样资本就能在产业化过程中实现自身的价值增值。科技人才通过技术转移、科技成果产业化等途径，在创新生态系统中使得自身所研发的成果得到合理的定价估值，科技人才自身投入得到回报，人才的智力劳动、创造性劳动得到进一步激励。创新生态系统在保障科技成果产业化、科技与经济紧密结合的同时，也在加速各子系统及其内部各类组织的协调发展，这就必须依托于综合性系统内部的价值交换。在自然界生态系统中，各类植物、动物等物种通过食物链紧密连接，物质和能量在整体系统内的有序流动使得各物种获得自身所需的营养成分，从而维系了自然界生态系统的持续存在和进化发展。技术市场的价值交换机制同样可为综合性系统内的不同子系统和创新主体带来相应的、所需的物质和能量。技术市场子系统在创新生态系统中是一个成果产业化以及供需对接的大平台，而科技金融子系统、科技人才子系统在这一平台中使得自身的利益得到回馈和保障。因此，整个演化过程其实是通过技术转移这一枢纽进行资源整合，并最终构建了技术市场的内部价值网络，从而维系了、推动了市场的良性发展。

（3）信息流动机制。信息流动机制是指科技金融相关信息、科技人才相关信息、技术市场相关信息在市场系统内部进行充分地、有序地流动。以前技术市场发展存在的主要问题之一就是科技成果的技术状况、科技金融的投资信息等信息不透明，出现市场交易相关信息的不对称，容易产生逆向选择及道德风险，也容易造成科技与经济的结合很不紧密。通过构建科技金融、科技人才、技术市场的信息流动机制，促进技术市场的协同发展。例如，科技成果产业化之前需要提供的信息包括技术成熟度状况、项目融资的洽谈情况、科技金融市场的投资要求、科技成果持有方的信用记录等信息，及时的、有效的科技成果事前信息披露将有利于科技金融、科技人才、技术市场更好的匹配和协同行为，有利于多方的联合决策，能够大幅度减少由于信息不对称所产生的信息搜寻费用。目前，由政府部门、高等院校、科研院所、中介协会等各类组织主导推动的科技人才信息库、科技金融信息库、技术成果信息库在一定程度上提供了各自的特征信息，但缺乏多方紧密交融和信息流动制度。跨部门、跨系统的、公共性的科技创新平台系统能将科技管理部门、金融证券部门、教育人才部门的大多数信息集中在一起，甚至连各领域的优惠政策及其实施细则、项目应用性和盈利性评估、技术成果所在项目任务的完成进度、技术成果所在项目的经费使用情况、项目成果中后期评审及评审专家建议、金融机构投资历史及其相关经理人的资信情况、技术经纪人教育及专业情况、具体要求及联系方式等信息一应具有，与科技成果产业化相关的更多信息流动方便各参与主体的查询，能够对科技成果产业化的成功概率和实现进程做深入的、系统的判断——对产业化成功较低的成果项目要及时采取手段减少其损失，对产业化成功较高的成果项目要尽可能布局未来的市场渠道，这样才能更好地促进生态系统的良性发展。

（4）跨界学习机制。跨界学习机制是指包括科技金融、科技人才、技术市场各子系统在内的参与主体在不同领域的交叉学习意愿和学习能力。科技人才为了尽快尽早将所研究的科技成果产业化，在自身科研经费不足的情况下，为有效在科技金融市场获取所需资金，这些科研人员或团队成员要积极学习金融知识，掌握所在区域的科技金融机构和金融市场投资要求，掌握技术市场在挂牌交易之前需要哪些背景材料和当前市场技术发展水平。高校科研院可选择本单位拟转移转化的科技成果，对相关科研人才进行全面的、强化式的培训；这些机构也可聘请专职机构代为科研人才提供商业化的、市场化的项目申报书或商业策划书等。科技金融参与机构在初选拟投资的项目或企业之前，要学习战略性新兴产业的技术发展特点和技术更迭规律，了解国家相关主管部门对新技术、新品种上市之前的科学性要求。科技金融参与机构掌握技术创新规律和四次技术革命的特征有利于金融市场对创新项目的投资监管、保障资本介入技术市场的投资回报，必要时为金融机构建立技术创新评估团队，密切关注产业技术难点及前沿技术动态，帮助其在技术市场的投融资决策。产业化用户或企业主体需要学习投融资渠道，掌握技术入股、发现债券及可转债等金融手段对自身可持续经营的影响程度，以便权衡利弊后筛选最合适的融资渠道，也可为科技人才、科技金融及产业化用户之间的合作博弈打好基础。技术市场作为搭建科技、产业、金融等各方的平台系统，加强与科研人员、金融机构的沟通座谈，通过工作交流会、项目预备路演、实地参观等方式组织相关各方主体进行密切的交流，掌握区域内科技企业、高校院所、风投机构、商业银行等主体的具体需求和协同建议。

第二节　技术市场相关概念辨析

在政策文本中，技术市场经历了从技术市场到技术要素市场的转变，就我国的发展背景来看，其与科技成果转化、技术转移、国家创新体系、国家市场经济体系等概念密切相关，以下将辨析这些概念的联系和区别。

一、技术市场与技术要素市场

从经济学角度来看，技术市场是商品市场，即有形物质产品或劳务交换的场所，而技术要素市场更强调技术作为生产要素社会化、商品化的过程。但是在当下的实际语境中，技术市场被认为是技术要素市场的简称，即技术要素市场就是通常所言的技术市场。只是技术市场早期发展阶段关注的是完成技术要素的"交易"，即只关注完成交易的过程和促进交易的机构和场所。而现在技术要素市场的语义具有整体性，不仅体现在"交易"这一个环节，更关注技术要素在市场中"生产、扩散、应用"的全过程，强调全链条的要素构成和关系，所以现在说技术要素市场体现了技术市场语义（内涵和边界）在新阶段的发展。

二、作为场所的技术市场与作为机制的技术市场

技术市场作为技术要素生产、交换、流通，直到转化为生产力的全过程

关系的总和，首先需要发展从事技术转移和交易的人员、队伍、场所、空间和形式等建立和具备了开展转移和交易的条件平台、中介服务机构和渠道场所等基础条件，也就意味着有条件建立技术要素供给方、转化相关方和实现价值相关方的市场关系。市场关系建立后需要按照市场机制运转，市场机制包括市场价格机制、供求机制、竞争机制和风险机制等，不断提升市场机制运行的效率和层级也是当下强调的"高标准建设技术市场"。综上，技术市场是作为场所的市场和作为机制的市场的整合。

三、技术市场与科技成果转移转化

科技成果转移转化可以分解为三个概念的解析，即"科技成果""科技成果转移""科技成果转化"。按照 2015 年修正的《中华人民共和国促进科技成果转化法》的界定，科技成果指"通过科学研究与技术开发所产生的具有实用价值的成果"。而科技成果转化是指"为提高生产力水平而对科技成果所进行的后续试验、开发、应用、推广直至形成新技术、新工艺、新材料、新产品，发展新产业等活动"。科技成果转移参照《国家技术转移示范机构管理办法》对技术转移的规定，可以认为是指科技成果从供给方向需求方转移的行为过程。从概念分析，科技成果转移转化和技术市场存在着以下两点不同：一是本质不同。科技成果转移转化是一个过程的概念，是指科技成果从知识形态转化为实体形态的产品或商品，并实现经济价值的过程。技术市场是一个空间的概念，是技术要素交换关系发生和发展的承载空间。二是功能交叉。科技成果是具有科学确定性、可显性化的知识，科技成果转移转化强调科技成果"扩散、应用"的环节和关系。技术市场是技术生产、交换、流通，直到转化为生产力的全过程关系、制度体系和社会文化的总和，包括技术要素"生产、扩散、应用"的全关系链条。因此，科技成果转移转化是技术市场全链条、全关系中的一部分，是知识要素供给方完成了知识确定性或知识显性化后向技术要素需求方提交的部分。

四、技术市场与技术转移

技术转移是指技术在国家、地区、行业内部或行业之间以及技术自身系统内输出与输入的活动过程。技术转移包括技术成果、信息、能力的转让、移植、引进、交流和推广普及。技术转移源自技术传播和技术扩散，可以认为技术转移是技术传播或者扩散的一种方式，也可以说技术转移是一种定向的技术扩散。《国际技术转移行动守则草案》特别指出了技术转移的以下情况：一是各种形式工业产权的转让、出售和授予许可，但不包括在技术转让交易中的商标、服务标志和商品名称；二是以可行性研究、计划、图表、模型、说明、手册、公式、基础或详细工程设计、培训方案和设备、技术咨询服务和管理人员服务以及人员训练等方式提供的诀窍和技术知识；三是提供关于工厂和设备的安装、操作和运用以及交钥匙项目所需的技术知识；四是提供关于取得、安装和使用以购买、租借或其他方法得到的机器、设备、中间货物和（或）原料所需的技术知识；五是提供工业和技术合作安排的技术内容。综上，技术转移不仅包括国家之间的技术转移，还包括部门之间的技术转移；不仅包括领域之间的转移和地域之间的转移，也包括使用主体之间的转移；不仅包括对原有技术的直接应用，也包括对原有技术的消化吸收；不仅包括技术作为商品的转移，还包括伴随着技术转移的产品交易。

从技术转移的市场表现来看，有市场渠道的技术转移和非市场渠道的技术转移。市场渠道的技术转移是指按照市场规则支付一定成本的技术转移。主要体现包括：直接购买技术的所有权或者使用权；海外直接投资，通过在东道国设立企业进行技术转移；创办新企业或者技术入股，进而实现新技术的商业化；通过成套设备的引进实现技术转移。非市场渠道的技术转移则无须支付专门的技术转移成本。主要体现包括：通过派出人员出国访问、留学或者工作来获取技术；通过公开信息获取技术，比如科技出版物、专利等；出于政治或者军事目的的的技术援助。技术市场则侧重于市场渠道的技术转移。

五、技术市场与国家创新体系

国家创新体系理论的集大成者伦德瓦尔指出，国家创新体系（系统）是"由经济效益的知识生产、扩散、应用过程中相互作用的各种构成要素及其相互关系组成的创新体系，且这种创新体系根植于一国边界之内"。因此，可以从过程、要素和关系三个维度分析技术要素市场与国家创新体系的关系。从过程活动来看，知识生产、扩散和应用过程既有经济目标功能的，也有非经济目标功能的。经济目标功能下的知识生产、扩散和应用过程按市场的机制和规律组织运转，就形成了技术市场。所以，技术市场就是经济目标功能的创新体系运行方式，或者说是对经济目标功能创新系统的市场化组织方式。从要素构成来看，国家创新体系中存在政、产、学、研、资、介、用等构成要素，在国家创新体系按照市场机制组织和运转的情况下，这些要素也就天然构成技术要素市场的要素内容。从交互关系来看，相互关系在任何创新系统构成要素中总是存在的，有强相互作用和弱相互作用之分，弱则创新系统的效能低。这就存在为增进相互间的关系采取什么样的方法方式，或用什么样的机制或力量主导或强化相互间的关系，即发展什么样的相互关系。如存在政府主导型、计划型和指令型方式，也存在市场主导型、市场机制下的要素自组织、自选择和自加强方式。市场主导不见得是绝对真理（如计划经济），但是契合现阶段人类文明发展的经验真理或理性选择。技术要素市场的发展就在于强调国家创新体系中市场化的机制和力量的作用。由此可以总结：一是"知识生产、扩散、应用"的过程是国家创新体系运行的过程，也是技术要素市场运行的过程，是作用于经济目标的知识要素市场化运行；二是发展技术要素市场是国家创新体系运行的理性选择方式，或者说技术要素市场可以更好地提升创新体系的效率和效能。综上，技术要素市场的发育发展本身就是国家创新系统形态和内涵的丰富和发展。

六、技术市场与国家经济体系

国家经济体系（系统）是围绕生产、分配、交换、消费活动开展形成的交互系统，包含了产业体系、市场体系、金融体系等板块构成。市场经济体制下，市场体系是国家经济体系有效运行的基石。生产要素通过市场交换进入生产过程，并产出商品和服务，之后进入商品市场进行交易实现价值增值；资源和要素基于市场信号进行配置和优化，供给与需求通过市场价格调节实现动态平衡，从而使经济系统基于市场机制实现有效运转。技术市场是市场体系的重要组成，对市场体系和国民经济的高质量发展起到关键性作用。一是技术通过市场交换进入生产应用，提升产业体系质量，带动商品经济市场的繁荣，从而有效支撑创新驱动的国民经济发展；二是技术要素市场自身的发展壮大构成了市场经济增长的内容，拓展了国民经济的范围和体量；三是技术要素市场着眼于技术要素交换活动的开展，需要与人才市场、资本市场，甚至土地市场等各类生产要素市场开展交互，有利于引导各类生产要素围绕技术要素的产业化应用开展协同配置，从而促进要素市场的协同和高质量发展。由此，发展技术要素市场是我国高标准市场体系建设和社会主义市场经济体制完善的重要内容、抓手和路径。

七、技术市场与资本市场

资本市场大致可分为几种情况：一是依附并直接作用在商品市场和要素市场上的资本市场。资本要素能够促进和完成商品和技术要素在供需双方之间的交易，如贷款和借款。二是有依附性但不直接作用于商品和要素的资本要素。是把商品和技术要素做成一种价值包或权利包，并使其独立在资本市场交易。如期权市场、股市等，知识产权证券化的探索也是这种意义。三是完全不依附商品和要素的资本市场。

技术要素和资本市场的关系显然发生在前两种情形中：首先，直接作用的资本要素的发达有助于提升技术要素市场的效率；其次，非直接作用的资本市场有助于促进技术要素市场的繁荣和放大要素的价值；最后，技术要素资本市场的整体发展可以增进国民经济的财富形态和价值规模。但也有反作用，技术要素资本市场的过于放大或非理性发展也可能危害技术要素自身的市场和价值，甚至引发经济危机。概括而言，技术市场离不开资本要素市场，技术市场需要资本市场促进技术要素交易、提升交换和交易的效率、放大技术要素的市场价值。

第三章
理论探索

技术市场具有普遍的个性，但是在个性的基础上又呈现出一些特定的规律。本章从技术交易发生机制和交易基本规律进行梳理，以期为高标准建设技术市场工作的开展提供指导。

第一节　技术交易发生机制

技术交易的发生，即技术转移的发生只是技术转移涵盖的范围大于技术交易，因此，很多学者对于技术转移发生的潜在原因和机制的研究同样适用于技术市场。目前国内外学术界比较主流的观点主要有以下几个。

一、技术差距论

技术差距论认为两国之间存在技术发展水平和先进程度上的差距是发生技术交易的必备条件。技术差距论形成于 20 世纪 60 年代，主要代表人物是波斯纳（Posner，1961），最初用来探讨国际分工和国际技术贸易存在的原因。技术差距论认为形成技术交易的原因在于技术差距，并且认为世界经济存在着二元结构，技术也存在着二元结构。已经完成技术创新的国家，不仅取得了技术上的优势，而且凭借其技术上的优势在一定时期内利用与其他国家间的技术差距实现技术产品的国际贸易，并且在一定期间内可以通过垄断获得比较利益。其他国家也会因技术在经济增长中的示范效应，研究与开发同样或类似的产品，并通过模仿降低技术差距，使技术产品的国际贸易终止，技术差距最终消失。

技术差距论由克鲁格曼（Krugman，1985）延伸到技术领域，在对不同发展情况国家的技术差距和技术转移问题进行总结的基础上，克鲁格曼归纳出了两种主要的技术差距模式：一是"纯技术差距模式"，该模式单纯利用两国之间的工资水平差异来反映技术差距，工资水平的差异是能否发生技术转移的最重要因素；二是"商品模式"，该模式来源于经济学家李嘉图的经典理论，他认为产生技术差距的原因是由于生产效率不同，而生产效率又取决于技术的优劣与熟练度，所以生产效率是决定技术交易发生的重要因素。无论是哪种技术差距模式，通常都可以分为两类，一类是发达国家之间的技术差距，另一类是发达国家与发展中国家之间的技术差距。由于发达国家之间的技术差异相对较小，所以学界通常所说的技术差距往往是指发达国家和发展中国家之间的差距，发达国家技术先进、资本密集，在国际分工中处于有利地位。发展中国家技术落后，劳动资源密集，在国际分工中处于不利地位，这就使得这两者之间由于技术差距产生了必然的技术交易活动。

在研究技术差距导致的技术交易时，有学者提出"技术势"的概念（陈国宏和王吓忠，1995；魏江，1997）。势差的概念原本来自物理学领域，它认为所有物质或非物质的传导、扩散总是由势差引起的。而技术势差即指人类在发展科学技术并将其应用于实践过程中在同一时点、不同领域、不同行业、不同地域、不同单位之间存在的技术水平上的差异（陈国宏和王吓忠，1995）。在技术势差存在的情况，处于低技术位势的国家或组织就希望通过技术引进来弥补差距，从而形成技术转移和技术交易。

二、需求资源论

日本经济学家斋藤优在1979年出版的《技术转移论》中首次提出技术转移发生的需求资源关系理论，并在另一部著作《技术转移的国际政治经济学》（1986）中对技术转移的需求资源关系论进一步加以运用（鱼金涛和郝跃英，1987）。需求资源关系理论认为需求（needs，N）与满足需求所必需的资源

（resources，R）之间的相互作用促进了技术转移，其中资源包括人才、资本、设备、信息等。

斋藤优认为国家的进步与发展必须使本国内部的需求（N）和资源（R）相结合、相适应，两者形成相辅相成的制约关系，如果资源和需求不能形成对等的关系，那么国家的发展就会受到制约，由此阐明了技术转移的潜在动因。需求资源关系的不适应促使技术转移产生了动力，这种关系的不适应正是技术转移的潜在动因。该理论认为这种动因是具有可持续性的，因为随着技术转移的活动的不断发展，旧的需求与资源可能会相适应，但是新的需求与新的资源又会产生新的矛盾，从而形成技术转移的良性循环。

三、技术选择论

英国经济学家邓宁（Dunning）、美国学者曼斯菲尔德（Mansfield）等提出技术转移选择论，认为技术转移的发生是因为企业在某个周期对内外条件进行权衡的结果。

技术选择理论侧重分析跨国公司的技术转移，从跨国公司在直接投资和技术转移之间的选择解释国际技术转移形成机制。曼斯菲尔德（Mansfield，1961）认为，技术转移其实是国际技术交流的可选项之一，国际技术交流的最好方式并非技术转移，而是直接投资，直接投资可以有效的保护自己的技术成果，并且一样能获取发展中国家廉价劳动力等方面的优势，技术转移其实是在直接投资受到阻碍时退而求其次的一种选择。邓宁（Dunning，1981）在技术转移选择论的基础上提出了"条件选择论"，他认为货物贸易、对外投资、技术转移三种方式共同构成了国际经济活动，不同于曼斯菲尔德的是，他认为企业如何选择他们所进行经济活动的方式取决于企业自身优势的权衡，直接投资并非必然是最优选择。例如，企业在国外拥有区位优势、又能控制技术专有权在国外进行生产的条件下，一般选择对外进行直接投资；企业在区位优势吸引力不大的情况下，倾向于选择出口贸易；企业在内部交易市场不具备一定规模，区位优势又不明显时，才选择技术转移。他的这种理论的升级来源于产品周期论，他将技术转移活动作为企业在整个生命周期中的某个特殊阶段对该阶段内外部状况权衡后所作出的选择。简言之，条件选择论将货物贸易、对外投资、技术转移看作了一种三选一的过程。

凯夫斯（Caves，1971）总结了决定跨国公司在 FDI 和技术转移之间进行选择的多种因素。选择技术转移的因素包括：缺乏 FDI 的基本条件，如知识存量不足，对国外市场不了解，投资成本高等；FDI 存在障碍，如市场容量小，缺乏规模经济等；技术创新的周期太短；风险考虑，技术转移不用在国外放置大量固定资产，从而避免政治风险。但是，当技术转移可能使技术泄露给竞争对手时，又会妨碍技术转移；在互惠回授条件下，即供方把技术转移给受方后，双方将改进技术回授给对方。不选择技术转移的因素包括：技术转移交易成本过高；跨国公司内部的技术转移成本大大低于企业之间的转移，一般不鼓励技术转移。

以斋藤优为代表的技术转移"周期选择论"也是由技术选择论优化而来。该理论同样认为货物贸易、对外投资、技术转移三种方式共同构成了国际经济活动，不同的是，该理论认为这三种方式实际是按照周期进行循环的，技术转移是三者中的必然环节，企业要先进行商品贸易，再进行对外投资，根本目的是实现技术转移，技术转移是获取高额利润的最有效手段。简言之，周期选择论将货物贸易、对外投资、技术转移看作了一二三的顺序周期，技术转移是最终的结果。

四、技术从属论

有学者提出了"技术从属论"，认为技术转移实际是发达国家有目的的掠夺控制发展中国家的一种手段，技术的接收方存在被支配的可能性（Bion，1990），该理论的核心是要改变发展中国家在技术上依附发达国家的从属关系，并提出发展中国家应当建立科学共同体以及利用这种类似联盟的共同体关系共同进行技术开发和创新，不应当接受因技术差距所产生的技术转移活动。即使必须进行技术转移，也应当废除国内的专利制度，让科学成为本国的公共财产，不应当让发达国家或者企业拥有垄断地位。该理论虽然看似对发展中国家自行发展与进步有一定帮助，但是过于激进，并没有得到多数学者的支持。

贝托索斯在技术从属论的基础上提出了"技术适用论"，这种理论比技术从属论本身要温和很多（范保群等，1996）。该理论认为技术从属性是技术转移的必然特性之一，发展中国家确实应当利用联盟等方式发展适用于自己国情的技术，但是不能一味否定技术转移和专利制度。另外，该理论提出，技术转移要有目的性和适用性，不能一味地追求先进的技术，必须选取适合自己国情或用途的技术进行技术转移。作为技术先进的国家，应当对发展中国家给予充分的信任，尽可能地提供技术进行技术转移；对于发展中国家，也应当选取真正有价值的技术进行技术转移，而不是单纯追求高科技。对此理论，我国学者也提出了自己的看法。陈向东（2008）在其著作中提到，国际间技术转移要注重我国的国情和实际条件，不能一味追求国外的优秀技术及理念，只有因地制宜才能发展有中国特色的技术转移。

五、界面移动论

界面移动模式是由章琰（2003）从组织间界面移动理论中推演而来的。原始界面移动理论认为，组织间的信息不对称、不同质的主体间的差异性是引起组织间界面障碍的主要原因。通过改变界面特性或者通过界面移动的途径可以降低甚至消除转移障碍。新的界面移动模式认为，技术转移的界面通常由大学与企业两个系统之间的活动过程和相互作用所决定。从界面的视角来观察，大学技术转移既非单纯发生于大学系统内部，亦非单纯发生于企业系统内部，而是大学与企业两个系统之间的界面发生交互作用的一个双向互动的演化过程。大学技术转移界面具有模糊性、多样性和演化性的特征。在大学技术转移过程中，界面位置的移动实际上就是发生技术转移活动的过程。牛枫（2006）认为，技术转移是科学技术实现其社会经济价值的必需步骤，我国的技术转移确实适用于界面移动的模式，但是由于技术转移体系的不完善、企业创新能力不强，使得我国技术转移中存在严重的界面下移效应。

界面移动论是为数不多的针对技术转移中主体的关系进行探讨的理论模式，但是其仍存在局限性，该理论虽然提出了界面会影响技术转移活动，但是并没有分析这种界面是如何产生的，也没有具体分析这种界面对技术转移活动产生不利影响的机理。

第二节　技术交易基本规律

一、宏观视角

第一，以市场为媒介。技术交易是一种市场经济行为，因此，其遵循基本的市场经济规律。市场经济规律首先体现为供需关系规律，从中短期的市场周期看，大多数情况下买方的有效需求起决定性作用，而由卖方的一个新技术创造一个新市场的情况属于特例。其次是价格规律，技术是一种商品，技术转移是一组商业交易行为，因此，无论技术转移发生在技术生命周期的哪个阶段，都必然涉及有关技术定价、所有权转移、利益分配以及相应的交易契约问题。最后，技术转移活动的有效普及与规范依赖于交易主体各方的能力水平和相关技术的成熟程度。如果行为主体缺乏市场意识，不懂、不会、没有交易能力，那么再完备的交易规则都无用处（赵慕兰，2007）。只有符合市场经济规律的技术转移才能获得持续和成功。任何一个环节或者阶段背离市场经济规律都可能导致技术交易受阻。

第二，与制度环境密不可分。我国技术交易在南方和沿海地区较为活跃的原因很大程度上取决于当地的金融环境、制度环境。首先，良好的营商环境、科技创新环境和知识产权环境对于技术研发、技术应用、技术交易有极大的促进作用。改革开放后的 20 世纪 80 年代，我国的技术引进步伐加快在客观上也是推动我国经济总量猛增的一个重要因素。1981～1993 年，当时的经贸部批准了 5075 项技术引进合同，合同价值 362.98 亿美元，这也是我国技术引进的大规模发展阶段（顾纪瑞，1996）。当时的金融环境和投资环境的转变、发展是这种大规模技术引进的重要原因：一是投资主体从政府逐步转向企业；二是资金来源更加多元化，市场机制更多地发挥作用；三是地方政府在技术引进中的主动性和地位加强能够更好地引进适合当地发展的技术（何保山，1996）。其次，知识产权保护环境是保障技术交易的核心因素。知识产权保护能够保障技术供给方和需求方的合理利益，所以，从我国国内层面来看，政府部门不断完善知识产权保护的体制机制、加强知识产权保护和执法力度，既是引进国外技术的重要基础，也是促进国内技术转移的必要条件。良好的营商环境是一个地区核心竞争能力和潜在发展能力的重要标志。一个区域的营商环境就包括了当地金融环境、投资环境、知识产权保护环境等多个方面的内容。良好的营商环境不仅有利于吸引外部技术，还能够有效激活区域内部技术的流通，促进可持续的创新发展。

第三，人力资本为保障。人力资本是体现在人身上的资本，即对生产者进行普通教育、职业培训等支出和其在接受教育的机会成本等价值在生产者身上的凝结，它表现在蕴含于人身上的各种生产知识、劳动与管理技能和健康素质的存量总和。人力资本同物质资本一样，不是天生的，而是通过投资得到的。只有经过一系列的教育、培训，才会具有一定的生产知识、劳动技能，从而才可称为人力资本。成功的技术交易包括对显性技术的转移，也包括对隐性知识的吸收，在当今时代隐性知识甚至比显性知识更为重要。人力资本不仅能够将技术转化为生产的能力，还能解决生产、维护及保障等问题，因此，技术交易的成功必须培养两类人才，一是具备技术方面专业知识的人员，二是理解并掌握知识技术转移链专业知识的人员。

第四，非标定价。技术是一种特殊的商品，因此，技术交易遵循交易规则。但技术作为商品存在两方面的特殊性：一是技术价值具有高风险性和不确定性，这就意味着不可能存在完全契约形式。如果交易条款想要覆盖所有问题，此时要设立一个适应机制，通过不断变化来调整交易当中碰到的问题，这就是不完全契约。二是从技术价格评估来看，相对于"成本法""预期收益法"而言，风险投资商采用的"实物期权法"更适合对技术进行定价。因此，技术交易是强个性化的交易行为，强制制定几个统一标准（如价格）或模式的方法并不适合于技术交易，因此，要尊重、保护来自技术转移第一线的组织创新和模式创新。

第五，业务综合。技术交易是一项综合性很强的业务，涉及多个方面的工作内容。从流程和关键节点的视角来看，技术转移涉及研发立项、研发开展、专利申请、价值评估、合同签订等方面。每一个环节都需要专业化的人员进行操作，而且不同环节之间也经常相互交叉融合，比如在研发立项和研发过程之中都需要进行专利检索。在研发委托、专利申请代理、价值评估委托等活动中都需要签订相应的委托合同。因此，技术交易需要的不是个人掌握全部的东西，而是要由一个团队在分工与合作的基础上共同完成。例如，高智发明（Intellectual Ventures）是一家起源于美国的专利商业化公司，其商业模式曾引起广泛讨论。高智发明的专家团队主要由三部分组成，分别是科学家或技术专家、法律专家、经济市场专家。高智发明专门设有主题创制团队、投资关系团队、专利购买团队等，其分别从事相关业务。马普学会嘉兴创新公司（Garching Innovation GmbH）专门负责研发成果的管理和知识产权的应用，其拥有的员工包括五种专业类型，分别是不同学科领域的科学家、经济事务专家、法律事务专家、专利事务专家以及财务、信息、行政管理等事务人员，公司有专门负责知识产权组合管理的副总经理，而且有专门的专利与许可管理团队。

二、微观视角

1. 用户主导。技术交易过程推进需要由用户主导。技术交易一定会涉及用户，而用户主导通常是因为用户是付款方。简单来看，用户主导就是技术交易的需求方是否需要该技术、是否支付对价是决定交易是否进行的关键所在。这一规律意味着通过采取措施或者提供服务来推动用户的"购买决策"是繁荣技术市场的重要落脚点。

2. 实例说明。技术交易对于实例有很强的需求。技术作为一种商品而言，具有无形性，它不像一般商品一样能够给人直观的视觉感受或者功能体验，而这也是制约技术转移的重要因素。如同卖房子需要有样板间一样，实现技术交易的一大阻碍就是很难有实际例子。因此，成功案例能成为类似交易的模板。

3. 权利敏感。技术交易对于技术成果的权利归属非常敏感。市场经济很大程度上是权利经济，实际上是私权利的经济。权利是利益分配的基础，所以如果没有相应的权利，就没有办法去做分配。这就是为什么要维护私权利的原因，特别是一项技术进行专利申请的时候，一定要谈到"权为用而确，用为利而谋"。申请专利是为了使用，更是为了谋求利益而使用。在我国专利爆发的背景下，垃圾专利和低价值专利在社会上引起了广泛的重视和讨论。虽然我国近年申请了大量专利，但是并没有把它们充分用起来，或者很多专利本身就没有应用的价值，这其实是不利于技术交易的。

4. 操作专业。技术交易包括技术的二次开发、模式设计、商务谈判、合同撰写、组织资源、市场推广等在内，这些都是专业的，需要由专门的人员具备专业的知识才能实现。技术与市场的对接，既要求技术本身具有实用性和适用性，又要符合经济活动的内在规律。技术交易过程往往涉及技术、法律、财务、金融等方面的资源、技能和人才，需要组建专业化的团队并进行合理分工以保障项目执行。

5. 资金多元。技术交易是一种市场行为，过程中的多个环节都涉及资金，资金是技术交易体系的关键要素之一。技术的研发需要投入研发人员的时间和精力、材料设备、办公空间等，技术成果产出后需要投入专门的人力和资金申请专利，技术转移过程可能还涉及技术价值评估的费用支出。用于支撑技术转移的资金来源也是比较多元的。具体来源包括财政拨款的科研业务经费、政府设立的投资基金、社会上的产业基金、企业内部投入等。在技术交易的实践中，通过整合不同来源的资金，一方面可以保证技术转移的顺利开展，另一方面这实际上也是降低风险的一种方式。

6. 对价组合。对价是指为换取另一个人做某事的允诺，付出的不一定是金钱的代价，在法律意义上是一种等价有偿的允诺关系。从技术交易来看，在支付技术转移的资金时，可以有多种支付方式的选择，包括现金、股权、期权等。在技术交易实际操作中，付费经常被分为入门费和分成费。入门费一般在初期一次付清，而分成费通常要附带诸多条件，所以技术转移费用支付的结构也是一个需要重点关注的问题。这种"入门费＋分成费"的支付方式一方面降低了技术受让方因一次性支付所有费用需要承担的风险；另一方面，在一定程度上"分成费"方式实现了技术供给方和技术需求方的利益共享，有利于促进双方在技术运用过程中的进一步合作。

第二部分
技术市场的社会性建构

　　技术市场作为不可分离于经济环境、社会系统的空间，其发展必定受到诸多经济因素、社会因素的影响，正是因为缺少综合分析视角，导致现有研究现实基础不足、对市场涌现出的大量现象解释乏力。因此，寻求能将影响技术市场发展的诸多因素综合起来的理论视角，借以观察技术市场的实践表现，并归纳总结规律性成果是需要进一步研究的学术空白。

第四章
研究背景

第一节　问题提出

我国技术市场的发展有积累也有积弊，同时，其发展已经置于完全不同的形势之下，需要承担新的使命、解决新的问题。在新形势下，如何高标准建设技术市场，一方面解决市场失灵问题，另一方面完善政府本身的宏观调控行为，同时还要关注政府和市场的促进和制约作用；一方面国家应该出台政策鼓励技术市场向系统化、体系化方向发展，另一方面技术市场自身要吸取当今世界科技精华，充分发挥市场化配置资源的优势，提升整合相关资源的实际能力；一方面要克服交易类型单一、科技资源配置局部失衡、服务体系专业化能力不足、与资本市场融合不足等问题，另一方面要在新形势和新挑战下寻找新的机遇、利用好新的机会。鉴于此，面向新发展阶段，寻求新的理论视角全面、系统地分析我国技术市场的形成、发展受哪些因素影响，并从历史演进的角度探讨这些因素在我国四十多年的发展历程中发挥了何种作用、产生了何种结果，引致技术市场表现出何种演化规律和发展特征，进而提出发展建议是必要且有深远意义的。

第二节　研究意义

一、理论意义

本部分内容在以下三个方面具有较高的理论意义。

第一，有效弥补了技术市场理论研究的不足。随着我国创新驱动发展战略的深入实施，技术市场已经成为当前学界关注重点。尽管已有学者从历史演进的角度分析了技术市场的发展过程、发展问题，但大多都是基于政府或市场的单一角度，而技术市场的演进却是政府、市场、社会文化等多种力量动态互动的产物，从而导致现有研究现实基础不足并对市场涌现出的大量现象解释乏力。本书尝试从社会学视角厘清影响技术市场发展的各类经济性和社会性因素，将其综合起来构建起 GSA 框架，从而为研究技术市场变迁和市场秩序的形成提供一个颇具前景的研究路径和研究视角，不仅拓展了市场研究的理论边界，还有效弥补了技术市场理论研究的不足。

第二，为破解技术市场发展障碍提供新思路。在 GSA 分析框架下，收集历史数据，系统分析我国技术市场四十多年发展过程中，对技术市场发展产生影响的因素在市场中发挥了何种作用、这些因素之间存在何种互动机制，进而立足实践揭示我国技术市场的发展特征和演进规律，为破解技术市场发展障碍提供了新思路。

第三，为解决好政府和市场的关系提供了实践经验。我国技术市场脱胎于改革开放后国家计划经济向着中国特色社会主义市场经济的迈进、发展于科技和经济体制的改革，政府发挥着持续且巨大的推动作用，牵涉政策层面的一系列复杂制度设计是"有为政府"和"有效市场"不断互动和修正的产物。因此，从历史演进的角度对技术市场进行研究可以全面了解我国政府的"市场治理术"，进而为解决好政府和市场关系贡献实践经验。

二、现实意义

本书在以下两个方面具有较高的现实意义。

第一，对国家审视、评估、调整和制定相关政策提供参考性意见。通过收集历史数据，采用多种实证研究方法，以宏观—微观结合的因果机制展示了技术市场的发展过程、发展特点以及市场各个组成要素之间相互促进和相互制约的作用关系。作为政府力量和市场力量、国有组织和民营组织两类关系互动的重要实践场景，分析过程中将对他们的动态调整关系进行整体性、全局性把握和判断，从而从促进市场作用和政府作用高效协调、指导各类市场主体发展、优化市场布局等方面对国家审视、评估、调整和制定相关政策提供参考性意见。

第二，为创新主体参与技术市场产生推动作用。科学地、全面地研究技术市场演进规律、了解发展的成效和问题、机遇和挑战，为创新主体把握市场规律、制定市场策略、参与市场活动提供助益。

第三节　文献综述

一、国内相关研究文献梳理

从 20 世纪 80 年代我国开放技术市场后，学术界开始了对技术市场的广泛讨论。开放初期，学者们集中于破解社会主义条件下技术成果是否是商品、技术作为商品的特殊之处、如何定价、技术市场是什么、技术市场具有何种功能、有何特点等基础性理论问题。最早进行学理性探究的杨继绳（1982）在 1982 年所著的《技术市场初探》一文中指出，科技成果具有三个职能：认知职能、社会职能和经济职能，只有以经济职能为主的科研成果才可以纳入商品范围之内，而其与一般商品的核心不同点在于其价值的实现必须要经过"物化"过程。易昌泰和高平（1985）提出将具有社会职能的技术排除在商品之外构成了中国社会主义技术市场和资本主义技术市场的本质区别。何润华（1984）指出，我国技术市场形成需具备三个条件，一是技术在生产领域中的应用范围不断扩大，二是现代科学技术知识的系统化使新技术摆脱对个人生理特点的依附，三是国际政治环境的变化导致国际技术市场的发育。顾文兴等（1983）首次对技术市场进行定义，认为技术市场是通过市场把技术传递、应用、渗透到生产领域中去的各种过程和形式，并且将技术市场分为软件市场、硬件市场、一体市场和行业或区域市场。秦宛顺和刘学（1998）扩展技术市场的概念，指出狭义的技术市场是将技术作为有形商品进行交易的实体场所，而广义的技术市场不仅包括这些实体场所，还包括技术生产者、经营者和需求者之间关系的总和。王白石（1985）、赵新亚（1989）、刘学（2000）等总结认为，技术作为商品的特殊性在于其形态多元性、主体知识性、生产一次性、转让多次性、使用价值潜在性、价值决定特殊性、寿命无形磨损性，这就导致技术市场具有交易形式多样性、商品售前保密性、交易决策复杂性、交易过程长期性、技术转移和人才流动相关性、法律参与性六大特点。章木生（1985）、叶环保（1987）等梳理出技术市场的七大功能：联结转化功能、诱导需求功能、指导科研功能、价值和使用价值的实现功能、技术辐射功能、催化功能、间接调节功能。关于技术价格由什么因素决定有以下几种观点：价值基础论、使用效益决定论、需求决定论、垄断价格论、技术转化系统论，但总体上均认为技术价格确定系统是高度异质且复杂的，是发展技术市场的最大障碍（周波，2006；张亚峰和李黎明，2022；孟钰莹，2017）。此外，还有学者论述了技术市场与其他市场的关系，如杨继绳（1987）、吴兆华（1987）等指出，技术市场与商品市场、人才市场、金融市场互相制约、互相支撑。这些早期的理论讨论帮助本书厘清了技术市场的基本概念，为后续研究提供了基础。

进入 21 世纪以来，学者们对技术市场的研究主要集中在四个方面。

第一，从经济效应视角就技术市场交易额与经济增长、创新能力、产业结构等要素之间存在的关系进行了实证分析。潘雄锋等（2005）、刘凤朝等（2008）、刘和东等（2009）运用 1987～2006 年不同时段的数据，借助多种分析方法测度我国技术市场和经济增长之间的关系，结果表明，这一阶段经济增长拉动技术市场发展，但技术市场对经济增长的贡献并不明显，进而揭示了我国技术市场发展初期属于经济拉动增长型。金为民（2009）、张优智（2011）、丁涛等（2015）、姬鹏程等（2018）将数据跨度完善和延长发现，如果将数据扩展为 1987～2015 年，技术市场对经济增长的拉动作用开始明显，但是技术市场的发展在滞后 5～6 年才会成为经济增长的原因，说明现阶段技术市场发展与经济增长的双向互动机制初步形成，但尚未形成技术市场引导经济高质量发展的格局。刘和东（2006）、谭开明和魏世红（2009）、许水平和尹继东（2014）、赵志娟和李建琴（2015）、庄子银等（2018）、刘凤朝等（2018）、夏凡和冯华（2020）、俞立平等（2022）通过分析技术市场对技术创新的作用机理认为，技术市场能通过激活市场供求机制和激励机制，提升创新资源配置效率，激励创新主体的研发主动性，增强创新能力。他们对两者关系的实证检验也表明，技术市场对创新能力的提升作用是明显的，而且市场发育程度越高,创新能力提升效应越明显。因此,逐渐地,技术市场成为推动我国经济发展和提升创新能力不可或缺的重要空间。而考虑到创新能力与产业结构、出口技术复杂度、绿色全要素生产率、劳动力收入份额等之间的积极互构关系,技术市场的发展势必会引起这些经济要素的转型升级,如张汝飞等(2016)、刘迪(2020)、戴魁早(2018)、金通等(2021)、孙博文等(2020)、朱诗怡等(2021)、邵汉华等(2022)、肖小虹等(2022)、宫汝凯(2023)等实证验证了这些正向关系。梳理他们的研究还发现,在2008年之前,技术市场和这些指标的关系并不十分明显,2008年之后才有了大幅改善。这些依照时序对全国技术市场的整体性分析使人们对技术市场有了宏观认识,但也有学者认为这些研究忽视了技术市场的不平衡性,因此将技术市场作为影响创新的调节变量之一,分析和比较了不同地区技术市场对地区创新能力究竟产生何种影响。如周琼琼等(2017)、王怀祖等(2017)、顾真溶等(2019)、梁丽娜等(2021)、周俊亭等(2021)从区域创新差距的视角研究技术市场发现,技术市场活跃度显著影响区域政府支持力度、基础设施建设水平、市场化进程,说明技术市场的发育程度强化了政策偏向、市场偏向。总体上,学者们基于不同阶段数据,采用多种实证工具论证了我国技术市场的发展经历了从经济拉动到技术推动、从滞后经济发展到成为经济高质量发展内生动力且不断增强的过程。同时指出,这种动力是通过提供高效供需对接平台、提供技术支持和全面服务、增强技术溢出效应,进而激励创新主体加大研发投入、拓展技术成果应用空间等机制实现。

第二,从理论和实证、微观和宏观层面分析影响技术市场发展的原因。微观层面,研究者归纳了技术交易活动本身具有九大基本特征:信息不对称性、信息不完全性、公共物品属性、产权易逝性、合约不完全性、高交易成本、技术生命周期、技术复杂性、技术不确定性(刘学,2000;张错等,2003;方世建和郑南磊,2001)。基于这些特征,学者们总结出逆向选择问题、不完全契约和技术外部性是影响技术交易效率的三大核心问题。针对这三大问题,汪晓华等(2000)、方世建和史春茂(2003)、沈慧君等(2019)指出,技术中介通过在功能层面缓解信息不对称风险、在机制层面促进技术转移体系高效协同、在微观层面有效缓解技术交易中逆向选择和不完全契约导致的"柠檬市场"提升技术市场运行效率。但是现实场景中,技术中介存在服务下沉现象，导致技术市场发育不足（宋丕丞，2021）。另有李鹏等（2011）、张铣（2015）、华冬芳和蒋伏心（2016）等学者提出市场信用体系、信息披露制度能够让技术供需双方产生信任，降低信息不对称。傅正华等（2004）、谭开明和魏世红（2007）等认为设计有效的技术价格支付机制、加强交易各方的信誉建设和监管机制、发展技术交易中介机构可以有效管制机会主义行为、缓解契约不完全性带来的不良后果。宏观层面，金雪军和刘汝姣（2004）、张江雪（2010）、高楠等（2017）学者对知识产权保护力度、政府干预、与资本市场的对接进行了实证检验，论证了这些因素实施不力在一定程度上阻碍技术市场发育。刘克寅等（2020）、俞立平等（2022）根据罗斯（Alvin E. Roth）提出的市场设计理论研究技术市场流畅度、市场厚度与企业创新之间的关系，结果表明，我国技术市场市场厚度与高新技术企业创新产出之间形成了良好的互动机制，但是技术市场流畅度和高新技术企业创新产出之间还未形成这种良性互动，说明市场存在供需对接错位、政府干预越位等问题。此外，地理空间分布也成为诸多学者的关注点。在较早的研究中，范忠仁和董正英（2009）、刘璇和刘军（2010）、李红霞和李五四（2010）、张欣炜和林娟（2015）等根据对技术交易合同流向地域分析得出，在区域层面上，长三角、珠三角、京津冀等城市群技术空间扩散强度大且扩散效应显著；在城市层面上，北京、上海、深圳、西安等中心城市集聚了全国 60% 以上技术交易活动。随着经济与科技发展，地区间信息交流障碍减少，要素流动加速，技术市场空间布局逐渐变化，刘凤朝和马荣康（2013）、潘雄锋等（2017）、彭甲超和易明（2018）、张林等（2020）的研究表明，中心城市仍然是技术交易的集聚区，但是各中心地区腹地范围连片化趋势越来越显著，呈现强者越强、弱者越弱的"马太效应"。总体上，市场失灵是与技术市场相伴而生的痼疾，而创新资源的城市空间集中型集聚又导致我国技术市场产生严重市场分割。理论与经验研究都表明，这种市场分割对市场需求空间、人力资本空间、政府资源的锁定效应不利于区域创新能力的提高（沈正兰和夏海波，2022）。

第三，阐释技术市场运行机制并测度运行效率。运行机制方面，根据马希良（1985）等的研究，建设初期我国技术市场的形式大致表现为科学技术交流会、技术协作洽谈会、技术商店或商场。因此，该阶段技术市场以商品市场形式运行，发展逻辑是将过去几十年积累的、没有推广的技术成果推销出去。董亮等（2015）指出，2015 年之后我国技术市场的运行逻辑已经从科技成果转移转化嬗变为技术转移，不再局限于"推销技术"，而是技术供需双方建立高效的协同体系。安玉琢（2000）认为技术市场运行机制是技术市场的各个组成要素和技术交易过程的各个环节通过相互联系、相互促进和合理制约使技术成果不断得到开发、应用和流通，产生现实生产力和社会经济效益，形成良性循环机能。因此，技术市场总体运行机制包括建立在科研与生产和市场相结合以及企业技术经营基础上的供求机制，技术贸易机构有效运营的中介机构，优胜劣汰的竞争压力推动企业采用新技术的竞争机制，以风险投资为主的投融资机制，完善的技术咨询和评估机制，以财政、税收扶持和市场效益驱动构成的激励机制，以政策、法律和制度为保证的保障机制等。黄微和刘郡（2009）将其精炼并总结为技术经营机制、技术中介机制、风险投融资机制、技术评估与咨询机制，并从这四个方面对国内外技术市场运行机制进行比较。隋立祖和寇宗来（2011）则从新制度经济学的角度阐释了技术市场发展背后的理论逻辑，认为技术市场的运行是中国政府有意识地用市场手段替代计划手段的渐进过程。在运行效率方面，秦宛顺和刘学（1998）从企业对科技成果的需求、科研机构以何种方式满足企业的需求、政府的科技政策和政府科技资源配置方式三个方面分析了技术市场发展初期运行特征。张江雪（2010）通过专家访谈法，从企业、科研机构、高等院校和技术中介作用发挥构建衡量技术市场发展程度的指标体系。陈志武等（2011）运用各地技术市场成交额与本地科技人员数的比例构建各地区技术市场发展程度指数。李柏洲（2011）等以创新系统理论为理论基础，以创新产出和经济发展质量为最终指标，实证分析了技术市场运行效率。毕娟（2013）从交易费用的视角，以北京技术市场为例，对技术市场的运行效率进行评价。胡方元（2011）运用知识转移理论分析技术市场协同体系要素和供需要素，并结合模糊系统理论对技术市场效率进行评价。刘大勇等（2017）尝试从技术供给、市场需求、社会效益和外部约束等角度建立市场成熟度评价方法。张座铭等（2018）将技术市场运行效率界定为在一定资源投入下技术市场运行的产出规模占比，并基于 Malmquist 指数法测算 2006 ～ 2015 年中国技术市场运行效率。李兰花（2021）等提出技术市场运行效率包括市场专利交易活跃度、专利商用化时间、市场风险以及供方主体竞争程度。不同视角下的测算结果均表明中国技术市场运行效率整体呈现上升趋势。

第四，对技术市场的政策研究也形成了较为丰富的成果，这些研究多以政策问题为导向，通过分析现有政策体系的问题，提出相关政策思路和建议。如廖勇（1993）分析了技术市场初期形成的政策体系框架及局限性，认为政策目标、领域范围、内容类别、组织实施等方面尚存大量政策空白，需要进一步完善技术市场政策体系。顾焕章等（1999）总结了我国技术市场政策的理论框架，认为其包括协调技术市场供求关系的调节政策和规范技术市场行为的控制政策，并分析了政策在刺激商品需求、协调技术商品供求结构等方面的不足。程森成（2004）首次对技术市场的政策体系进行研究，指出我国技术市场政策包括调节政策和控制政策。调节政策的问题在于轻需求重供给、重转让轻开发、重国外引进轻消化吸收；控制政策存在的问题主要是政策不完全、不配套、不明确、不具体、缺乏操作性。李敦黎（2004）指出，政策扭曲和自然扭曲是影响技术市场发展的主要因素，这就需要政府有所为、有所不为。有所为体现在培育常设技术交易场所、加快制度体系建设、加快中介服务机构建设、做好知识产权界定和保护工作、加大对基础研发的投入；有所不为体现在减少对技术生产活动的直接干预、减少对技术开发立项项目的指令型指导。刘泽政等（2011）、雷光继和林耕（2013）认为政府在技术市场中已由直接干预者和指挥者转变为交易服务的提供者，相关政策应侧重强化市场化调节和企业化运作。姜慧敏等（2018）以全国技术市场的技术合同成交额为指标发现了区域技术市场发展的不均衡现象，并建议在扶持科技服务业、完善技术转移体系、探索政策试验机制等方面加强政策供给。此外，张江雪（2010）、叶祥松和刘敬（2018）、王进富等（2021）通过实证研究方法定量测算了政府税收政策、政府资助对技术市场的影响程度，研究结果显示，政府支持对技术市场的发展呈现"U"型作用，即扶持力度越大反倒阻碍市场发育，进而揭示了我国政府在技术市场政策组合、政策手段等方面存在问题。还有部分学者从政策角度对市场发展过程进行分析，这类研究的核心论点是我国技术市场是以产权制度变革和经济成分升级为前提的诱致性体制创新，其开放体现了国家意志，其发展贯穿于科技和经济体制机制改革过程中，因此将技术市场的发展归为政治逻辑而不是经济逻辑。正如王进富等（2021）、周俊亭等（2021）指出，我国技术市场的发展是一个法律体系、监管体系、服务体系、基础设施不断完善的过程。林仁红（2016）通过对技术市场相关政策的梳理将市场发展划分为技术商品化阶段（1984 年）、技术资本化阶段（1985～1998 年）和技术生态化阶段（1998 年至今）。朱雪忠和胡锴（2020）将我国技术市场政策过程划分为三个阶段：1985～2000 年为市场的开放培育阶段、2000～2012 年为技术市场的战略跟随阶段、2012～2018 年为技术市场的创新驱动阶段。邱灵（2022）进一步细化划分阶段，认为技术市场经历依赖国际市场（1949～1978 年）、起步探索（1978～1983 年）、初步建立（1984～1995 年）、稳步发展（1996～2005 年）、深化发展（2006～2014年）、改革创新（2015 年至今）的发展阶段。

二、国外相关研究文献梳理

整体上相关研究集中在以下三方面。

第一，阐述技术市场的作用机理。其主要观点集中在两个方面：一是市场规模快速扩张。近几十年来，全球技术市场急剧扩张（Arora et al.，2001；Athreye and Cantwell，2007；Sheehan et al.，2007；Robbins，2009；Arora，2010）。有学者估计，20 世纪 90 年代中期，美国技术市场约为 250 亿～350亿美元，全球约为 350 亿～500 亿美元（Arora，2010），到 2016 年美国仅大学专利授权收入为 25 亿美元（Graham et al.，2018）。全球专利收入飙升至2000 年的 1000 亿美元，大大高于世界国内生产总值（GDP）的平均增长率（Kulatilaka and Lin，2006；Athreye and Cantwell，2005）。在化工、软件、生物技术和半导体等高科技行业，技术市场发挥着越来越重要的作用（Arora et al.，2001），例如，在化工领域，79% 的技术是通过许可协议获得的（Kulatilaka and Lin，2006）。二是论述技术市场如何发挥作用。阿罗等（Arora et al.，2001）、卡西曼等（Cassiman et al.，2006）、切卡尼奥利等（Ceccagnoli et al.，2014）的研究表明，从外部获得的技术可以提高创新生产力、产生知识溢出效应、与内部能力产生协同作用。蒙克（Monk，2009）、凯利（Kelley，2011）、加拉索（Galasso，2013）、权锡范（Kwon，2020）、菲格罗亚（Figueroa，2019）等认为企业购买技术可能是为了战略性地利用排他性权力，进而阻止竞争对手进入相关产品市场或放弃相关市场，而不是基于技术整合思想，因此，技术市场已经不仅是企业获取外部资源的空间，更成为企业知识产权战略空间。卡瓦莱罗和萨尔塞（Cabaleiro and Salce，2018）通过智利技术市场的数据、阿尔克等（Arque et al.，2022）通过美国上市公司与技术市场互动关系的数据实证检验发现，技术市场并没有减少社会和私人对研发的投入，反而推动了技术创新和社会收益。塞拉诺（Serrano，2018）认为专利市场的主要作用在于激励研发，并量化了专利转让带来的收益。赫布斯特和杨（Herbst and Jahn，2017）的研究表明，交叉许可作为技术市场的重要内容，可以将贸易转化为互惠交换，进而改变研发资源的分配、减少研发的过度投入。此外，还有学者从垂直专业化（Kulatilaka and Lin，2006；Serrano，2018）、资产互补性（Galasso et al.，2013；Arora and Ceccagnoli，2006）、营销或制造的比较优势（Hall and Ziedonis，2001），专利执行或非诉讼解决法律纠纷（Teece，1986；Gans and Stern，2003；Lanjouw and Schankerman，2004）、增加特别是小企业的投资研发动机论述了技术市场存在的必要性和重要性（Harber and Werfel，2016）。

第二，分析技术市场发展的影响因素。市场特性方面，技术定价、决策权划定、知识产权不确定、市场高风险、信息不对称（Teece，1986；Arora and Gambardella，1994；Gambardella et al.，2007；Anand and Khanna，2000）、缺乏市场厚度和安全性（Kani and Motohashi，2012）、市场交易成本（Arrow，1962；Astebro，2002）、市场高度分散（Arque and Spulber，2017）影响市场发展。市场服务体系方面，政府机构、专利法律机构、会计和财务服务机构、网上技术交易平台等通过优化制度环境、降低市场风险、减少交易成本、降低信息不对称、突破时空限制对技术市场发展产生积极影响（Lamoreaux et al.，2003；Zheng et al.，2018；Agrawal et al.，2015；Dushnitsky and Lenox，2005）。除了外部条件外，技术市场的发展还取决于技术供给方和需求方的特征，供给方特征包括营销无形资产（Arora and Fosfuri，2003）、专利开发和商业化能力、下游业务规模、下游市场差异性、授权意愿、企业信誉、企业文化、动态能力（Fosfuri，2006；Motohashi，2008；Hochberg et al.，2018）、企业规模（Figueroa and Serrano，2019；Serrano，2010）；需求方特征包括公司内部互补性资产（Arora and Gambardella，2010；Garud and Kumaraswamy，1993）、专利战略（Cockburn et al.，2010；Gambardella and Giarratana，2013）、技术吸收能力和利用能力（Arora and Gambardella，2010；Fosfuri and Giarratana，2010）、企业战略定位（Asmussen and Fosfuri，2019）。此外，阿吉翁等（Aghion et al.，2005）、哈希米（Hashmi，2013）、布鲁姆（Bloom，2016）、科米诺（Comino，2019）、贝蒂尼耶（Bettignies，2022）等学者实证分析出产品市场对技术市场有两种相反的影响：租金减少效应和商业窃取效应，哪种作用占有优势取决于产品市场的竞争程度。马可等（Marco et al.，2017）、阿罗拉（Arora，2021）研究了科学和技术市场之间的正向关系，一是基于科学发现的发明在质量上可能更高，二是基于科学的发明具有更低的交易成本和更好的贸易收益，三是科学可以帮助编码更多的隐性知识。

第三，提出发展技术市场的对策建议。琼斯等（Jones et al.，2002）、贝努瓦等（Benoit et al.，2000）、察尔尼茨基等（Czarnitzki et al.，2011）和吉永（Guilhon，2001）提出了在技术市场中建立信任机制和关系网络的必要性，认为各参与主体之间的共同信念对建立频繁的交易关系和长期合作关系有重要影响。卡维焦利等（Caviggioli et al.，2013）、因基宁等（Inkinen et al.，2010）、考夫曼等（Kaufmann et al.，2001）论证了发展科技中介机构有助于提高技术市场运行效率。豪厄尔斯（Howells，2003）从理论层面提出的创新市场和参考市场概念构成了发展技术市场的基础，其中，创新市场是对创新产品的预期市场，参考市场是一个基于真实、可交易产品的现有市场。赖因希尔德（Reinhilde，1997）、莫厄里和齐多尼斯（Mowery and Ziedonis，2015）认为企业内部雄厚的基础研发能力、明确的战略目标会促进技术交易。赫尔利斯（Helsley，2011）、圭尔佐尼（Guerzoni，2007）等通过研究发现，技术市场厚度可以增强企业创新活力，同时，市场厚度引起的经济集聚效应使企业技术创新周期变短。还有学者提出知识产权保护力度（Galasso et al.，2013；Serrano，2018；Harber and Werfel，2016）、市场交易模式创新、初创企业的融资渠道都会对技术市场发展产生影响（Hochberg et al.，2018；Caviggioli et al.，2017）。

三、简要评述

国内外主流研究论述了技术市场存在的必要性和重要性，并且从不同角度对其发展状况进行了分析。总体上，国内和国际的技术市场规模迅速扩张对经济发展的贡献不断提升，但是因为技术作为生产要素的特殊属性，使市场发展需要克服逆向选择、道德风险、高交易成本等问题。国外学者多从微观视角构建分析框架、运用模型工具探索解决这些障碍的方法，国内研究主要利用统计数据从宏观层面进行定量分析。

这些研究成果为本书提供了一定的理论基础，同时也有助于人们从理论和经验上探寻技术市场进一步的研究方向。首先，相对于积累的大量实证研究，理论研究方面所取得的进展有限；其次，大多数研究集中于从经济学角度寻求破解技术交易发生障碍的方法，少有的演化研究也仅从政府或市场的单一维度对技术市场进行分析。但是技术市场作为不可分离于经济环境、社会系统的空间，其发展必定受到诸多经济因素、社会因素的影响，正是因为缺少综合分析视角，导致现有研究现实基础不足，对市场涌现出的大量现象解释乏力。因此，寻求能将影响技术市场发展的诸多因素综合起来的理论视角，借以观察技术市场的实践表现，并归纳总结规律性成果是需要进一步研究的学术空白。

第四节　研究思路与研究方法

一、研究思路

在学术领域，"市场"这一概念最早在经济学中出现，并且长期以来也是经济学领域的基本概念和核心议题。经济学理解市场的基础是"理性经济人"假设，即假定市场上存在大量、同质、匿名、完全理性的买者和卖者，对某一事物的偏好具有规模报酬递减性，通过交易可以实现效用最大化，供给卖尽，需求得到满足，价格实现均衡，市场达到帕累托最优。换言之，市场目标是实现"帕累托均衡"，实现途径简化为"交换"，交换过程中存在"交易成本"，因此，市场运行还必须依赖制度上的保障。最终，从功能主义出发将市场定义为资源配置机制、价格决定机制、竞争合作机制。对技术市场的主流研究也多是从经济学研究范式出发，因此，研究的重点是破除市场功能发挥作用的障碍。但是这种取向下的市场研究是"真空"条件下对"完美"市场的探寻（钱颖一，2002），虽然能带来诸多理论和实践的指导，但是其所声称的普适性逻辑遮蔽了市场的多样性、复杂性和演化性，从而无法阐释技术市场在发展过程中展现出来的复杂形态、运作机制及诸多实践表现。鉴于经济学市场研究的不足，社会学界开始将市场作为重要的研究领域，致力于考察动态、复杂、异质的真实市场的形成过程，在以下两个方面弥补了经济学的研究不足：一是在本体论意义上将市场视为社会建制的产物，注重市场的具体性、复杂性和历史特征，摒弃了经济学非制度化和去历史性的普遍市场模型；二是在认知论意义上因循伯格（Peter L. Berger）和卢克曼（Thomas Luckmann）的社会构建思想，探索作为客观现实的市场如何形成并内化进而改变经济组织模式，最终制度化和合法化市场的过程（Granovetter，1985）。因此，从社会学视角研究技术市场可以提供与经济学市场研究追求同质性、抽象性和完全理想不同的理论视角，揭示更多的真实市场现象，但同时却被国内学者、政界和商界忽视或对此研究不足。

基于此，文章按照"概念梳理—模型构建—实证研究—结论分析"的思路，详细梳理国内外社会学对于市场研究的主要理论洞见，并结合已有文献和实践经验准确把握技术市场基础概念，进而找出一条适合于研究我国技术市场的恰切理论路向，据此提出研究技术市场的综合性分析框架，在该框架下，收集数据开展研究，归纳总结规律性成果。

二、研究方法

坚持定量分析和定性分析相结合、微观分析和宏观分析相结合、规范分析和实证分析相结合的原则，收集多源异构数据、借助多种分析方法勾勒技术市场的变迁图景。

（1）文献研究法。文献研究法不仅仅指资料收集，更加侧重于对这些资料的分析。通过文献资料研究可以获得新论据、找到新视角、发现新问题、提出新观点、形成新认识。本书针对技术市场系统、技术转移、知识转移、市场社会学等理论，通过查阅大量国内外文献，寻找本书的理论基础、研究切入点与可资借鉴的研究方法。在此基础上，完善本书研究思路，构建明晰的"技术市场——理论框架——演化机理与路径"研究逻辑并论证其中的演变过程。

（2）政策文献量化分析法。政策文献量化分析法主要有两种：政策计量法和内容分析法（豪利特，2006；朱春奎等，2011）。本书将两种方法结合，一方面通过对国家层面政策文本的计量分析明确政策主题；另一方面是基于内容量化的政策理念分析，在政策工具基础上加入现代市场体系理论形成二维分析框架，以求更加全面地理解政府在市场中的介入程度、介入方式、政策逻辑。

（3）社会网络分析法。社会网络分析法主要借助图论和统计物理的一些方法，刻画在社会、经济系统中由微观个体的某种互动关系而生产的系统内部结构。通过分析网络整体特性、关键节点占有者的属性以及网络运行机制能够了解市场关系特征、资本分布及其形成的内在机理。

（4）描述性分析法。描述性分析是通过调研得到关于研究对象的大量数据资源，进行归纳总结，获得研究对象的某种规律性特征。通过描述性分析可以发现隐藏在定量数据之外的关于技术市场形态、发展规律的总体性特征。

第五节　研究内容及创新之处

一、研究内容

根据新时期宏观经济背景和政策环境提出研究问题，明确研究意义。在问题导向下，通过文献回顾厘清技术市场的基础概念，并从社会学角度寻找出研究技术市场恰切的理论进路。以该理论进路为指导，构建出分析技术市场的"政府—社会性网络—行动者（GSA）"分析框架。依托该框架，通过收集历史数据对我国技术市场进行全景式分析：首先，借用政策文献量化分析法、社会网络分析法和描述性分析法对每一维度进行详细分析；其次，将三个维度分析结果进行整合，进行多维联动分析，总结技术市场的演进过程、各维度作用机制和演进动力、演进特征，在此基础上选取北京市技术市场作为典型案例，深入剖析先进地区的经验做法，提炼出发展技术市场的核心举措，为全国技术市场发展提供思路；最后，梳理本书主要研究结论，提出发

展技术市场的政策建议和研究展望。综上所述，本书的技术路线如图4-1
所示。

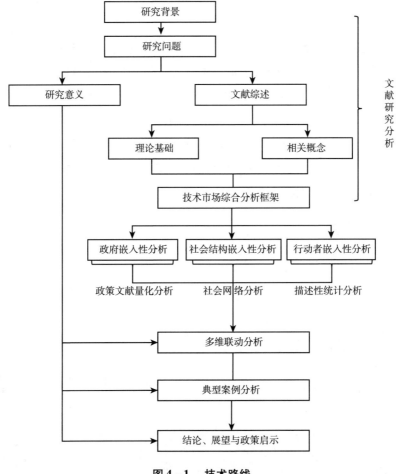

图4-1　技术路线

二、本书的创新之处

（1）在社会学关于"市场是社会建构的"这一理论观点的启发下，明确
影响技术市场发展的经济性、社会性因素，并将这些因素整合，创新性地提
出分析我国技术市场的 GSA 框架，从而提供了观察技术市场发展的新视角。

（2）试将政策文献量化分析法、社会网络分析法、描述性统计分析法等多种分析工具置于同一分析框架内，通过收集多源异构数据，将技术市场运行依靠的社会性、经济性因素通过完整的数学工具进行剖析，一方面增强了研究的可操作性和科学性，另一方面立足实践揭示了我国技术市场的发展历程。

（3）使用 GSA 分析框架对技术市场演进过程进行详细分析，得出我国技术市场的发展动力源自政府自上而下的规定，发展方向源自政府、社会性网络和行动者三个维度之间的相互影响和制约；政府政策趋势并非放松管制（更少规制），而是通过重新规制（更多规制）实现市场改革，但这种重新规制还存在对市场规律认识不足、行政干预过强等问题；市场运行中非正式制度发挥主导作用，正式制度发挥补充作用；技术市场偏向于协调型市场体系而非自由市场体系等创新性结论。

第五章
分析框架

第一节　理论基础

一、社会学的市场研究

长期以来，"市场"因作为高效配置资源的"看不见的手"而被经济学奉为圭臬，因此也成为经济学的重要议题和研究热点。但"市场"并非经济学的研究"专利"。在社会学视野下，市场已经成为一个重要的研究领域，其研究路向建立在对经济学社会脱嵌的"理想市场"的批判基础上，企图挖掘出除了价格机制以外影响市场生成、发展的各类社会性因素，刻画真实市场如何形成的具体过程，进而与经济学分庭抗礼（符平，2013）。但社会学视角下的相关市场研究对社会因素卷入程度有不同理解，以下从这一视角出发对经典文献进行回顾，以便人们从新的研究视角分析技术市场。

（1）作为社会构件的市场。1944 年卡尔·波兰尼（Karl Polany，2007）在《大转变：当代政治与经济的起源》一书中以唯实主义认识论提出市场的整体嵌入性思想，认为人类的一切活动对于环境和他人的依赖是不可变更的事实，因此"市场臣属于社会建制是人类历史的本质和普遍定律，是与互惠、再分配机制没有本质区别的经济生活中的诸多制度模式之一"，进而奠定了后续"社会构件"市场论观点的发展。20 世纪 50 年代，帕森斯和斯梅尔瑟（Parsons and Smelser，1989）在《经济与社会》一书中提出了著名的"AGIL"结构功能模型，认为任何社会系统都要完成"适应（adaption）""目标达成

（goal attainment）""整合（integration）""模式维持（pattern maintenance）"四种功能。"适应"是指系统需要持续不断地与外部环境发生交互，当外部环境发生变化时具备获取新资源的能力和手段；"目标达成"是指任何社会系统都会在生成阶段设置需要达成的目标，这一目标可以统筹系统内部各个要素，使其充分发挥作用且形成良性互动的统一整体，以便高效达成目标；"整合"是指当社会系统在执行某种任务或功能时，需要各个要素互相协同，共同完成，因此，为了使系统更好地发展，各个要素需要协调一致；"模式维持"是指当社会系统内部运行中断或者受到外力干扰时，原有的运行模式能够完整保留，以便在后续重新启动运行时按照原有方式继续运行。市场作为社会系统在执行以上功能时必然会内卷于其他系统的部分领域，从而以不同的方式和途径被社会化。

两位学者的市场研究取向可以表述为市场本身是一个社会系统，即以一种特定的社会构件形式存在。但他们的研究只停留在理论层面，虽然能带来诸多智识启发，但难以作为分析性工具被运用到具体的研究中。布迪厄（Pierre Bourdieu，1998）在此基础上提出"市场场域"理论，其核心要义是，市场的实践空间即为场域，是由具有不同市场势力的参与者构建的权力系统，而决定市场势力的是他们拥有的金融、文化、法律、组织、商业、社会等不同类型的有效资本。这些资本构成了市场权力，在被行动者利用的同时反过来限制他们的行为。因此，想要理解场域理论，首先，要理解布迪厄的"市场是关系性的"这一思维，即认为关系既是市场的形塑机制，又是市场的客观体现。其次，要分析他的性情倾向行为哲学——惯习，惯习一方面是关系社会化的产物，为行为设置了阻碍；另一方面是关系的生产者，为关系生成提供原则。最后，场域中各种位置占有"资本"的类型、数量和分配决定了惯习的形成和关系的搭建，从而决定场域运行逻辑。"关系、惯习、资本"支撑起了场域理论，也回答了"市场是什么"的问题，即市场是由关系、惯习、资本三要素构成的场域空间。场域理论将市场视为完全的权力系统，超越微观互动和宏观结构、突破个体主义和整体主义，将作为社会构件存在的市场的理论往操作性上推进了一大步。但是该理论只适合研究静态市场，没有提供研究市场变迁的工具。

市场场域的概念已经被斯威德伯格（Richard Swedberg）、弗雷格斯坦

（Neil Fligstein）、卡隆（Michel Callon）、贝西（Christian Bessy）、符平等在不同程度上发展和运用。如斯威德伯格在《布迪厄的经济社会学》一文中提到重新考虑布迪厄的场域理论可以为社会学视角下的市场研究提供有效方式（Swedberg，2011）；述行社会学的引领者卡隆（Callon，2017）在2017年出版的《市场的操作力：理解市场的运作以改变市场》一书中回顾了布迪厄的场域理论，并以"装置"概念替代"惯习"概念，将布迪厄惯习之下的行为决定论转变为开放决定论；贝西（Bessy，2019）在《资本主义惯例与转型的经济学：估值力量的影响分析》一文中提到布迪厄的场域理论成为惯例经济学和述行社会学的理论坐标，并认为象征权力关系的市场场域揭示了市场中不断更迭的价值斗争，进而推动资本主义市场转型；弗雷格斯坦（Fligstein，2008）在把市场视为场域的基础上认为，市场中的活动者为了获得在特定场域中的优势地位并维持这种地位可以采取的策略包括政治策略和文化策略，为此，他构建了政治—文化的市场研究框架，弥补了场域理论只适用于稳定市场，而对市场变迁、转型的研究有些"力不从心"的缺憾。追随弗雷格斯坦，中国学者符平（2013）认为文化维度过于狭隘，并将其扩展为结构维度，形成了针对中国市场发展的政治—结构理论框架，其中，结构维度包括科层制、政治体系、经济制度与经济政策、产业结构、产权制度、行业协会等显性要素和形塑市场关系的经济管理、经济习俗、经济理念、商业观、关系文化、未成文的行规。

此外，国内学者通过实证分析回应了社会构建市场观的可操作性，如符平（2013）利用他所构建的政治—结构理论框架研究了湖南省惠镇石灰产业生产格局的变迁和原材料市场制度的形成，揭示了国家、地方政府为代表的政治因素以及经济政策、行业协会、地方产业结构等结构因素通过何种具体的途径和方式影响、形塑市场变迁；陈林生（2015）通过对周宁钢材交易市场进行实证研究认为，市场嵌入的社会结构包含制度结构、关系结构和建构结构三种，依次对应了宏观层次的正式与非正式制度、中观层次的内部型构关系以及微观的实践维度；慕良泽（2007）基于对甘肃景乡集市的个案调查，探讨了市场作为场域中政治与市场的各种表现、流变及其互动过程；任守云（2016）将河北李村李子市场作为场域来讨论，由此清晰地展示了农产品销售市场中农民与不同行动者的互动过程，互动者通过掌握强制资本构建市场规则，从而在关系网络角力和社会力量对比方面处于强势地位。

（2）作为社会建构的市场。不同于社会构件主义市场观将市场视为完全的社会系统，韦伯（Max Weber）和涂尔干（Emile Durkheim）试图搭建起经济学和社会学市场研究的对话，破除因为学科建制造成的市场研究分化。韦伯（Max Weber，2010）在《经济与社会》著作中指出，市场最显著的特点是在某个地点的物理性集聚，这种集聚自然会产生两种市场行为：交换和竞争。交换和竞争是经济学市场研究的基础，只是经济学认为理性经济人基于收集到的关于商品的完整信息，按照一系列稳定的偏好进行竞争和交换，毫无冲突和摩擦地实现效用最大化。而韦伯认为交换、竞争受到社会的权力关系、社会关系、规范机制的可预见性塑造。涂尔干（Emile Durkheim，2000）在《社会劳动分工论》中对经济学市场研究中规则、道德的缺失进行了批判和补充。经济学市场研究认为产权、契约等正式制度是市场运行的必备条件，而将道德、情感排除在市场活动之外。他认为市场作为人的经济活动产物，通过建立诸多规范来约束人们的行为，因此势必会产生道德。这些道德在市场中长期存在就会生成由"集体关系"和"集体表征"组成的社会结构。集体关系是"内部的社会环境"，这种内部社会环境界定了个体之间关联的方式；集体表征是精神现象，它们是存在于个体头脑中的信仰、观念、价值、符号以及期望。市场自然不可避免地嵌入这种社会结构中。

依循韦伯的研究路向，20世纪80年代早期，怀特（White，2006）选择生产者市场作为"攻击"经济学"交换市场"无法具体化内部结构、将生产过程排除在市场之外等问题的突破口，通过生产者市场引入一个全新的市场定义：市场是指在市场中担任不同角色的行为者通过观察他人行为选择生产策略，并在不断实施策略的过程中稳固或变化自身市场角色的动态过程，即市场是市场行为者互相观察、互相交流、不断再生的社会结构。怀特提出的市场定义包含了以下主要洞见：一是市场不仅限于经济学强调的买卖关系，而是包含了生产者的生产过程；二是生产者通过观察其他市场行为来确定自己在市场中的角色和位置；三是生产者要搭建起彼此沟通的渠道，以制定或协商交易条件；四是生产者确定了市场位置后，会通过不断互动维持相对固定的活动模式。因此，他用结构主义的市场替代了经济学功能主义的市场，突破了经济学与社会学市场研究的两分法，认为生产商之间形成竞争与合作关系是市场运行的基础，因此保留了经济学竞争与合作、效用最大化等核心概念。但同时又认为市场行动者并不是完全理性的、自由的、原子化的行动者，而是与其他行动者存在信任、互惠等千丝万缕社会关系的行动者。该理论便是著名的社会结构理论。

格兰诺维特（Mark Granovetter）、伯特（Ronald S. Burt）、乌兹（Brian Uzzi）、贝克（Russell Wayne Baker）等提出的网络研究方法切实推进了社会结构理论的实操性。其中，格兰诺维特（Granovetter，1985）正式提出社会学市场研究的纲领性概念——"嵌入性"，认为经济行动是始终嵌入于具体的、持续运转的社会关系之中，并明确市场是在讨价还价、谈判、争议、共同调整和相互熟识并保持关系的立约过程中得以运行。换言之，市场运行是一个关系的问题，是通过行动者的社会网络资源的动员而实现的。伯特（Burt，2008）讨论了网络关系中的位置如何影响竞争优势，为此，他提出了社会资本和结构洞的概念。社会资本产生于社会网络，是网络位置带给个人的竞争优势和未来收益，结构洞是指两个市场主体之间搭建的非冗余关系，能够通过这样的中介位置获取信息资源和控制优势。乌兹（Uzzi，1999）、贝克（Baker，1984）等探讨了网络中的关系特征、链接结构、网络形态等对市场运行效率的影响。

斯威德伯格（Swedberg，2005）认为格兰诺维特立论的嵌入性理论存在不足，它在强调关系网络造就市场行为的同时，忽略了政治、制度等社会因素对市场行为的影响，割裂了市场的真实状况，难以认清市场的本质。泽利泽尔（Viviana Adela Zelizer，2012）通过对行为个体的交易关系进行分析，提出了作用于经济行动的四个内在因素：基于社会关系的情感性、基于交易过程的行为性、基于交易媒介的认知性和基于交易意义的互惠性。威利（Fred-erick F. Wherry，2016）在泽利泽尔研究基础上讨论了交易形成产生的文化基础，揭示了市场不仅是关系性的建构，也是文化性的建构。陈纯菁和姚泽麟（2018）在中国式医患关系背景下讨论了不同关系对交易的影响，勾勒出一幅文化与经济之间的关系动态变化图，揭示出文化在经济行动中的两种角色，一是具有规制与阻碍作用的约束者，二是具有塑造与推动作用的调节者。祖金和迪马吉奥（Zukin and Dimaggio，1990）认为市场是一种"复合模型"，是文化、结构和经济因素交互作用下的产物，因此嵌入性包括结构嵌入、政治嵌入、认知嵌入和文化嵌入。格兰诺维特在继网络研究方法提出后的诸多研究成果中也认同多重嵌入理论路向，反对文化决定论、网络结构决定论和制度决定论等对经济生产和交换行动的简约化、还原化解释，提出了要建立一种关于制度环境、网络结构和经济行动的一般性理论。

上述研究说明了市场不是经济学表述的"纯净模式"，而是社会性建构的产物。社会建构主义（Social Constructivism）在科学哲学中已有广泛应用，是指某些层面的知识产生于人类社会的制度和实践，最有代表性的是伯格和卢克曼（Peter and Luckmann，2019）主张的现实的"社会建构"。他们在1967年出版的《现实的社会建构》一书中提到，现实和知识离不开某个社会语境，它们的关系需要通过该社会语境展开社会学分析。此后，学者们相继从"社会"的视角对科学的社会建构展开研究，形成知识社会学（SSK）、技术的社会形成论（SST）等众多研究流派，主要强调用社会经济的方法去揭示和分析知识、技术的内容和创新的过程，只是不同流派形成了不同的理论和研究风格。综上，市场的社会性建构即以建构主义的方法研究市场的形成过程，强调市场的形成是由各类社会因素塑造的，并具体分析这些因素如何影响市场的产生和发展。

社会建构市场观下的理论成果也已经被广泛运用，如惠特福德（Josh Whitford，2012）通过考察美国制造业市场发现，公司会依据关系网络选择采取合作还是竞争策略；金伯（Kimberly Kay Hoang，2018）通过考察越南房地产市场中来自不同国家的投资者与当地政府之间的关系说明政府介入行为对市场策略产生显著影响；新制度主义理论的代表倪志伟（2004）确立了市场研究的两种基本的研究取向，即"把市场作为制度和社会结构加以检验"和"把市场转型作为一种社会转型，而不仅仅是经济协调机制的转变来加以检验"。门豪（2018）以山东曹村淘宝经济兴起为案例，认为我国农村经济发展是以家庭血缘、家户生产为基本生产单元，因此，以相互信任和长期合作为基本特征的网络结构同农村市场具备天然的亲和性。

以上根据本书研究需求对社会学视角下市场的主要理论成果进行了梳理。和经济学建立理想模型的逻辑不同，波兰尼的唯实主义思想论、帕森斯与斯梅尔瑟"AGIL"结构功能模型、布迪厄的场域理论、弗雷格斯坦的政治—文化理论范式以及韦伯的"权利角斗场"、涂尔干的"道德科学论"、怀特的社会结构理论、格兰诺维特的社会网络理论都是将市场看作是社会因素的历史性型构，只是不同学者对社会因素卷入程度有不同理解。波兰尼、帕森斯和斯梅尔瑟、布迪厄、弗雷格斯坦等把市场作为社会构件来理解，认为市场以社会子系统的形式实体嵌入于社会，人们的经济活动并非以经济效益最大化为引导，而是为了维护其社会权力、社会地位、社会资本，因此，经济系统依靠非经济动机得以运转，所有经济行动都是社会性的（Podolny，2001）。这种社会构件论彻底替代了经济学对市场作为价格决定机制和资源分配机制的论断，未给隔离于社会的自主性市场留下任何可能性空间，导致了经济学和社会学的完全割裂，存在"过度社会化"的问题。而怀特、格兰诺维特等代表了另一种研究路向，即市场是社会建构的，他们认为经济学市场理论建立起了市场运行的基础逻辑，从而保留了个人理性、利益最大化的经济动机，但同时其形成和发展要受到诸多社会性因素影响，其分析重点是在经济学的"真空模型"上补充进社会网络、文化、国家等诸多社会性因素，以此纠正经济学模型的局限。因此，社会建构思想论下的市场研究并不强调市场研究的社会性替代，而是试图寻找社会学和经济学的对话和融合。

二、核心概念

根据对社会学领域内市场相关研究的文献梳理发现社会学市场研究建立基于以下核心概念。

（1）嵌入性（embeddedness）。嵌入性概念是社会学市场研究的标志性概念，是在社会学批判经济学市场研究脱离现实的基础上诞生的，因此在很大程度上代表了这一学科的学科独特性，同时也是这一学派的理论纲领。波兰尼（2007）最早提出嵌入性概念，认为具体的市场即是一种具体的社会结构，由更大的社会结构所决定。格兰诺维特（Granovetter，1985）发展了波兰尼的嵌入性概念，他认为经济行动者既不是如古典经济学"理性经济人"所假设的完全脱离社会环境孤立行动（社会化不足），也不是像波兰尼所说的完全由社会制约、按社会规则行事（过度社会化），而是两者的融合，在具体、变化的社会关系中追求经济效益、社会地位等多重目的。格兰诺维特（Granovetter，2005）将嵌入区分为关系嵌入和结构嵌入，泽利泽尔（Zelizer，2012）和威利（Wherry，2016）考察了市场的文化嵌入，祖金和迪马吉奥（Zukin and DiMaggio，1990）区分了四种嵌入类型：结构嵌入、认知嵌入、政治嵌入和文化嵌入。总体上，嵌入性即指经济活动与各类社会性因素的相互影响和相互作用。

（2）社会网络（social network）。社会学将社会网络视为一种组织构架的状态和治理结构。社会网络理论关注行动者的"中心性""声望""社会地位""社会角色"等（Zaheer et al.，2010）。这意味着任何市场个体都是去原子化而具有整体性意义的，因此，买者和卖者的社会地位及身份非常重要。格兰诺维特（Granovetter，2005）在《社会结构对经济结果的影响》一文中详细介绍了社会网络如何影响经济行为和经济结果：社会网络是信息传输的媒介，影响信息传输效率和质量；社会网络是自我评价信息的重要来源；信任生发于社会网络；社会网络决定了市场的规模和边界。此外，他还提出了判定社会网络影响经济行为的四个特性：规范的形成与网络密度、弱关系的力量、"结构洞"的重要性、经济行为与非经济行为的融合性。

（3）社会资本（social capital）。社会资本是社会关系以及网络结构本身所附带的各种现实或潜在的资源。因此，社会资本和社会网络是一对相互联系、相互区别的概念。林南（2020）在《社会资本——关于社会结构和行动理论》一书中对"社会资本"进行了详细的解释，它是社会网络生成的实际资源，占据社会资本多意味着对社会网络中持久的、固定的和未来潜在的关系的占据量和控制力高，因此也更有能力制度化社会内部的关系网络。对于社会资本为什么是一种市场势力，林南认为，它能控制信息流动、它具有获得资源的能力、它能对网络中关键角色施加影响、它可以强化网络身份认同机制和排斥机制。福山（Francis Fukuyama，1998）进一步将社会资本视为一种与市场制度、计划制度并列的元制度类型，指出社会资本是促进群体内合作、获得资源的非正式规范。张可云和赵文景（2018）把社会资本划分为关系维度和结构维度，廖理等（2020）认为社会资本的核心实质上是信任、合作与互惠，网络是获得社会资本的中介。总体来说，社会资本是一种自发生成的制度，是市场长期维持的、稳定的非正式制度。

（4）市场秩序（market order）。市场秩序是市场运行的一般性规律，秩序可以内生于市场或社会，也可以外生于政府干预。内生的市场秩序内化于行动者，是其行为生成的基础，但内生的市场秩序并不总是以提高市场运行效率为目标。因此外生的政府力量成为良好市场秩序生成不可或缺的力量。市场社会学虽然没有直接以市场秩序为研究对象，但是在相关文献中始终隐含了诸多对市场秩序的探究。鲍威尔（Walter W. Powell，1990）指出，在市场、层级组织之外，网络组织是协调经济活动的重要形式。怀特（White，2006）论证了市场秩序实际上是借助于社会网络建立起来的，是出于同一网络中的生产商之间在互相交往中产生的暗示、信任和规则的结果。贝克（Baker，1984）的研究论证了网络规模决定市场秩序，他指出，在大规模网络中可以同时产生多种不同的交易价格，从而导致价格的大幅波动；而在小规模的人群中，由于网络未增裂，交易者积极参与，反而降低了价格波动，因此，网络规模意味着不同的市场秩序。班德吉（Nina Bandelj，2020）指出，社会秩序的建立在于市场行动者对于社会关系的建立、维持、调整和转变。江小涓和黄颖轩（2021）认为市场秩序由三种基础秩序组成：自发秩序、监管秩序和法律秩序。自发秩序是无数交易者在交易过程中自发形成的讨价还价、履行合约等秩序；监管秩序是使自发秩序不会因为少数人的私利而失效的外部力量；法律秩序是政府设置的市场运行的规则。

第二节　分析框架

一、GSA 框架

上述明确了技术市场的定义和显著特征。从定义来说，技术市场是"技术生产、交换、流通，直到转化为生产力的全过程关系的总和"，意味着技术市场牵涉了个人认知、经验、实践、能力等内部条件以及政治、法律、规范等外部条件的影响。而技术市场属于典型的中间品市场，不仅依靠价格机制，更是依靠网络机制运行，其技术交易遵循"商品—平台"模式，这意味着市场中流动的产品或服务处于和消费市场有一段距离的产业链中端，并不是轻而易举地和全部消费者"见面"，毫无障碍地进行交易，而是存在技术生产者之间、生产者和技术商用者之间的一定的结构性要素，牵涉到了信任、合作、互惠以及交易各方的利益妥协、认知协调和实力权衡。综上，考察技术市场的本质不仅要具备关系主义思维，而且要强调社会学维度以增加技术市场研究的完备性。经济学市场研究的"理性经济人""一般均衡""帕累托最优"等概念在一定程度上是对自由、开放的市场经济的真实反映，但是对包含"关系性"和"社会性"的技术市场，没有提供市场运行的合理解释。社会学认为市场参与者并非完全理性的原子化参与者，现实中的交易也并不是为了达到资源的帕累托最优配置而进行，而是源自各种社会性因素影响下的种种努力。从而社会学能为技术市场提供一个颇具前景的研究路径和视角。

相比于社会构件研究范式对经济学市场研究的彻底替代，本书倾向于在社会建构论取向下讨论我国技术市场，既汲取经济学研究成果，又强调经济学遗漏的社会学维度，主要是因为：第一，经济学市场研究的重点在于抓住市场的本质（罗纳德·伯特，2008）。其从功能主义视角出发，其对市场资源配置机制、价格决定机制、竞争合作机制等的定义仍然是技术市场运行的基础，同时也是政策关注的重点。第二，经济学对市场行动者"理性经济人"的假设具有一定的现实基础，比如社会学家齐美尔的货币哲学思想、韦伯的科层制"牢笼"思想都反映了经济生产与交换确实能够和亲属、社会关系及观念规范存在一定程度的"脱嵌"。第三，经济学认为经济行动者追求的是效用最大化而不是价值最大化。效用与社会文化、制度因素影响下的行动者主观感受相关，只是经济学在处理效用问题的时候将其简化为规模报酬递减，忽略了社会结构和文化框架对效用的影响。第四，市场本身是社会综合的，只是因学科划分而对市场的理解碎片化。实际上，主流经济学对理性经济人的假设和新制度经济学对国家力量的分析都是市场嵌入社会的明证。诺贝尔经济学奖获得者阿克洛夫（George Arthur Akerlof）和贝克尔（Gary S. Becker）更是呼吁将社会学经验主义的研究路径引入经济学研究。

综上，因循社会建构市场观，即在形式嵌入的思想论指导下认为技术市场是社会性建构的，即技术市场的本质是生产者之间、消费者之间或相互之间发生的竞争、合作关系，从而保留了经济学的理性经济人、竞争、效用最大化等核心概念，对市场运行效率的判断也带入了经济学市场研究关注的资源配置效率、价格传递机制等概念。但这个关系的形成和发展又受到其他社会因素的干预和配合。相关研究总结出市场运行主要受到政治、关系网络、文化、认知四类社会性因素的形塑作用。

本书基于整合诸异方法和视角，形成可操作的、简洁有力的综合分析框架的目的，发展出针对技术市场的 GSA 分析框架，GSA 是"政府（government）—社会性网络（social network）—行动者（actor）"的简称。以下对分析框架的各维度进行具体分析。

（1）政府（government）。政府在市场中的"嵌入"不仅是社会学界的共识，也是经济学的重要论断。正如埃文斯（Richard J. Evans，2018）所说："当今世界，撤退和卷入并不是国家二则一的方式，国家的卷入是既定的，合适的提问应该是哪种形式而不是多大程度。"中国技术市场是具有中国特色的政策性概念，是国家经济发展的"任务型"目标，因此，政府嵌入是我国技术市场的发展基础（朱雪忠和胡锴，2020）。因此，社会学视角下的技术市场综合分析范式离不开国家嵌入的命题。分析国家嵌入的目的是在实证层面上挖掘出政府在技术市场发展过程中的治理逻辑和作用机制以及解释市场和政策意图之间的动态关系，这是我国背景下一个重大的实践问题。

（2）社会性网络（social network）。社会性网络是市场各类主体之间维持相对稳定的资源分布和流动状态的结构性关系，是一种市场组织构架的状态和治理结构。社会性网络的嵌入实质上突破了经济学与社会学市场研究的两分法，认为市场行动是一种混合性、合成性目的的行动，既有社会互动关系中的信任、合作、互惠、权威、服从等规范对市场行动的影响，也有作为理性经济人对利益的计算行为和能力。因此，这一维度实现了经济学与社会学市场研究的融合，即经济性因素和社会性因素都会用来调节市场行为，并非非此即彼。社会性因素和经济性因素生成的网络形态会有所区别，"规范"影响下市场容易形成长期、稳定关系网络，而"理性算计"更容易形成即时、开放、竞争关系。两种网络的互嵌影响网络运行效率。同时，经济行为多受法律法规等外生的正式制度的影响，社会性行为则多受内生的以信任为基础的规范、惯习等非正式制度的影响。因此，这一维度也是正式制度和非正式制度建设状况的体现。

（3）行动者（actor）。市场研究中，对行动者的强调是对韦伯的经济社会行为思想的延续。韦伯认为市场是行动者有意识的创造过程，是对市场的自由调节，同时又受到市场的调节。法费劳（Olivier Favereau，2001）认为，行动者具有反身性，常常保持着对外界环境的审视和批判，不能被社会化完全同化或消解。博尔坦斯基（Luc Boltanski，2017）认为现实世界里任何类型的结构都是借由行动者的知觉而存在，因此，抹杀行动者的潜在性、实践性和创新性、能动性都是不可取的。还有舒茨（Alfred Schutz）（范会芳，2009）创立的现象社会学、卢克曼（Luckmann，2019）的"自在建构论"、吉登斯（Anthony Giddens，1998）的"结构化理论"都强调以行动者的做事方式理解社会世界，从而破除价值中立的实证主义。研究强调行动者的分析维度，一是在社会性网络下赋予行动者能动空间，网络由此不再是一个既定的事实，而转化成了与行动者的内在化和社会化紧密相连的社会实在，从而化解了结构与行动二元分立；二是市场解释中的文化嵌入、心理嵌入、认知嵌入，虽然是社会学分析市场倚重的核心概念，但因为缺少分析工具较少受到重视，而行动者的集体性反思和认知、实践和经验、行为和策略正是文化嵌入、心理嵌入、认知嵌入的体现。

GSA 分析框架整合了影响技术市场发展的各类因素，这与涂尔干（Durkheim，2000）、洛佩兹和斯科特（Lopez and Scott，2007）等学者对社会构成要素描述具有一致性。涂尔干首次界定了社会建立的基本元素："集体关系"和"集体表征"，它们是"关系结构"和"制度结构"的源头，且被后来的社会学理论进一步发展。比如，在关系结构方面，布朗（A. R. Radcliffe-Brown，2002）认为"关系结构就是一个通过社会关系连接起来的复杂网络"；西美尔（Georg Simmel，2002）指出社会关系是个体之间的实际关系，表现了行动间的相互影响和相互依赖；格兰诺维特（Granovetter，1985）开创了用社会网络理论分析关系结构的先河。制度结构方面，洛佩兹（Lopez，2003）认为一个社会的制度结构是一个虚拟的秩序，存在于个体成员的头脑中，由此形成构建行动的身体禀赋和产生规范控制的社会行动的实践能力；吉登斯（Anthony Giddens，1998）和布迪厄（Bourdieu，2001）认为制度结构是铭刻在人类身体上，形成其思考、感觉和行为的方式。洛佩兹和斯科特（Lopez and Scott，2007）将涂尔干的社会结构元素延伸，在"制度结构"和"关系结构"基础上添加了"建构结构（具象结构）"，认为"建构结构（具象结构）"是"作为它们在社会空间上定位的结果，是铭刻于人类身体上和他们思考、感觉和行为的方式上，从而使制度和关系的虚拟程序具体化在个体之中，成为社会结构生产和转换的中心"。综上，基本可以这样理解：关系结构指向作为关系的市场，表现在行动者互构的市场关系网络形态中，用社会网络理论可以充分展示；制度结构指向作为制度的市场，体现在政府对市场的规则制定和行为监管、社会性网络生成的社会规范、行动者的行为惯习；建构结构可以借由行动者的知觉而存在，最终表现为行动者的行为方式。因此，GSA 分析框架与社会建立的基本元素具有一致性，进一步说明该分析框架是合理且全面的。

二、GSA 框架的运行机理

在理论层面梳理政府、社会性网络和行动者各自应该发挥何种作用，然后将三个方面整合，分析它们之间的互动机制，以便为后面分析提供参照。

（1）政府。关于政府如何介入市场，大部分学者从市场失灵的角度来分析。这一角度的核心主张是以能够促进经济效率和个人自由的完全市场作为典范和理想推进政策改革。然而，技术市场的社会性特征意味着并不能实现买方和卖方在利益算计下的完美匹配，从而根据完全市场的理想模型推演政策逻辑是有偏误的，甚至可能引发市场设计失败。进一步地，如果不能以完全市场作为政策改革的目标，那么也就没有简单的自由市场政策方案，加上市场的不同阶段所遇到的问题并不一致，不存在一个能够解决所有市场发展中遇到问题的政策方案。因此，在技术市场中，政府如何介入市场没有统一的理论框架，而是遇到一个问题解决一个问题的过程。根据沃格尔（Steven K. Vogel，2020）的观点，政策效应应该与现实市场相比较，看是否在不断优化市场运行效率，是否解决了市场遇到的不公平、高垄断等问题，是否推动市场向着社会发展目标调整。基于此，借鉴陈云贤（2019）提出的现代市场体系理论，即市场包括市场要素体系，既由各类市场（包括各类商品市场、要素市场和金融市场）构成，又由各类市场的最基本元素即价格、供求和竞争等构成；市场组织体系包括各种类型的市场实体和各类市场中介机构以及市场自身管理组织；市场法制体系包括制度法律体系、市场法治教育等；市场监管体系包括对机构、业务、市场、政策法规执行等的监管；市场环境体系包括完善实体经济基础、企业治理结构和社会信用体系三大方面；市场基础设施指软硬件组合的完整市场设施系统，在这六个维度上分析政府政策是否朝着优化效率、解决问题和实现社会目标推进。

（2）社会性网络。社会性网络这一维度将经济学和社会学中影响市场行为的因素融合在一起，既承认市场中会发生原子化的、独立的个体之间出于效益最大化、基于价格竞争的经济关系，也承认市场中存在相对稳定的、封闭的，基于互利互惠的社会关系。科尔曼（James S. Coleman，2008）、曹荣湘（2003）等多位学者指出，封闭的社会关系将产生社会资本，一方面因为集体行动或重复博弈是形成社会资本的必要条件；另一方面只有行动者内聚式的自我中心网络才会使行动者形成共同的文化和目标，进而建立一种协调行动的规范。因此，社会资本可以产生一种与正式的、理性设计的制度相对应的，基于信任、合作、互惠、非正式权威与顺从，主要通过身份认同机制、网络排斥机制实现的网络内生的非正式制度（林志帆和龙小宁，2021）。非正式制度在技术市场中发挥重要作用是因为以下四个原因：一是建立信息共享机制、降低机会主义行为；二是技术知识的缄默性需要技术供需双方密切交流；三是技术生产链需要建立相对固定的经济关系；四是创新网络的自我强化。但是社会资本下的非正式制度会阻碍资源更大范围流动和市场竞争机制发挥作用，对创新活动形成高壁垒，同时因为其是市场内生的，所以不总是向着社会利益最大化目标推进市场发展。开放的、基于竞争的经济关系形成的基础是由政府设计、维持和实施的正式制度的建立，比如使行动者产权独立、地位平等、交易契约化的知识产权制度、技术合同制度。正式制度在技术市场中必不可少，一是因为完善的正式制度环境有利于弥补社会资本下市场运行规则的不足，扩大知识交流和资源共享的范围和规模；二是正式制度推动市场竞争机制发挥作用，提高网络非冗余信息，避免网络僵化；三是基于政府的权威性、外部性和公正性，对市场发展方向提供有效引导，保障社会利益最大化；四是更容易融入国际市场，但是正式制度下较强的竞争关系意味着这种关系的稳定性较差，不利于知识交流和资源共享。综上，社会资本产生的非正式制度和政府设计的正式制度是网络运行的基础，市场运行的最佳状态不是用一种制度取代另一种制度，而是在各个层次上发挥着各自的重要作用，即不仅充分发挥各自作用，也能有机结合在一起，互相弥补、修正不足。

（3）行动者。行动者是被法律赋予市场地位的市场参与者，他们在社会性或经济性目的推动下、在正式制度和非正式制度的作用下改变行为惯习、参与市场活动。我国技术市场中的行动者可以分为两类，一类是具有强烈制度遵从的、以公有制为基础的国有组织，包括高校、科研院所和国有企业；另一类是与市场规则相容的私营组织，主要是民营企业、各类私营服务机构。中国特色社会主义制度的显著优势正是在于以公有制为主体、多种所有制经济共同发展。因此，做大做强国有组织依然是未来技术市场发展的主线，它们的存在不仅是保障人民共同利益的重要力量，同时，他们也能更快、更积极、更有效地执行国家政策。而民营企业的繁荣更能激发市场创新活力、创造和维持市场竞争。因此，各类主体公平参与市场竞争、公平获取各类资源，不断提升创新能力、保持市场活力、探索创新模式是行动者维度的理想发展目标。

（4）互动机理：政府设置市场运行的基本"游戏规则"，一方面防止出现市场欺诈行为，另一方面让市场得以运行。行动者在这个"游戏规则"框架下参与市场活动，并用习得和内化的惯习指导或改变他们的市场活动方式。不同的市场活动建立了不同类型的社会性网络结构。在不同的社会性网络结构中，行动者通过投入时间、物质、货币、情感等建立起社会资本，那些具有强势社会资本的行动者引导市场形成非正式制度，参与市场的行动者依循非正式制度和正式制度调整自身的行为方式。同时，非正式制度、行动者也可以自下而上地影响正式制度的制定，即当政府意识到非正式制度和行动者行为有利于社会整体目标，则将其条理化、法规化，但如果政府发现非正式制度和行动者行为不利于社会整体目标，则会采取措施对其他两个维度施加外力干预，进而推动市场朝着政府设定的目标演进。最终，三个维度的互动实现"携手"共治。根据贝维尔（Mark Bevir，2013）对"治理"的定义，治理指的是管理的全部过程，实施的主体包括政府、市场以及组织网络，实施的对象包括家庭、部落、公司或领土，可以通过法律、规范、权力或语言实施。治理是一个比"统治"含义更加广泛的术语，因为它不仅仅聚焦于国家及其制度，而且还关注社会实践中规则与制度的生成，可以认为政府、社会性网络和行动者构成了技术市场治理体系。

第六章
技术市场中的政府

在我国市场背景下，政府嵌入市场的两种方式是顶层设计的引导和地方的实践探索。本节关注全国技术市场的整体发展，因此主要关注顶层设计的引导。政策作为国家意志、政府行为的有效载体，具有良好的可追溯性和可编码性，为政府以何种形式嵌入、政府的治理逻辑有何变化等问题的探究提供了有效证据。因此，对顶层设计的关注可以通过分析国家层面的政策文献进行。通过梳理相关政策文献发现，国家层面关于技术市场的专项政策模式沿用至今，这一特征为挖掘技术市场中"政府嵌入"的历史性演进提供了很好的政策依据。

第一节　我国技术市场发展阶段划分

根据前述构建的分析框架，技术市场是在政府、社会性网络和行动者三个维度不断交互作用下发展起来的，发展过程中既有"循序调整"，又有"市场转型"。循序调整只是在原有基础上缓慢推进，市场转型意味着市场中的利益关系、阶层结构得到相应的调整。研究从宏观视角考察技术市场的"市场转型"动因，并分析每一阶段内的主要特点。根据国内学者的研究，中国技术市场发展的重要背景是国家和政府组织实行的制度变革（李汉林和魏钦恭，2013），因此，从制度变革的角度将技术市场进行阶段划分是可行的和合理的。

借鉴林仁红（2016）、朱雪忠等（2020）对技术市场政策以及刘华等

（2012）、肖国芳等（2015）对技术转移政策的阶段划分，结合技术市场专项政策的发布时间，参考国家发展战略转变，将政策过程划分为三个阶段（见图6-1）：第一阶段为1980~1992年。1980年，《关于开展和维护社会主义竞争的暂行规定》中提出"对创造发明的重要技术成果要实行有偿转让"，承认了技术的商品属性，使技术能够进入市场流通，开启了技术市场元年。之后，社会主义经济体系从"严格集中计划"向"坚持计划为主、市场调节为辅"转变，技术市场开始发展。此时，经济发展处在低技术水平和快速工业化阶段，生产资料和生活资料的供给还存在短缺，因此，伴随着科技体制改革的初始阶段，解放思想、面向经济是发展技术市场的核心目标。第二阶段为1993~2012年。1992年，江泽民在党的十四大上作了《加快改革开放和现代化建设步伐，夺取有中国特色社会主义事业的更大胜利》的报告，这标志着我国经济体制开始从"社会主义公有制基础上的市场经济"转向"社会主义市场经济"，重点探索如何运用市场机制活化科技力量，科技体制改革进入关键时期，技术市场也进入下一个发展阶段。这一阶段我国已经具备发展市场经济的成熟条件，并且在以"科学技术是第一生产力"的导向下，加快科技进步、促进科技与经济社会发展紧密结合成为发展技术市场的核心目标。第三阶段为2013~2020年。2012年党的十八大提出"创新驱动发展"战略，此后我国经济从高速增长转向中高速增长，增长主要动力由资本、劳动力等要素转为技术、知识等要素。在此背景下，我国技术市场日臻成形，并进入

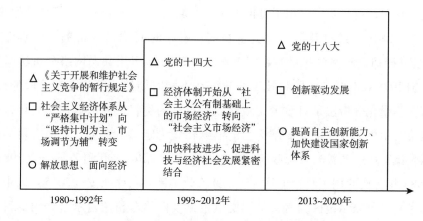

图6-1　我国技术市场发展阶段划分

注："△"代表标志性政策（事件）；"□"代表政策背景；"○"代表核心目标。

了向有效发挥"市场"功能、深化促进科技体制改革和发挥对自主创新助推作用的发展期，该阶段技术要素市场的建设目标与"深化科技体制改革、促进高新技术成果商品化、产业化"，以及与"加快建立以企业为主体、市场为导向、产学研相结合的技术创新体系"的目标紧密关联。在这个阶段，技术要素市场快速发展，对促进科技体制改革和创新驱动发展的作用显著，成为社会主义市场经济体系建设和国家创新体系建设的重要组成部分。

第二节　研究设计和数据处理过程

一、研究设计

在政策研究领域，政策文献量化分析主要有两种：文献计量法和内容分析法。文献计量分析是一种分析政策结构和外部属性的方法，通过分析政策的数量、颁布时间、颁布部门、主题词词频等勾勒出政策过程的特征、变迁和趋势。最早使用该方法分析政策文本的是 Libecap（1978），他在 1978 年对美国内华达州涉及矿产权的各种法律政策进行了量化评估并提出改进意见。该方法在我国得到了广泛应用，如兰梓睿（2021）对中国现行有效的可再生能源的政策力度、目标和措施，不同政策工具之间的协同度以及各部门之间的配合状况进行分析，揭示了可再生能源领域政策制定的背景、规律和原理；黄倩等（2019）通过政策数量、主题词、发布时间构建分析框架，研究了276 份基础研究政策的扩散特征；刘纪达（2022）运用共词网络分析法考察了我国 1978 ~ 2020 年国防科技工业政策在不同时期的政策焦点与阶段特征。政策内容量化分析法是对政策文献建立有意义的类目，并依据这个类目框架将政策文献中非量化的、非结构性的信息转化为定量的数据，从而有目的地揭示政策意图、政策选择等政府行为的潜在规律。Rothwell 和 Zegveld（1981）在 1985 年首次使用了政策工具方法来评价政策绩效；张永安（2015）以中关村国家自主创新示范区为例，采用文本挖掘及网络分析法对示范区内的科技创新政策分类与政策工具进行分析；此外，还有学者通过将政策工具与创新价值链（谢青和田志龙，2015）、技术路线图（黄萃等，2014）、项目实施进程（柯洪等，2018）等特定领域的规律、理论相结合构建二维分析框架对政策内容量化研究。

这两种政策量化工具虽然已被广泛应用，但也各有优缺点。文献计量分析方法能够挖掘政策文本背后的数据关系，对政策内容的分析不足。内容分析法虽然能对政策内容进行比较客观的呈现，但在政策外部特征和定量统计方面有所欠缺。邱均平（2005）提倡将两种方式综合使用，以克服单一研究方法造成的不全面性。鉴于此，本书将两种方法结合，一方面根据技术市场发展阶段的划分，统计不同阶段的政策文献，研读政策文本，归纳政策主题词，通过对主题词的频次、共现性分析实现对半结构化政策文本的计量，呈现出阶段性的政策热点，解析政策演进规律；另一方面对政策文献的文本内容进行挖掘分析，在使用政策工具的基础上加入现代市场体系理论形成二维分析框架，实现政策手段与政策目标的有机结合，从而更加全面地观测政策工具的使用和政策理念的转变。研究过程在图 6 - 2 中展示。

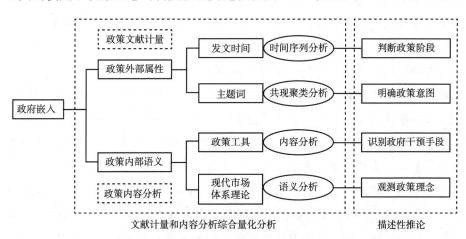

图 6 - 2　政策文献量化分析框架

二、数据处理过程

1. 文献获取与筛选。在北大法宝数据库"法律法规检索系统"中勾选"中央法规司法解释"，以"技术市场""技术要素市场""技术交易""知识产权交易""技术转移""成果转化""转移转化"为关键词，以"全文检索"+"精确匹配"的方式对 1980～2020 年所有政策文献进行检索。确定这一研究时段是为保持与社会性网络和行动者维度的一致性。通过检索得到中央相关政策文献 6204 份,地方政策文献 69916 份。本书的目标是理解政府顶层设计对技术市场的引导,因此所选取的政策本文主要来源于国务院、国家各部委。其按照效力级别、发布部门在表 6-1 中分别统计。

表 6-1　　　　　　　　　　技术市场相关政策数量统计　　　　　　　　单位:份

效力级别	法律	司法解释	行政法规	部门规章	党内法规	团体规定	行业规定
	128	50	459	4884	291	218	174
发布部门	全国人大	全国人大常委会	国务院	最高人民法院	国务院各机构	中央部门机构	中央其他机构
	80	50	319	40	4590	235	1346

进一步地,为提升所选政策文献的精确度和有效性,保证政策内容与技术市场主题高度契合,对所选政策文献分两步进行筛选。第一步,根据以下五个筛选原则对 6204 份政策文献进行筛选:一是选择中央层面发布的国家政策,包括人大、国务院、国务院各部委及直属机构,不包括省市级政府文件以及非政府层面文件;二是政策以发展技术(要素)市场为主题;三是政策标题中包含技术转移、技术市场、技术交易、知识产权交易、科技成果转移转化等相关主题词;四是立法评估报告,项目征集申请,专项资助,信息公布,会议/培训通知,行政审批结果,审计结果公告,各部委对人大、政协提案的答复函,人员编制方案等不纳入数据范围;五是政策文本完整。第二步,确定本书的主要政策文本。在上一步筛选得到的政策文献中,以科学技术创新领域为原则再次进行文本筛选,例如删除化工、煤炭等领域中涉及规范、发展技术市场的文献。筛选时还需要注意文件内容需要与技术市场主题密切相关、需要直接体现保障技术市场发展的手段和措施。最终共得到相关性文件 53 份,将整理后的政策文件按照技术市场发展阶段进行统计,如表 6-2 所示。

表 6-2　　　　　　　我国技术市场发展主要政策文献统计

阶段划分	政策文献	发布时间
第一阶段	国务院关于技术转让的暂行规定	1985 年 1 月
	国家经委系统经济技术市场管理试行办法	1985 年 11 月
	国家科委关于加强对技术市场管理工作的通知	1985 年 11 月

续表

阶段划分	政策文献	发布时间
第一阶段	技术市场管理暂行办法	1986 年 8 月
	国家科学技术委员会办公厅关于技术市场若干具体政策的说明	1987 年 4 月
	中华人民共和国技术合同法	1987 年 6 月
	技术合同管理暂行规定	1988 年 3 月
	中华人民共和国技术合同法实施条例	1989 年 3 月
	国家科委关于加强技术市场管理工作的通知	1989 年 2 月
	技术市场统计工作规定	1990 年 2 月
	技术合同认定登记管理办法	1990 年 7 月
	技术交易会管理暂行办法	1990 年 12 月
	技术市场表彰奖励办法	1990 年 12 月
	技术合同仲裁机构管理暂行规定	1991 年 1 月
	教育部部属高等学校科学技术转让试行条例	1991 年 1 月
	国家科委关于加强技术合同认定登记工作的通知	1991 年 7 月
第二阶段	国家教委、国家科委印发《关于加强高等学校科学技术成果推广应用工作的决定》的通知	1992 年 4 月
	国家科委关于印发《关于加速发展科技咨询、科技信息和技术服务业的意见》的通知	1992 年 8 月
	农业部、财政部、国家科委关于加强农业科研单位科技成果转化工作的意见	1992 年 10 月
	国务院《关于加强技术合同仲裁工作的若干意见》的通知	1994 年 3 月
	国家科委、国家体改委关于印发《关于进一步培育和发展技术市场的若干意见》的通知	1994 年 4 月
	中华人民共和国促进科技成果转化法	1996 年 5 月
	全国人大教科文卫委员会、国家科委、国家计委等关于学习、宣传和实施《中华人民共和国促进科技成果转化法》的通知	1996 年 9 月
	国家科委关于印发《"九五"全国技术市场发展纲要》的通知	1996 年 10 月
	国家科委关于加强技术交易会管理的通知	1997 年 4 月
	国家科委关于印发《技术经纪资格认定暂行办法》和《全国技术经纪人培训大纲》的通知	1997 年 9 月
	国务院办公厅转发科技部等部门关于促进科技成果转化若干规定的通知	1999 年 4 月

续表

阶段划分	政策文献	发布时间
第二阶段	国家经济贸易委员会印发《关于进一步加强全国新技术交流推广工作的意见》的通知	1999 年 6 月
	科学技术部、财政部、国家税务总局关于印发《技术合同认定登记管理办法》的通知	2000 年 2 月
	中华人民共和国技术进出口管理条例	2001 年 12 月
	科学技术部关于印发《关于大力发展科技中介机构的意见》的通知	2002 年 12 月
	科技部关于印发《关于加快发展技术市场的意见》的通知	2006 年 3 月
	国家发展和改革委员会、科学技术部、财政部等关于印发建立和完善知识产权交易市场指导意见的通知	2007 年 12 月
	国务院关于印发国家知识产权战略纲要的通知	2008 年 6 月
	财政部、科技部关于印发《国家科技成果转化引导基金管理暂行办法》的通知	2011 年 7 月
第三阶段	科学技术部关于印发技术市场"十二五"发展规划的通知	2013 年 2 月
	国务院关于加快科技服务业发展的若干意见	2014 年 10 月
	中华人民共和国促进科技成果转化法（2015 年修正）	2015 年 10 月
	国务院关于印发实施《中华人民共和国促进科技成果转化法》若干规定的通知	2016 年 2 月
	国务院办公厅关于印发促进科技成果转移转化行动方案的通知	2016 年 4 月
	教育部、科技部关于加强高等学校科技成果转移转化工作的若干意见	2016 年 8 月
	科技部关于印发"十三五"技术市场发展专项规划的通知	2017 年 5 月
	国务院关于印发国家技术转移体系建设方案的通知	2017 年 9 月
	教育部办公厅关于进一步推动高校落实科技成果转化政策相关事项的通知	2017 年 12 月
	科技部、国家发展改革委、教育部等关于印发振兴东北科技成果转移转化专项行动实施方案的通知	2018 年 1 月
	科技部关于印发《关于技术市场发展的若干意见》的通知	2018 年 5 月
	教育部办公厅关于开展落实科技成果转化政策专项督查工作的通知	2018 年 9 月
	财政部关于进一步加大授权力度促进科技成果转化的通知	2019 年 9 月
	中共中央、国务院关于构建更加完善的要素市场化配置体制机制的意见	2020 年 3 月
	科技部等 9 部门印发《赋予科研人员职务科技成果所有权或长期使用权试点实施方案》的通知	2020 年 5 月

续表

阶段划分	政策文献	发布时间
第三阶段	科技部、教育部印发《关于进一步推进高等学校专业化技术转移机构建设发展的实施意见》的通知	2020 年 5 月
	科技部办公厅关于加快推动国家科技成果转移转化示范区建设发展的通知	2020 年 6 月
	中华人民共和国技术进出口管理条例（2020 年修订）	2020 年 11 月

将筛选得到的 53 份政策文献进行编号并仔细研读文献内容，并将政策文本中与技术市场相关的具体政策条款作为基本分析语义单元，第一阶段共得到政策文本语义单元 198 条、第二阶段 417 条、第三阶段 482 条。

2. 政策主题分析。借鉴朱雪忠和胡锴（2020）对技术市场政策主题词的确定，从上一步得到的 1097 个语义单元中提取政策文本主题词，第一阶段提取政策主题词 147 个、第二阶段 394 个、第三阶段 393 个。首先，利用Bicomb 软件统计各主题词之间的共现频率形成共词矩阵。筛选高频主题词作为分析政策主题的关键主题词，高频词筛选标准由普赖斯公式确定：

$$Mp = 0.749 \sqrt{Np_{max}} \tag{6.1}$$

其中，Np_{max} 为最高共现主题词的词频，Mp 为词频阈值，超过词频阈值的则为关键主题词。其次，利用 SPSS23.0 软件计算超过词频阈值的共词矩阵的相关性矩阵，再将其转换为相异矩阵。最后，对相异矩阵进行多维尺度分析，确定主题词群。根据多维尺度的分析原则，主题词在二维概念空间的位置代表了其在政策文献中的共现性，主题词越聚集共现性越高、越靠近中心原点和横纵轴的主题词越重要、词群越靠近中心原点且包含越多数量主题词的词群越重要。

3. "政策工具 + 现代市场体系理论"分析。内容量化分析是在"政策工具 + 现代市场体系理论"的二维框架下进行的。政策工具的分类有多种方式，基于研究对政府嵌入技术市场的方式、程度和手段的研究出发点，采用强制性、混合性和自愿性的分类形式，并参考国内学者朱春奎（2011）、李世超（2011）等的研究，对政策工具类型进行进一步划分，如表 6 - 3 所示。具体操作如下：首先，对上文中得到的 1097 个文本单元按照"政策编号—要点序号"进行逐条编码；其次，根据条款内容逐项确定所属工具类别。以《国务院关于技术转让的暂行规定》政策文本为例对政策进行编码，如表 6 - 4 所示。

表 6 - 3   政策工具类型

大类	中类	小类
自愿性工具	家庭与社区	—
	自愿性组织	—
	市场自由化	—
强制性工具	规制	体系建设和调整；建立和调整规则；设定和调整标准；许可证和执照；检查检验；监督；考核；法律；法规；特许；禁止；裁决；处罚；制裁
	公共事业	—
	直接提供	直接生产；直接服务；直接管理；公共财政支出；转移支付；政府购买
	命令和权威	机构设置；政府机构改革；政府机构能力建设；政府间协调；指示指导；计划；命令执行；强制保险；政策试验
混合工具	信息与劝诫	信息发布；信息公开；建设舆论工具；教育学习；舆论宣传；鼓励号召；呼吁；象征；劝诫；示范
	补贴	赠款；直接补助；财政奖励；实物奖励；税收优惠；票券；利率优惠；生产补贴；消费补贴；政府贷款；补贴限制
	产权拍卖	排污权拍卖；生产权拍卖；服务权拍卖；政府出售
	征税和用户收费	使用者收费；消费税；生产税；营业税；个人所得税；社会保险金
	契约	服务外包；公私合作
	诱因型	社会声誉；信任；程序简化；利益留存；权力下放

表 6 - 4   政策文献量化分析示例

政策名称	文本分析单元	编码	政策工具类型		市场体系
《国务院关于技术转让的暂行规定》	在社会主义商品经济条件下，技术也是商品，单位、个人都可以不受地区、部门、经济形式限制转让技术。国家决定广泛开放技术市场，繁荣技术贸易，以促进生产发展	3 - 1	命令和权威	强制型	要素体系
	一切有助于开发新型产品、提高产品质量、降低产品成本、改善经营管理、提高经济效益等的技术，出让方同受让方都可以按照自愿互利、协商一致的原则进行转让	3 - 2	规制	强制型	要素体系
	违反国家法律和政策规定的技术，不得转让。涉及国家安全或重大经济利益需要保密的技术，其转让应当按照国家有关规定办理	3 - 3	规制	强制型	法制体系

续表

政策名称	文本分析单元	编码	政策工具类型		市场体系
《国务院关于技术转让的暂行规定》	技术转让费，即技术商品的价格实行市场调节，由双方协商议定。可以一次总算，可以按照该项技术实施后新增销售额或利润的一定比例提成，也可以按照双方商定的其他方法计算。经技术转让有关各方协商议定，促成技术商品交易的中介人（包括单位、个人）可以取得合理的报酬	3-4	市场自由化	自愿型	要素体系
	进行技术转让，双方应当签订技术转让合同，遵守《中华人民共和国经济合同法》和其他法律的有关规定。双方应当在合同中加以明确：是否要求互相告知该项技术后续改进的详细内容；是否允许将该项技术转让给第三方；转让技术的验收标准、验收方式；是否要求预付入门费	3-5	命令和权威自愿性组织/服务	强制性自愿性	要素体系
	执行国家或上级计划研究、开发的技术，除按照计划规定推广应用外，完成单位还可以按照本规定进行转让，其转让收入归单位；对直接从事研究、开发该项技术的人员给予奖励	3-6	诱因型补贴	混合性	要素体系组织体系
	根据本单位计划研究开发的技术，其转让收入归单位；对直接从事研究、开发该项技术的人员给予奖励，对根据市场需求主动提出研究、开发项目建议并积极促其完成的有功人员，应当给予较为优厚的奖励	3-7	规制补贴	强制性混合性	要素体系环境体系
	对技术转让中帮助受让方切实掌握该项转让技术的有功人员，应当比照直接从事研究、开发该项技术的人员给予奖励	3-8	补贴	混合性	要素体系
	职工在做好本职工作、不侵犯本单位技术权益的前提下自行研究、开发的技术，其转让收入归职工本人或课题组；使用了本单位器材、设备的，应当按照事先同本单位达成的协议，支付使用费	3-9	诱因型	混合性	要素体系
	接受其他单位委托研究、开发的技术，其权益应当按照委托合同和本规定处理	3-10	规制	强制性	法制体系
	全民所有制企业单位和集体所有制单位支付的技术转让费，一次总算的，在管理费中列支，数额较大时，可以分期摊销；按照新增销售额或利润提成的，在实施该项技术后的新增利润中税前列支。全民所有制事业单位，在事业费包干结余或预算外收入中列支；没有事业费包干结余和预算外收入的，在事业费中列支	3-11	命令和权威	强制性	组织体系

续表

政策名称	文本分析单元	编码	政策工具类型		市场体系
《国务院关于技术转让的暂行规定》	全民所有制企业单位和集体所有制单位的技术转让年净收入总计没有超过十万元的，免征所得税，全部留给单位；超过十万元的，其超过部分依法征收所得税	3－12	补贴征税和用户收费	混合性	组织体系环境体系
	大专院校、科研单位和其他全民所有制事业单位的技术转让收入，3年内免征所得税，全部留给单位，用于发展科研事业。个人的技术转让收入，依法征收个人所得税	3－13	补贴征税和用户收费	混合性	要素体系组织体系
	单位留用的技术转让收入的使用，由单位自行确定，上级领导机关或其他有关部门不得抽调和限制	3－14	规制	强制性	法律体系
	转让技术的单位应当从留用的技术转让净收入中，提取百分之五至十作为第四条规定的奖励费用，由课题负责人主持分配，本单位或其他有关部门不得干预。此项费用不计入本单位的奖金总额	3－15	补贴命令和权威	混合性强制性	组织体系环境体系

此外，根据第二章的理论分析，政府如何介入市场没有统一的理论框架，是遇到一个问题解决一个问题的过程。根据沃格尔（Vogel，2020）的观点，政策效应应该与现实市场相比较，看其是否在不断优化市场运行效率、是否解决了市场问题、是否推动市场向着社会目标调整。基于此，在陈云贤（2019）提出的现代市场体系理论下进行政策文献量化分析。现代市场体系理论或现代市场纵向体系至少包括以下六个方面内容：一是市场要素体系，既由各类市场（包括各类商品市场、要素市场和金融市场）构成，又由各类市场的最基本元素即价格、供求和竞争等构成；二是市场组织体系，它包括各种类型的市场实体和各类市场中介机构以及市场自身管理组织；三是市场法制体系，它包括市场立法、执法、司法和市场法治教育等系列；四是市场监管体系，它包括对机构、业务、市场、政策法规执行等的监管；五是市场环境体系，它主要包括完善实体经济基础、企业治理结构和社会信用体系三大方面；六是市场基础设施，它指软硬件组合的完整市场设施系统，其中的各类市场支付清算体系、科技信息系统等是成熟市场经济必备的基础设施。现代市场体系六个方面的职能作用或将作用于现代市场横向体系的各个领域。这就是说，

伴随着历史进程而逐渐完整的现代市场体系，不仅会作用在各国经济基础的产业经济方面，而且还伴随着资源生成、各类生成性资源的开发和利用。不同的领域，不同类型的商品经济、要素经济和项目经济，产生不同的参与主体，它们需要现代市场体系或现代市场纵向体系六个方面功能作用的不断提升与完善。因此，该维度的引入有两方面的作用，一是理解政府对市场的设计方式；二是充分体现技术市场发育成熟度。从市场要素体系、市场组织体系、市场法制体系、市场监管体系、市场环境体系、市场基础设施六方面对文本语义单元进行编码归类。同样以《国务院关于技术转让的暂行规定》为例，如表6-4所示。

第三节　技术市场政策主题分析

一、第一阶段（1980~1992年）

1980年10月，国务院颁布《关于开展和维护社会主义竞争的暂行规定》，指出"对创造发明的重要技术成果实行有偿转让"，首次承认了技术的商品属性，使技术要素能够进入市场流通，开启了技术市场元年。1982年初，党中央、国务院提出了"经济建设必须依靠科学技术，科学技术工作必须面向经济建设"的战略方针，使发展技术市场成为科技体制改革中的重要举措。之后技术市场成为科技领域重要的政策方向。

分析政策主题。这一阶段共有政策文献11份，出现主题词147个。Mp = 2.484，即选择共现频率大于3（50个）的高频主题词绘制多维尺度分析图谱。通过分析发现，这一阶段呈现三个主题词群，即代表三个政策主题，分别为构建法律体系、监督市场规范发展、鼓励开展市场活动，如图6-3所示。

第一个政策主题是构建法律体系，见词群1。该词群有较多主题词靠近轴线，是重要的主题群。词群内"法律法规制定"最靠近原点，"市场秩序""法律法规执行""技术合同法"靠近横轴，"技术交易""技术合同签订""惩处机制""专利转让"靠近纵轴，显示出在市场建立初期，政府通过建设制度环境释放市场运行空间的治理逻辑。从具体政策来看，这一阶段一系列

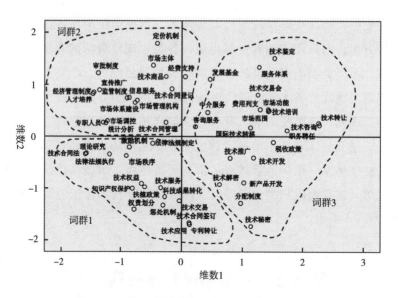

图6-3   第一阶段政策文献主题词多维尺度分析

具有划时代意义的法律法规的颁布确定了技术市场在社会主义商品经济中的
地位，如1984年国务院会议审定了《技术转让条例》（1985年1月正式颁布
时更名为《技术转让暂行规定》），指出国家从顶层设计上要求开展技术市场，
通过技术贸易促进原本落后的生产力发展；1985年《中华人民共和国专利
法》正式实施，知识产权制度在我国初步建立；1987年第六届全国人大常委
会第二十一次会议审议通过了《中华人民共和国技术合同法》，这是我国技术
市场里程碑式的法律文件，明确了技术合同的地位，被誉为"科技战线重要
的大法"。《中华人民共和国技术合同法》及其实施条例发布后，一系列相关
配套政策陆续出台，包括《技术合同认定登记管理办法》《技术合同认定规
则》《技术市场统计工作规定》《技术交易会管理暂行规定》《关于科技人员
业余兼职若干问题的意见》《技术合同仲裁机构管理暂行规定》《技术合同仲
裁机构仲裁规定》，不仅完善了技术合同的管理流程，还建立了技术合同认定
登记制度等各项管理制度。

第二个政策主题是监督市场规范发展，见词群2。词群中"技术合同管
理"靠近原点，"技术合同登记""经费支持"靠近纵轴，"市场调控""统计
分析""专职人员"靠近横轴，而且该主题词群中还出现"市场管理机构"
"技术体系建设""人才培养""监管制度"等主题词，均指向监督市场规范发展这一政策主题。从具体政策来看，这一阶段集中出台了多项加强市场监管、规范市场行为的专项政策，如 1983 年国家科委发布《加强技术转移和技术服务工作的通知》，1985 年国家经济委员会发布《经济技术市场管理试行办法》，1985 年和 1989 年先后两次发布《关于加强技术市场管理工作的通知》，1990 年颁布《技术交易会管理暂行办法》；1985 年国务院批准由 13 个部委（国家科委、国家经委、国防科工委、国家计委、科学院、教育部、总工会、科协、专利局、财政部、工商局、统计局、工商银行）组成了"全国技术市场协调指导小组"，一方面对技术市场进行发展指导，另一方面制定相关政策法规，其在 1986 年发布的《技术市场管理暂行办法》成为规范技术市场活动的纲领性文件。

第三个政策主题是鼓励开展市场活动，见词群 3。词群中包含的主题词相对分散，但政策主题鲜明，"咨询服务"靠近原点，"中介服务""发展基金""技术解密"等主题词靠近纵轴，"国际技术转移""市场范围""职务聘任""技术转让"等关键词靠近横轴，均反映出鼓励开展市场活动、激发市场活力的政策意图。从具体政策来看，部分政策强调配合体制机制改革，将科研机构推向市场。1985 年中共中央颁布《关于科学技术体制改革的决定》，开始了国家改革开放后科技体制的第一次改革，重点改革内容包括通过改变拨款制度促进人才流动、依托技术市场引入市场机制加快科技成果商业化、通过科技攻关计划组织创新主体进行技术创新。在这一政策的引导下，多份文件陆续出台，鼓励高校、科研院所面向市场开发技术，并通过建设技术商品经营机构、设立常设技术市场等完善市场基础设施，推动技术市场发展，如《国务院关于开发研究单位由事业费开支改为有偿合同制的改革试点意见》《国务院关于扩大科学技术研究机构自主权的暂行规定》《国务院关于推进科研设计单位进入大中型工业企业的规定》《技术市场表彰奖励办法》等。此外，政府还制定了包括《1978—1985 年全国科学技术发展规划纲要》《1986—2000 年科学技术发展规划》《1991—2000 年科学技术发展十年规划和"八五"计划纲要》在内的多项发展规划，实施了"国家科技攻关计划（1983 年）""国家重点实验室建设计划（1984 年）""星火计划（1985 年）""863"计划（1986 年）"火炬计划（1988 年）"等十几个专项科技计划。

整体上，在技术市场开放初期，得益于国家治理逻辑转变和科技体制改革的推动，技术的商品属性被承认，并以商品经济发展为主线建立了技术在市场中流通的法律依据。而这一阶段，政策扶持重点显然放在高校、科研机构身上，相关研究也指出，这一阶段以高校、科研机构为创新主体（吴伟和朱嘉赞，2018），国家通过政策倾斜将资源分配给这类主体，推动他们创造的科技成果在生产领域的应用。

二、第二阶段（1993～2012 年）

1992 年 10 月，我国经济体制从"社会主义公有制基础上的市场经济"转向"社会主义市场经济"，在政治哲学上彻底抛除了社会主义基本制度范畴的束缚，"十一五"规划中将"计划"换为"规划"，意味着政府职能从"计划"到"管理"的深刻转变。随后以"科学技术是第一生产力"为核心的科技政策改革推动了技术市场稳步发育。这一阶段共有政策文献 21 份，总共出现主题词364 个。Mp = 3.432，即选择共现频率大于 4（69 个）的高频主题词绘制多维尺度分析图谱。结果显示，这一阶段共呈现三个主题词群，代表了三个政策主题，分别为健全制度环境、扩展市场容量、促进服务体系建设，如图 6-4 所示。

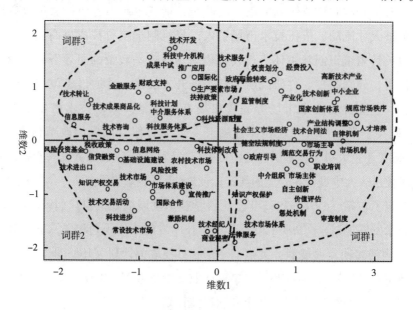

图 6-4　第二阶段政策文献主题词多维尺度分析

第一个政策主题是健全市场制度环境、推动市场运行能力，见词群1。这一词群中关键词最多，是最重要的主题群。其中，"健全法规制度""技术合同法""市场主导""市场机制""自律机制""规范交易行为"靠近横轴，"政府引导""知识产权保护""法律服务""监管制度""政府职能转变"等关键词靠近纵轴，充分证明了通过完善市场法治环境发挥市场配置资源基础性作用的政策基点。具体地，这一阶段有两部科技领域最重要的法律文件颁布：一是1993年全国人大常委会通过的《中华人民共和国科学技术进步法》首次正式以法律的形式将技术市场作为经济发展的重要制度和举措明确下来。该法作为中国科技基本法，在科技领域的全部法律、法规中居于统领地位且发挥统领作用。二是1996年全国人大常委会通过的《中华人民共和国促进科技成果转化法》从法律上规范科学技术成果转化的相关问题，为使科技成果通过市场机制进入生产领域、推动创新能力提升提供了法律依据。之后，2008年《中华人民共和国科学技术进步法》进行了修订，突出了自主创新的科技战略和方针。《中华人民共和国专利法》在1992年、2000年进行了两次"本土化改造"，以满足国内技术发展和兼顾国际市场需求。

第二个政策主题是培育壮大市场主体、扩展市场容量。见词群2。其中，"科技体制改革""农村技术市场"靠近原点，"税收政策""风险投资基金""信贷融资""技术进出口""基础设施建设"靠近横轴，"技术经纪人""商业秘密""国际合作""激励机制"靠近纵轴，体现了利用多种政策工具扩展市场容量、推动经济增长的政治意图。这一方面的具体政策主要集中在三个方面：一是以1995年颁布的《中共中央、国务院关于加速科学技术进步的决定》以及1996年发布的《"九五"全国技术创新纲要》为标志，提出以企业为创新主体的重大方针政策。随后，大量促进企业创新的财政、金融、税收等政策开始出现，如1996年开始实施针对企业的"技术创新计划"、1999年国务院批准设立中小企业技术创新基金会、2002年颁布实施我国关于中小企业的第一部专门法律《中华人民共和国中小企业促进法》；二是1996年《关于以高新技术出资入股若干问题的规定》、1999年《关于促进科技成果转让的若干规定》、1999年《关于加强技术创新、发展高科技、实现产业化的决定》、2004年《关于进一步加强高等学校知识产权工作的若干意见》、2005年《关于国家科研计划项目研究成果知识产权管理的若干规定》等一系列政策文件意图配合体制机制改革，推动高校、科研机构面向市场开发技术；三是"产学研联合开发工程计划""攀登计划"以及国家重点基础研究发展计划（973 计划）、国家大学科技园、西部开发科技专项行动、知识创新工程、社会发展科技计划、国家科技创新工程、"211 工程"等专项计划促进了高校、科研院所和企业之间科技资源的流动和科技成果的转移转化。

第三个政策主题是完善市场服务体系、规划市场发展，见词群 3。词群内"科技资源配置"靠近原点，是核心关键词，"科技服务体系""技术咨询""中介服务体系""信息服务""技术开发""国际化"等靠近横纵轴，反映出加快完善市场体系的政策倾向。从具体政策来看，政策开始呈现出一定的规划性。1994 年国家科委、体改委联合印发的《关于进一步培育和发展技术市场的若干意见》不再局限于技术市场的监督管理，而是开始以规划的思路制定如何培育和发展技术市场的基本任务，从流通体制、市场秩序、科技计划、农村市场、市场融合、管理调控六个方面提出了具体的发展要求。1996 年国家科委又单独印发了《"九五"全国技术市场发展纲要》，这是第一份与国家经济 5 年规划同步的技术市场政策文件，同时又是第一次以发展纲要的形式规划了技术市场的奋斗目标和重点工作，并提出了建设全国信息网络系统等12 项技术市场具体政策措施。2006 年科技部印发《关于加快发展技术市场的意见》，2007 年国家发展改革委、科技部、财政部、国家工商总局、国家版权局、国家知识产权局印发《建立和完善知识产权交易市场指导意见》，均从改进市场配套设施、整合中介服务资源等方面提出如何建设现代技术市场体系的具体政策举措。2008 年《国家知识产权战略纲要》正式实施，知识产权战略首次被定位为国家战略，并重点提出了"发展知识产权中介服务"的战略措施。

可以看出，这一阶段最重要的政策转变是提出以企业为创新主体的重大方针政策，彻底改变了计划经济体制以科研机构为创新主体的苏联模式，破除了原经济体制机制对技术市场发展的束缚，同时也开始强调产学研合作的技术交易模式，意味着市场不再局限于商品交易，而是扩充为在市场资源配置机制作用下各类互动关系的总和。

三、第三阶段（2013～2020 年）

我国技术市场政策过程的第三个阶段始于 2013 年。2012 年，党的十八大首次提出创新驱动发展战略，技术市场的重要性进一步凸显，因此迎来政策的新一轮密集关注。随后，中共中央、国务院先后颁布《关于深化体制机制改革加快实施创新驱动发展战略的若干意见》和《国家创新驱动发展战略纲要》，强调要以科技与体制机制创新共同驱动、以创新体系支撑创新型国家建设。因此，技术市场成为政策关注重点，而国家创新系统建设为技术市场的制度环境建设提供了新的视角和目标。这一阶段共检索出相关政策文献 20份，其中，标志性政策文献 7 份，总共出现主题词 370 个，Mp＝3.349，即需要选择共现频率大于 4（99 个）的高频主题词进行多维尺度分析。这一阶段包含三个政策主题，分别为优化服务体系、完善制度环境、强化企业创新主体地位，如图 6－5 所示。

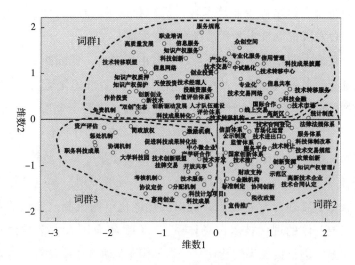

图6－5　第三阶段政策文献主题词多维尺度分析

第一个政策主题是发展专业化服务体系、构建一体化、网络化技术流通体系，见词群 1。该词群靠近中心且集聚了较多主题词，是最重要的主题群。其中，"技术转移机构""评价体系""人才队伍建设"靠近原点，"价值评估体系""投融资服务""技术经理人""服务规范""技术交易网络"靠近纵轴，"免责机制""双创生态""线上交易""技术市场"靠近横轴，充分体现了 2013 年《技术市场"十二五"发展规划》和 2017 年《"十三五"技术市场发展专项规划》中重点强调的构建专业化服务体系、推动技术要素市场大流通的政策意图。从具体政策来看，2014 年国务院出台《关于加快科技服务业发展的若干意见》，就如何构建技术市场专业科技服务体系提出政策方向；2015 年全国人大常委会修订并通过《中华人民共和国促进科技成果转化法》，第三十条规定鼓励科技中介服务机构创新线上线下服务场所和服务类型，并提出要探索各种形式的产学研合作形式；2017 年国务院印发《国家技术转移体系建设方案》，提出了技术市场发展的"两步走"目标，到 2020 年初步形成互联互通的技术市场，到 2025 年技术市场充分发育，各类创新主体高效协同互动。为了落实《国家技术转移体系建设方案》对技术市场的发展要求，2018 年科技部制定《关于技术市场发展的若干意见》，提出从构建技术交易网络、提升专业化服务功能、优化制度环境和加强监管服务四个方面优化现代技术市场体系。2020 年《关于构建更加完善的要素市场化配置体制机制的意见》着重提出通过培育专业技术转移机构和技术经理人、促进技术要素和资本要素融合发展推动技术要素市场高质量发展。

第二个政策主题是优化制度环境、释放市场潜力，见词群 2。这一词群中的关键词具有明显的共现性，其中，"信用体系""市场化运营""技术合同登记""法律法规体系""统计制度"靠近横轴，"公示制度""监管体系""标准制定""宣传推广"靠近纵轴，均体现了政府试图平衡市场机制和政府监管之间的关系，以期建立完备高效的现代市场体系。具体政策中，2013 年、2017 年科技部连续发布《技术市场"十二五"发展规划》和《"十三五"技术市场发展专项规划》专题政策，提出强化优化市场机制，形成"制度、组织和机制三位一体的现代技术市场体系"。2015 年全国人大常委会修正《中华人民共和国促进科技成果转化法》，提出不断推动事业单位和公共财政投资形成的创新产出从"行政控制资源"向"市场配置资源"转变。并且这一阶段印发的《关于实行以增加知识价值为导向分配政策的若干意见》《关于抓好赋予科研机构和人员更大自主权有关文件贯彻落实工作的通知》《赋予科研人员职务科技成果所有权或长期使用权试点实施方案》都试图通过科技体制改革推动科研机构成为市场化行为主体。

第三个政策主题是强化企业创新主体地位、促进资源的公平获取，深化产学研合作体系建设，见词群 3。其中，"激励机制"靠近原点，"中小微企业""产学研合作""开放共享""科技计划项目""简政放权""惩处机制"等靠近轴线，反映出《深化科技体制改革实施方案》中"要健全技术创新的市场导向机制和政府引导机制，加强产学研协调创新，引导各类创新要素向企业集聚"的政策要点。2012 年 7 月的全国科技创新大会和同年 9 月中共中央、国务院印发的《关于深化科技体制改革加快国家创新体系建设的意见》中传递的明确信号就是继续深化科技体制改革、强化企业技术创新主体地位、加快建立企业主导产业技术研发创新的体制机制。2016 年 4 月国务院印发的《促进科技成果转移转化行动方案通知》提出形成以企业技术创新需求为导向、以市场化交易平台为载体、以专业化服务机构为支撑的科技成果转移转化新格局。

可以看出，完善市场服务体系，健全制度环境、强化企业创新主体地位是这一阶段最主要的政策转向。政策强调建设产学研紧密结合的一体化、网络化的市场交易体系。

第四节　技术市场政策工具与设计理念

一、单一维度下的政策分析

1. 政策工具分析。技术市场中不同政策工具使用情况见表 6 - 5。从表中可以看出，政府在三个阶段内表现出一致的政策工具选择偏好，即对强制性工具使用最多，然后是混合性工具，自愿性工具使用最少。但是对强制性工具的使用比例逐步降低，对混合性工具的使用比例显著提升。具体地，第一阶段强制性工具占比 71.78%；混合性工具占比 25.74%；自愿性工具占比 2.48%。第二阶段强制性工具的使用基本不变，占比 70.74%；混合性工具比例增加，占比 29.07%；自愿性工具占比 0.47%。第三阶段对强制性工具的使用明显降低，占比 55.4%；混合性工具使用比例大幅提升至 40.67%；自愿性工具的使用也有所增加，占比 3.93%。

表 6 – 5　　　　　　　　　　不同阶段政策工具使用比例对比

大类	中类	第一阶段（%）		第二阶段（%）		第三阶段（%）	
强制性工具	规制	71.78	41.09	70.47	32.79	55.4	28.29
	公共事业		0.5		0.23		0.98
	直接提供		2.48		5.81		2.55
	命令和权威		27.72		31.63		23.58
混合性工具	信息与劝诫	25.74	5.94	29.07	21.63	40.67	28.49
	补贴		10.4		3.26		6.48
	征税和用户收费		1.98		—		0.2
	契约		—		0.7		0.59
	诱因型		7.43		3.49		4.91
自愿性工具	自愿性组织/服务	2.48	0.99	0.47	—	3.93	0.59
	市场自由化		2.97		0.47		1.77

　　从中分类政策工具使用来看，强制性工具中"规制"和"命令和权威"型工具使用比例最高，在各个阶段两类工具使用比例均占到所有政策工具的一半以上。只是随着市场逐渐成熟，"规制"类工具的使用有了大幅下降，而"命令与权威"工具基本保持不变，说明政府对市场规则的建设力度有所下降，但管制能力仍然很强。混合性工具中，"信息与劝诫"型工具的使用频率最高，并呈现连续上升趋势，"补贴"型工具在该门类中占比第二，随时间推移，使用频率有所下降，说明政府逐步倾向于通过引导、号召和鼓励等方式推动技术市场建设发展。除了上述提到的中分类政策工具外，其他政策工具的使用频率极低。总体可以看出，尽管政府对市场的干预手段越来越"软化"，政策工具使用种类越来越多样，但是对各类政策工具的使用极不均衡，且这种不均衡布局还在持续扩大。

　　在不同阶段内，小分类政策工具的使用也存在显著差异，以下重点分析使用频率最高的中分类政策工具"规制""命令和权威""信息与劝诫"的小分类政策工具的具体使用情况。

　　"规制"型工具的使用情况在图 6 – 6 中展示。第一阶段，共涉及 11 种小类，其中，"设定和调整标准""禁止""监督""处罚""检查检验"等工具使用比例较高；第二阶段，小类工具增加至 13 种，同时，最大的变化在于"体系建设和调整"工具的使用比例有了大幅提升；第三阶段，小类工具仍然保持在 13 种，其中，"体系建设和调整"的使用频率继续提升，成为"规制"型工具中使用比例最高的工具，同时，使用频率有所提升的还有"监督""考核""法律"等工具，而"设定和调整标准"使用频率快速下降。由此反映出政策体系虽然更加丰富，但政策更加注重宏观引导和市场管制，并逐渐放松了对市场规则的关注。

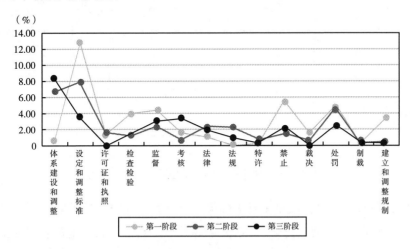

图 6 – 6   不同阶段规制型政策工具使用对比

"命令和权威"型工具的使用情况在如图 6 – 7 中展示。第一阶段涉及小类工具 6 种，其中，"命令执行""机构设置""政府机构能力建设""计划"等政策工具的使用最多，政府尚处于"行政能力建设"阶段；第二阶段小类工具提升至 8 种，"命令执行""指示指导""政府间协调"政策工具的使用频率最多，相比于第一阶段，加大了"指示指导""政府间协调"等政策工具的使用，开始注重"行政能力优化"；第三阶段小类工具涉及范围提升至 9 种，涵盖工具类型更加丰富，其中，"指示指导"和"政府间协调"使用频率最高，其次是"政策试验"和"政府机构能力建设"，变化最显著的是"命令执行"的使用频率大幅降低，这说明到第三阶段政府逐渐从行政能力建设转向市场治理能力建设，试图通过推进科技体制改革、政策试点创新、提升政务服务能力等方式更加灵活地指导市场发展。

"信息和劝诫"型工具的使用情况如图 6 – 8 所示。第一阶段共涉及 4 种小类工具，分别为"教育学习""舆论宣传""鼓励号召""呼吁"，明显地，政府主要通过宣传引导鼓励创新主体转变观念、破除思想禁锢、参与市场活

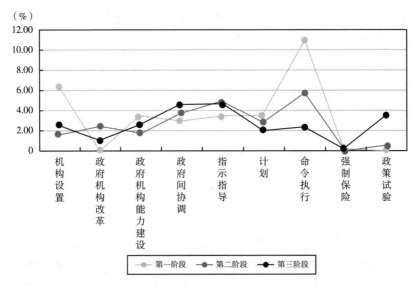

图6-7　不同阶段命令和权威型政策工具使用对比

动；第二阶段，小分类政策工具大幅提升至7种，其中，"鼓励号召"增幅最大，"教育学习""信息公开""示范"等政策工具使用频率也都有明显提升，政府开始注重利用信息披露等非正式制度工具；第三阶段小类工具涉及8种类型，"鼓励号召""示范""信息公开""教育学习"的使用频率提升，对市场化工具的使用进一步强化。

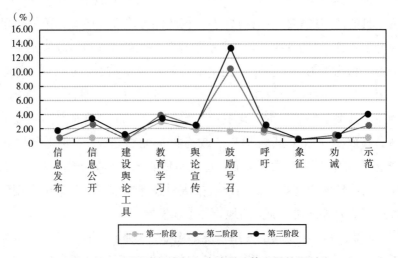

图6-8　不同阶段信息和劝诫型政策工具使用对比

2. 市场设计理念分析。根据前述分析，通过现代市场体系理论理解政府对市场的设计理念和设计方式。从该理论的六个维度对政策阶段性变化进行对比可以发现，技术市场政策意图具有明显的阶段性演变特征，如图 6 - 9 所示。第一阶段，政府重点关注市场要素体系、市场组织体系和市场法制体系建设，相关政策占比达到 25.74%、32.18% 和 17.33%。第二阶段，主要的变化是政府对市场法制体系和市场监管体系的关注度降低，相关政策比例从 17.33%、13.86% 降至 13.49%、6.74%，但对市场环境体系和市场基础设施的关注提升，政策比例从 8.91%、1.98% 提升至 12.56% 和 9.07%。第三阶段，政府在市场要素体系和市场组织体系的政策比重持续降低至 23.38%、26.13%，对市场环境体系和基础设施的关注度提升，对法律体系和监管体系的关注度与上阶段基本相当。总体上，政策介入市场的逻辑可以归纳为，在市场发展的早期阶段，政府需要设置基础的"游戏规则"，使市场得以运行，并建立激励机制，鼓励主体参与市场活动。随着市场参与者增多，政府开始关注市场环境，并加强基础设施建设，以支持技术市场的良性运行。当市场竞争程度和复杂程度进一步增加，政府继续完善和加强环境、基础设施方面的服务能力，并通过更严格的制度要求和交易规则以及更密切的监督来加强规制。

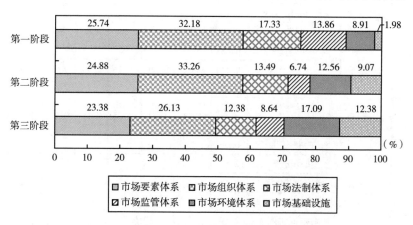

图 6 - 9　现代市场体系理论维度下政策特点对比

二、综合框架下的政策特点

1. 整体分析。在二维分析框架下，不同市场体系维度中政府对政策工具的选择仍然有一致的偏好，并没有体现出对不同市场维度的治理差异，如表6-6所示。

表6-6　　　　　　　　二维分析框架下的政策特点　　　　　　单位：%

大类	种类	小类	小类比例	总比例	比例分布					
					要素体系	组织体系	法律体系	监管体系	环境体系	基础设施
自愿性工具		自愿性组织/服务	0.79	2.37	1.05	0.70	0.09	0.00	0.26	0.26
		市场自由化	1.58							
强制性工具	规制	体系建设和调整	6.40	32.25	5.00	5.96	9.11	6.40	4.21	1.58
		设定和调整标准	6.84							
		许可证和执照	0.88							
		检查检验	1.75							
		监督	3.07							
		考核	2.02							
		法律	1.93							
		法规	1.31							
		特许	0.35							
		禁止	2.45							
		裁决	0.44							
		处罚	3.77							
		制裁	0.18							
		建立和调整规制	0.88							
	公共事业	—	0.61	0.61	0.26	0.18	0.00	0.09	0.00	0.09
	直接提供	直接服务	0.88	3.78	1.67	1.05	0.18	0.18	0.44	0.26
		直接管理	1.23							
		公共财政支出	1.58							
		政府购买	0.09							
	命令和权威	机构设置	2.89	27.34	6.40	11.48	2.37	1.49	2.89	2.72
		政府机构改革	0.18							
		政府机构能力建设	2.45							
		政府间协调	2.19							
		指示指导	8.33							
		计划	4.29							
		命令执行	5.17							
		强制保险	0.09							
		政策试验	1.75							

续表

大类	种类	小类	小类比例	总比例	比例分布					
					要素体系	组织体系	法律体系	监管体系	环境体系	基础设施
混合性工具	信息与劝诫	信息发布	0.61	21.91	5.87	7.10	0.79	0.18	3.77	4.21
		信息公开	2.19							
		建设舆论工具	0.18							
		教育学习	3.07							
		舆论宣传	1.84							
		鼓励号召	10.08							
		呼吁	1.49							
		象征	0.00							
		劝诫	0.18							
		示范	2.28							
	补贴	赠款	0.00	5.96	1.93	1.40	0.61	0.35	1.49	0.18
		直接补助	0.79							
		财政奖励	2.89							
		实物奖励	0.00							
		税收优惠	1.75							
		票券	0.09							
		利率优惠	0.00							
		生产补贴	0.18							
		消费补贴	0.00							
		政府贷款	0.26							
		补贴限制	0.00							
	征税和用户收费	使用者收费	0.09	0.44	0.09	0.35	0.00	0.00	0.00	0.00
		消费税	0.00							
		生产税	0.00							
		营业税	0.26							
		个人所得税	0.09							
		社会保险金	0.00							
	契约	服务外包	0.44	0.53	0.18	0.26	0.00	0.00	0.09	0.00
		公私合作	0.09							
	诱因型	社会声誉	1.05	4.82	1.93	1.40	0.53	0.18	0.79	0.00
		信任	0.09							
		程序简化	0.70							
		利益留存	1.23							
		权力下放	1.75							
总比例			100	100	24.36	29.88	13.67	8.85	13.94	9.29

为了更清晰地展示政策工具在现代市场体系中的使用情况，绘制表6-6中中分类工具使用趋势图如图6-10所示。对于市场要素体系维度，强制性工具使用比例为13.33%，混合性工具比例为10%，自愿性工具占1.05%。细分工具中"命令和权威""规制""信息与劝诫"型政策工具使用比例最高；对于市场组织体系维度来说，强制性工具占18.67%，混合性工具占10.51%。细分工具中"命令和权威"使用比例最高，然后是"信息与劝诫"；市场法律体系和监管体系由于其权威性、特殊性，主要使用强制性工具，占比分别为11.66%和8.16%。下属工具的"规制"型工具使用比例最突出，其他政策工具使用比例较低；对于市场环境体系和市场基础设施，政府倾向于采用强制性工具和混合性工具并重的方式推动其建设和发展，分别占7.54%和6.14%、4.65%和4.39%。细分工具中，环境体系中"规制"和"信息与劝诫"的使用比例相对较高，在基础设施建设方面，政府偏好使用"信息与劝诫"和"命令和权威"。显然，现代市场体系各个维度上的政策工具选用并没有明显变化，说明政府对市场规律认识不足、市场介入手段单一，比如要素体系既由各类市场构成，又由价格、供求和竞争等基本市场元素构成，因此应该选用更多混合型和自愿型的治理手段，从而建立更完善的市场规则、扶持非正式制度的建立。

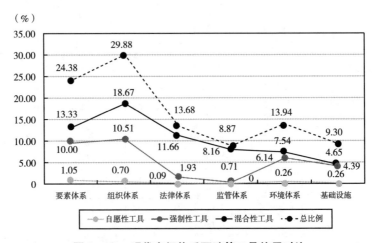

图6-10　现代市场体系下政策工具使用对比

2. 阶段对比。观察不同市场体系、不同发展阶段政策工具的使用情况。整体上，政府向着增强政策平衡性、灵活性、市场性的方向循序渐进地调整着政策体系，但是这种调整幅度很小，如图 6-11 所示。随着时间推移，市场要素体系、市场组织体系、市场法律体系和市场监管体系逐渐成熟，政府逐渐降低了对强制性工具的使用，增加了对混合性工具的使用。而对需要持续加大建设力度的市场环境体系和市场基础设施，政府一方面持续增强关注力度，另一方面拓展工具使用类别，既重视行政指导，又加强激励机制。另外，注意到各个市场体系中对自愿性政策工具的使用比例均未超过 2%，说明政府对市场导向政策工具的重视和开发仍然不足。

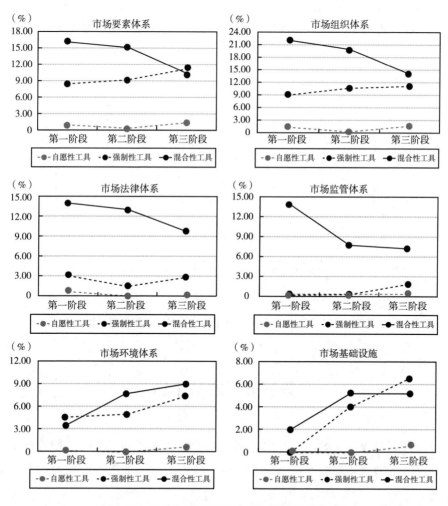

图 6-11　现代市场体系理论下政策工具使用对比

从政策工具选用种类的数量来看（见图6－12），随着时间的推移，现代市场体系的每个维度中政策工具类型逐渐增多，而且越早关注的维度政策体系越成熟、工具类型越多样化。如第一阶段政府着重关注的市场组织体系、市场要素体系所使用的政策工具类型最多，市场组织体系使用的政策工具类别达到25种，涵盖了强制性政策工具的43%和混合性工具的29%；市场要素体系使用的政策工具类型19种，占到强制性和混合性工具的33%和24%。而到第三阶段，政府对市场基础设施的关注度显著提升，所用政策工具类型增幅明显，数量超过第一阶段的5倍。整体上，随着政府市场治理能力的提升，政府选择政策工具的类型和数量都在不断提升，逐渐表现出多样性和灵活性的特点。

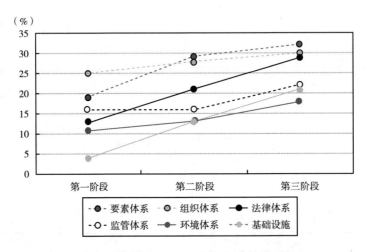

图6－12　现代市场体系理论下政策工具使用数量对比

第五节　本章小结

本章通过政策文献计量和内容量化结合的方法梳理了技术市场的政策过程、呈现了政策主题的变迁轨迹、分析了政策工具的选用和市场治理理念的转变。

通过政策文献计量研究得到的主要结论如下：自改革开放后，技术市场的政策过程经历了开放培育、规划设计、完善市场体系三个阶段。每一个阶段都对应了不同的政策主题。1980~1992 年是第一个政策阶段，政策目标是在"经济建设必须依靠科学技术，科学技术必须面向经济建设"的指导方针下解放思想、推动技术在各个经济领域中的应用。政策主题是在技术商品化的主要流程上形成了政策法律体系的基本框架，使得技术交易行为和活动具备了法律正当性；在市场环境方面建立了相关监管制度，使市场健康有序地发展；在市场主体建设方面，配合科技体系改革，将科研机构推向市场，并且鼓励技术交易会、技术难题招标会、科技信息发布会等技术市场范畴交互活动的开展。政策特征是以高校、科研机构为创新主体，将多数资源以计划形式分配给高校和科研院所，充分发挥政府的主导作用。1993~2012 年是第二个政策阶段，政策目标是以"科学技术是第一生产力"为核心，加快科技进步、促进科技与经济社会发展紧密结合。政策主题是健全制度环境，加强市场引导和监督管理；鼓励更多社会力量进入市场，推动产学研结合的创新系统的建设；建立技术交易服务体系，开拓技术应用于现实生产力的各种渠道。政策特征是从以科研机构为创新主体向建设以企业为主体、以市场为导向、产学研结合的创新系统转变，并且政策的出台从具有鲜明改革特征逐步显现出一定的规划性。2013 年至今受到"创新驱动发展"战略的影响，我国迎来新一轮政策密集期。政策目标是提高自主创新能力，加快建设国家创新体系。政策主题转变为建设市场服务体系、继续优化制度环境、强化企业创新主体地位。政策特征是强调建设创新主体和创新要素高效协同的生态系统。

总体上，中国政府在技术市场中不仅扮演着规则设计者、制度维护者，还是技术市场发展的主导者。从起步阶段对市场基于政治选择的创造和维护，到第三阶段"让市场在资源配置中起决定性作用"，政府不断加强监管能力、建设市场制度、优化市场设施，并且在第三阶段更深入地嵌入市场，采取诸多积极措施消除市场资源获取的不公平性、对国有组织通过不断"放权"激活市场竞争机制。因此，技术市场的发展和改革是一个制度建设的过程，而不是解除限制的过程，是一个培养政府维持市场制度的能力，而不只是摒弃政府的过程，即"让市场发挥主导作用"是政府做"更多"而非"更少"的过程。

政策内容量化分析的结论如下：从政策工具角度分析，三个阶段中政府对政策工具的选用具有一致偏好，并呈现出不同程度的结构性失衡。强制性政策工具的使用偏多，自愿性政策工具的使用严重缺失。在强制性政策工具方面，其更倾向于"规制""命令与权威"政策的使用，表现出"重管制、轻治理"的特征。在混合性政策工具方面，"信息与劝诫"的使用频率最高，比如其中的"教育学习""舆论宣传""鼓励号召""呼吁"，表现出政府倾向于通过引导、号召和鼓励等方式推动技术市场的建设和发展，但是对信息披露、信用体系等市场规则的建设不足。对自愿性工具使用很少说明通过行业协会等市场化手段治理市场的意识远远不足。从现代市场体系理论角度分析，首先，虽然不同阶段政府对市场体系中不同维度的关注度有很大差异，但是并没有发生"从无到有"的转变，也即政策的选择并非沿着政府到市场的"光谱"进行排列，也不是沿着受管制和自由竞争性市场的"光谱"排列，而是对市场的整体设计和治理。但是不同阶段政府的侧重点有所不同，表现为市场发展的早期阶段，政府需要设置基础的"游戏规则"使市场得以运行，并通过建立激励机制鼓励主体参与市场活动。随着市场参与者增多，政府开始关注市场环境并加强基础设施建设，以支持技术市场的良性运行。当市场竞争程度和复杂程度进一步增加，政府继续完善和加强环境、基础设施方面的服务能力，并通过更严格的制度要求和交易规则以及更密切的监督来加强规制。其次，技术市场政策工具的选用并没有根据市场体系不同维度的特点有明显差别，也没有随着市场演进阶段的不同而有明显调整。因此可以认为政府对市场规则认识不足、政策灵活性有所欠缺。

总体上，政府对市场的干预是一个整体设计和治理的过程，但是这种治理主要通过制度化、行政化的方式实现，因而严重低估和忽视了市场导向政策的选择范围，使得政策体系的灵活性、激励性不足，导致政府行政负担过重。虽然随着市场愈加成熟，政府循序渐进地调整着政策体系，但是政府面临的挑战仍然在于如何尊重市场规律以及限制行政干预权力。

第七章
技术市场中的社会性网络

社会性网络指向市场行动者互构的形态，技术市场的行动者互构形态包括技术交易网络和技术合作网络。技术交易是基于事后合约的主动双向的技术转移，而技术合作则是事前合约的主动双向的技术转移。两种方式虽然存在很大差异，但都是市场机制下的知识流动和资源整合最终实现技术供需匹配的渠道。在各类技术形式中，专利是重要的技术表现形式，囊括了全球九成以上的最新技术信息。并且专利自申请之日起，每一次权利所有人的变动都被详细记录进专利法律状态之中，其具体包括专利申请号、专利名称、专利申请人、专利申请时间、专利授权时间、专利转让前后权利人及地址等信息，因此，这些信息既能完整勾勒出转让方和受让方之间技术转移的全部过程，也能对技术合作的群体性特征进行描述（丽娜，2022）。专利包括发明、实用新型和外观设计三种，相比于其他两类，发明专利具有更高的新颖度，更能体现技术创新水平，因此，本书只选择各类技术形式中的发明专利作为研究技术交易网络和技术合作网络的对象。

第一节 研究方法和数据处理过程

一、研究设计

专利交易主要有两种形式——专利许可和专利转让。专利许可是授予他人一定权限下的专利使用权，专利转让则是专利权属的直接变更。学者们对这两种形式都给予了关注，如有学者利用长三角区域的专利转让数据探讨城市间技术交易网络的时空特征和演化规律（Duan，2019）；周密（2016）利用京津冀区域的专利转让数据构建的技术交易网络研究了京津冀地区技术交易的分布情况；何喜军（2022）利用粤港澳专利转让数据研究了粤港澳地区技术转移演化过程；王元地（2016）以中国专利许可数据探讨我国科研机构技术转移的空间分布和网络特征；孙娟等（2019）对粤港澳大湾区的高校专利转移、许可现状进行全面分析并提出针对性建议。

本书通过专利转让数据关注技术交易，主要是基于以下原因：一是专利许可是阶段性的、可撤销的，专利得到许可后专利权人仍在一定程度上承担着专利技术的实施风险。专利转让则是永久性转让专利所有权，转让方不再承担专利实施风险。因此，相较于专利许可，专利转让代表更深层次的知识与技术转移。二是专利许可数据远远小于专利转让数据，专利转让更能代表市场的发展程度。

专利合作主要是指两个或两个以上的个人或者组织共同从事发明创造的情况。联合申请专利是一种常见的专利合作形式，具体表现形式为专利文献中发明人和专利权人共同署名或联合申请。已有研究中，围绕专利合作对技术转移展开的研究也相对较多，如李雨浓（2018）等以"985"高校为对象，对其与企业的专利合作网络进行分析；高霞和陈凯华（2015）利用专利合作网络分析 ICT 产业的技术合作演化结构；张雅蕊（2018）等对中国钢铁产业创新网络的结构演化特征进行分析；唐恒（2017）等对京津冀专利合作网络的结构进行时空演化分析。

基于此，采用社会网络分析法，以发明专利转让数据和发明专利合作数据为基础构建转让网络、合作网络，分析市场所嵌入的社会性网络演变特征。其中，整体网络层面用网络规模、网络密度、小世界特性、无标度特性、网络结构和地理空间布局等指标测度网络规模及结构的总体演变态势。节点角色分析选择中心度、结构洞等指标，统计这些占据特性核心位置的主体属性，理解社会资本分布和市场主导势力。最后，以亲缘性、地缘性和业缘性关系理解市场运行机制。

二、数据处理过程

(一) 专利转让网络

本部分数据来源于 Incopat 专利文献数据库,这是我国首个拥有自主知识产权的专利数据库,目前已在企业、高校等内部得到广泛认可。由于相关统计数据始于 1985 年,加上数据收录的迟滞性和完善性,因此将数据区间确定为 1985 ~ 2020 年。具体操作如下:在 Incopat 数据库中将"法律事件"设置为"转让",包含专利权转让和专利申请权转让,从专利数据库检索 1985 年 1 月 1 日 ~2020 年 12 月 31 日所有被转让的专利,在搜索结果中下载专利名称、公开号、公开日、授权日、当前专利权人、所属省份、法律状态、转让人/受让人、备案生效日等信息,形成专利转让数据库;因外观设计和实用新型"技术性"不足,故剔除;由于数据量过于庞大,且文章旨在研究我国技术市场的演进特征,因此,根据申请人城市代码剔除所有申请人来自国外的专利数据,即专利申请人中至少有一位来自国内,本书以我国 31 个省份(不含港澳台地区)的市场为研究对象;由于部分专利存在多次转让,为避免重复,以专利公开日为准逐年进行统计分析;为更加全面地体现专利技术在不同主体之间的流动,对单次转让中涉及多主体权利变更的按照表 7 - 1 的方式进行拆分,然后进行数据清洗和统计,剔除重复、信息缺失或有明显错误信息的专利;根据对技术市场的阶段划分,将各阶段专利转让数据累加,以反映阶段内市场的整体特征。由于第二阶段时间跨度远大于第一阶段和第三阶段,为增加比较的有效性,将其拆解成 1993 ~ 2002 年、2003 ~2012 年两部分。利用 Pajek 软件对不同阶段我国发明专利转让网络的网络特性和节点角色进行分析测度,并运用 ArcGIS 10.5 软件绘制专利转让空间分布图谱;运用简单随机抽样法抽取网络中有代表性的转让关系,对亲缘性、业缘性、地缘性关系进行统计,并分析专利转让运行机制。

表 7 -1 　　　　　　　　　多主体专利交易关系拆分

拆分前	拆分后	拆分前	拆分后
A→BC	A→B, A→C	AB→C	A→C, B→C
AB→ABC	A→C, B→C	ABC→AB	C→A, C→B

注:表中 A、B、C 表示专利权利主体,"→"表示专利权转让方向。

（二）专利合作网络

为保持研究的一致性，从专利数据库中提取 1985～2020 年的发明专利合作数据，即专利申请人为两人或两人以上的发明专利。具体数据获取与处理过程如下：一是数据提取。在 Incopat 专利数据库中将检索范围设置为中国授权发明专利，并将检索条件中的"专利申请人数量"设置为"大于或等于 2"，检索 1985 年 1 月 1 日～2020 年 12 月 31 日所有具有合作关系的授权发明专利，从搜索结果中下载专利名称、公开号、申请日、授权日、原始申请人、申请人所在位置、IPC 分类号等信息，构建专利合作数据库。二是数据整理。根据申请人地址将来自国外和我国港澳台地区的发明专利数据删除，即专利申请人至少有 1 位来自国内。对申请人地址信息缺失的，逐一核查申请人信息，保留国内申请人专利。三是数据清洗。对专利申请人在本书研究的时间跨度内更改过名称的，将曾用名统一改为在用名称并删除错误的申请人信息或缺失的专利。四是关系拆解。一项发明专利可能有多个申请主体，同样，一位申请主体也可能参与多项发明专利的申请。如果几个申请人共同拥有一项发明专利，则认为他们有技术合作关系，关系拆解如图 7 - 1 所示。图中 1 号专利对应 A、B、C 三位申请人，则认为 A 与 B、A 与 C、B 与 C 之间存在专利合作关系，2 号和 3 号专利类似，最后形成合作关系网络。五是根据对技术市场的阶段划分，将各阶段专利合作数据进行累加，以反映阶段内市场的整体特征。同样，将第二阶段拆解成 1993～2002 年、2003～2012 年两部分。六是利用 Pajek 这一复杂网络分析工具对专利合作网络中的网络整体结构、复杂网络特性和节点角色进行分析，进而通过专利合作网络的这些特性理解技术市

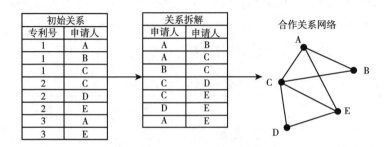

图 7 - 1　专利合作关系拆解

场嵌入的社会性网络。再根据专利合作地理位置关系，运用 ArcGIS 10.5 软件，绘制专利合作的空间分布图谱。七是运用简单随机抽样法抽取网络中有代表性的合作关系，对亲缘性、业缘性、地缘性关系进行统计，并分析网络运行机制。

第二节　专利转让网络分析

1985 ~ 2020 年我国共转让专利 225 万项，其中，转让发明专利 153.5 万项，占比 68.2%。通过对历年发明专利转让趋势进行分析可知（见图 7 – 2），转让量从 2002 年起开始显著增长，2011 年后增速再次提升，2016 年达到最大的 15.6 万项，说明市场规模扩张迅速，但是 2018 年之后专利转让量开始下降。

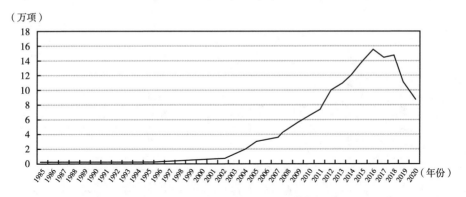

图 7 – 2　1985 ~ 2020 年发明专利转让量统计

一、网络整体分析

（一）网络规模

表 7 – 2 展示了不同阶段网络整体特性的测算结果。从网络整体规模看，参与专利转让的网络节点数从第一阶段的 150 个增至第三阶段的 251545 个，网络关系数量由 123 条增至 804197 条，节点平均度数由 1.64 提升至 8.49，

说明越来越多的主体参与专利转让活动不同主体间的交流更加频繁。网络子群数量从第一阶段的 68 个逐步增至第二阶段前期的 2757 个，到第二阶段后期和第三阶段分别增至 28248 个、46445 个，同时，每个子群平均节点数也由第一阶段的 2.21 个增至第三阶段的 5.42 个。这意味着虽然转让网络中出现了很多封闭小网络，但各个子群并未因子群数量增多而变得松散，而是以更高的交易频率建立起了更紧密的关系。另外，对比最大子群，不同阶段最大子群规模占比分别为 2.67%、1.07%、30.29%、53.83%，平均路径长度和最远路径长度均先升后降，说明越来越多的节点被链接在同一大子网中，网络的集聚度和连通度在第三阶段被显著优化，交易效率显著提升。此外，各个阶段的转让网络中，有 1/3 的关系只进行了 1 次交易，超过 3 次的强链接关系比重由第一阶段的 2.7% 增长至第二阶段后期的 32.1%，到第三阶段又降至 28.9%，说明随着时间的推移，市场主体间的互动性更高、网络稳定性更强（如图 7-3 所示）。

表 7-2 不同阶段专利转让网络分析

分析指标		第一阶段	第二阶段前期	第二阶段后期	第三阶段
网络总体分析	网络节点数（个）	150	7408	109678	251545
	关系数量（条）	123	9251	367606	804197
	网络边数（条）	82	5128	101475	295924
	合作次数为 1 的边占比（%）	53.66	57.12	32.77	34.78
	节点平均度数	1.64	2.50	6.70	8.49
	网络密度	0.0054	0.00016	0.00003	0.000012
网络子群分析	子群数量（个）	68	2757	28248	46445
	子群平均节点数（个）	2.21	2.69	3.88	5.42
	最大子群节点数（个）	4	79	33223	135403
	最大子群占总网络比重（%）	2.67	1.07	30.29	53.83
	最大子群平均路径	1	1.929	7.671	6.839
	最大子群最远路径	1	4	31	24

（二）网络结构

由于样本数据太多，可视化展示的网络形态只显示转让频次在 10 次以上的关系，如图 7-4 所示。

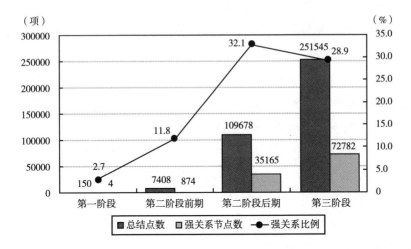

图 7 – 3　不同阶段专利转让网络强关系数量对比分析

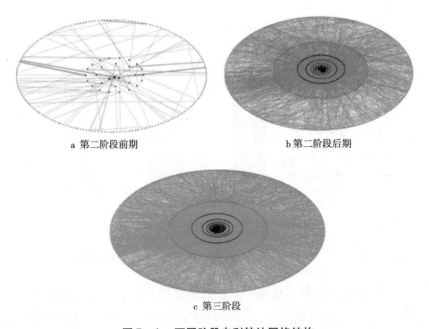

a 第二阶段前期　　　　　　　　　　b 第二阶段后期

c 第三阶段

图 7 – 4　不同阶段专利转让网络结构

注：第一阶段由于最大子网节点数过少，不存在 10 次以上转让关系。

对比不同阶段网络形态，网络的"核心—外围"特征越来越明显。根据弗里德曼（John Friedmann，1979）提出的空间极化理论，任何空间系统都可以分解为核心、边缘两个基本的结构要素。核心区是占有资源最多的区域，具有较强的变革和引导能力，同时也能吸引大量的革新，外围区是另一个子系统，依附于核心区的资源扩散和带动，所以核心区变革可以通过影响外围区的经济活动、社会规范、权力系统和组织类型向外围区扩散。因此，一个系统空间的发展动力主要来自核心区的变革，只有核心区不断自身革新，才能通过结构转换作用于整个空间系统，促进边缘区发展，而其发展的最佳状态就是整个空间系统突破核心边缘分布，形成平衡增长的状态。明显地，转让网络的形态证明技术市场的历史发展中核心区一直是重要的动力来源，且在市场资源有限的情况下，为提高资源的获取和应用效率，市场资源仍然会向着核心区集聚。

为了更清晰地展示各阶段技术在省内、省间的转让情况，将对比数据统计在图7-5中。

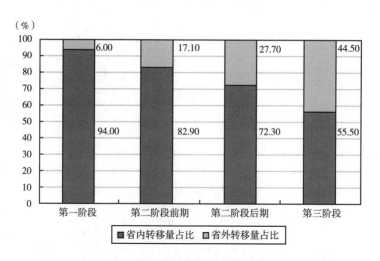

图7-5　不同阶段专利转让网络中省内、省外转让量对比

第一阶段，整体专利转让量少，主要集中在北京、广东和上海等科技资源富集的区域，跨省份转让量仅占全部转让量的6%。因此，这些地区便是带动整个网络发展的核心区。虽然这些核心区内部市场交易活动开始活跃，但是对外部的资源吸纳和带动作用偏弱，说明市场发展尚处于核心区建设阶段。第二阶段前期，北京、广东、浙江、上海等先进地区技术转让量明显高于其他省份，并"以点带面"形成京津冀、长三角和珠三角城市群的核心片区，跨省份转让量占比提升至17.1%。第二阶段后期，山东、湖南、辽宁等地区

的省内转让量迅速提升，技术市场形成"多点突出"式发展格局。随着核心区的数量和能力的提升，跨省转让量占比提升至27.7%，其中，北京、广东、上海、江苏、浙江、山东六个省份对外转让量占到全国跨省份转让量的70.4%，其中他们之间的转让量又占到58.6%，说明市场发展依赖于核心区对外部的辐射带动，但是这种带动作用依然很弱，市场呈现"强者愈强"的马太效应。第三阶段，广东、江苏、上海、浙江技术成交量超过北京，同时，这些地区有R&D活动的企业数和增长幅度明显高于北京，说明企业创新活动的活跃带动了转让活动的活跃。这一阶段跨省份技术转让量占比提升至44.5%，转让量排名前六的广东、江苏、浙江、北京、上海、山东的对外转让量占到全国跨省份转让量的70.3%，但是他们之间的转让量有所降低，占到全国的38.5%，说明核心区对外围区的辐射带动作用略有增强。总体上，转让网络中具有资源禀赋和发展条件的区域形成市场"核心区"，并逐渐增强对外部的辐射带动作用，逐渐突破资源的市场分割。

（三）复杂网络特性

复杂网络理论中，无标度性和小世界特性是两个最重要的网络特性。无标度性是在增长性和优先链接性的作用下形成的，增长性指网络规模不断扩大，优先链接性是指新的节点更倾向于与那些具有更高链接度的节点连接，这两个重要性质导致了无标度网络的节点度数服从幂律分布，即少量节点占据多数网络资源，大量节点占据较少资源，用公式表示为：

$$P(k) \propto k^{-\gamma} \tag{7.1}$$

其中，k为节点度数，P(k)为该度数下的节点概率，γ为常数。在双对数坐标下，节点度分布曲线的拟合曲线表现为一条斜率为幂指数γ的直线。因为这一性质，无标度性能够说明网络社会资本分布情况，无标度性越显著，社会资本分布越集中。

对各阶段网络的节点度数—规模分布进行幂律拟合，拟合结果在图7-6和表7-3中展示。第一阶段幂律拟合系数$R^2 = 0.6738$，由于网络关系相对简单，无标度特性不显著。第二阶段前期，幂律拟合系数$R^2 = 0.8023$，网络中度数大于100的节点仅占总数的0.014%，而度数为1的节点占比达42.67%，表现出无标度特性。到第二阶段后期，幂律拟合系数 $R^2 = 0.9351$，网络节点数达到 109678 个，但网络中度数大于 100 的节点仅占总数的 0.54%，而度数为 1 的节点占比为 33%，说明大量网络资源仍然由少部分节点占据，网络无标度性提升。第三阶段幂律拟合系数 $R^2 = 0.8223$，度数大于 100 的节点占比提升，网络无标度性逐步降低。整体上，转让网络经历了对资源流向有影响力的节点数比例先降低后提升、社会资本先集中后逐渐分散、资源不公平获取机制先增强后减弱的过程，这一发展趋势意味着转让网络的"核心—外围"形态在一定程度上会被改善。

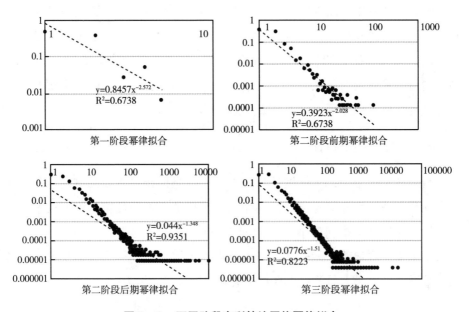

图 7-6　不同阶段专利转让网络幂律拟合

表 7-3　　　　　　　　不同阶段专利转让网络幂律拟合结果

指标	第一阶段	第二阶段前期	第二阶段后期	第三阶段
N	150	7408	109678	251545
k	0.8457	0.392	0.044	0.078
γ	2.572	2.022	1.348	1.51
R^2	0.6738	0.8023	0.9351	0.8223

小世界网络同时具有随机网络的较小平均距离和规则网络的高集聚性两个特点。较小平均路径提高了节点获取信息的速度和准确度，同时，较高的

集聚水平加强了节点间的相互了解与信任，使交流合作更加紧密。因此，小世界网络被认为是客观世界众多复杂网络中最为有效的信息传递网络。借用 Uzzi 和 Spiro（2005）的研究，使用小世界商数 Q 来描述小世界特性的显著程度为：

$$Q = \frac{C_{real}/C_{rand}}{L_{real}/L_{rand}} \tag{7.2}$$

其中，C_{real} 和 C_{rand} 分别表示实际网络和随机网络的聚类系数，L_{real} 和 L_{rand} 分别表示实际网络和随机网络的最短平均路径长度。当 $Q \gg 1$ 时，小世界效应显著，反之则不显著。式中节点的集聚系数为：

$$C_i = \frac{2e_i}{k_i}(k_i - 1) \tag{7.3}$$

其中，k_i 表示节点 i 的度数，e_i 表示点 i 与邻接点之间实际存在的边数，C_i 表示节点 i 的集聚系数。网络的集聚系数为：

$$C = \frac{1}{N}\sum_{i=1}^{N} C_i \tag{7.4}$$

最短平均路径长度 L_{real} 表示网络中所有节点对之间的平均最短距离，即：

$$L = \frac{1}{N(N-1)}\sum_{i \neq j \in V} d_{ij} \tag{7.5}$$

其中，L 表示最短平均路径长度，d_{ij} 表示节点 i 到节点 j 的最短距离，N 表示网络中节点总数。由于平均路径长度需要在连通的网络中计算，因此选择各阶段网络中的最大连通部分，即网络最大子群进行计算。专利转让网络各阶段小世界特性测算结果在表 7-4 中展示。

表 7-4　　　　　不同阶段专利转让网络小世界特性分析

分析指标		第一阶段 （1985～1992 年）	第二阶段前期 （1993～2003 年）	第二阶段后期 （2004～2012 年）	第三阶段 （2013～2020 年）
最大子群规模		4	79	33223	135403
小世界特性分析	实际网络平均聚类系数 C_{real}	—	0.3864	0.3871	0.2741

续表

分析指标		第一阶段 （1985～1992 年）	第二阶段前期 （1993～2003 年）	第二阶段后期 （2004～2012 年）	第三阶段 （2013～2020 年）
小世界特性分析	实际网络平均路径长度 L_{real}	—	4.8987	7.1011	5.9029
	随机网络平均聚类系数 C_{rand}	—	0.1100	0.00022	0.00008
	随机网络平均路径长度 L_{rand}	—	2.3028	7.6381	5.7908
	小世界商数 Q	—	1.65	1892.61	3361.18

注：第一阶段由于最大子网节点数过少，不存在小世界特性。

结果显示，第一阶段由于最大子群节点数过少不具备小世界特性；第二阶段前期 Q 为 1.65，也不具备小世界特性，到第二阶段后期 Q 增至 1892.61，小世界特性初步显现；第三阶段 Q 值大幅提升至 12710.23，表现出较显著的小世界特性。说明转让网络运行效率提升，资源流动和配置能力得到优化。

二、节点角色分析

网络节点是社会网络的基本组成单元，而节点的活跃度与控制力可以通过中心性和结构洞来衡量。中心性是社会学对权力的量化分析，正如 Bavelas（1948）认为的，节点位置和其所具有的权力正相关，即节点越处于中心位置，其在网络中所发挥的作用也就越大。各类中心性特性中，度数中心性反映市场供需力量、中介中心性指向资源流向控制能力、结构洞反映资本结构优化能力，三个指标集中代表了市场势力。根据社会资本的定义和形成机理，具有市场势力的主体占据和控制强势社会资本，进而更有能力改变和调整市场非正式制度。由于专利转让网络中这三个指标前 100 节点所拥有的网络关系占到网络总关系量的 10% 以上，因此通过对以上指标前 100 节点进行分析能有效反映网络中节点的特性变化，分析结果在表 7 - 5 中展示。

表 7 – 5　　　　　　　不同阶段专利转让网络前 100 节点属性分析

指标	阶段划分	国有组织				民营组织		
		高等院校	科研机构	国有企业	中介机构	民营企业	中介机构	个人
出度中心性（%）	第一阶段	12. 2	23	24. 3	0	24. 3	0	16. 2
	第二阶段（前期）	16	28	23	0	26	0	7
	第二阶段（后期）	27	11	15	0	41	3	3
	第三阶段	27	5	14	0	43	11	0
入度中心性（%）	第一阶段	11. 58	12. 63	16. 84	0	25. 26	0	33. 68
	第二阶段（前期）	4	4	25	0	65	2	0
	第二阶段（后期）	3	3	31	2	53	8	0
	第三阶段	8	4	21	4	32	30	1
中介中心性（%）	第一阶段	—	—	—	—	—	—	—
	第二阶段（前期）	24	15	23	1	35	1	1
	第二阶段（后期）	38	9	18	3	24	6	2
	第三阶段	37	6	9	1	16	26	5
结构洞（%）	第一阶段	—	—	—	—	—	—	—
	第二阶段（前期）	28	27	13	0	30	0	2
	第二阶段（后期）	25	15	7	1	35	9	8
	第三阶段	23	4	1	1	37	25	9

注：第一阶段出度大于 1 的节点少于 100 家且网络关系分散，不满足中介中心性和结构洞的测算要求；中介机构分国有和民营单独统计。

（一）度数中心性

专利转让网络为矢量网络，因此，度数中心性又被分为"出度"和"入度"中心性。"出度"代表某一节点作为专利转让方与受让方节点的连接数量，出度中心性越高，说明该节点技术供给能力越强；"入度"代表某一节点作为专利受让方与转让方节点的连接数量，入度中心性越高则说明该节点技术吸纳能力越强。

结合表 7 – 5 和表 7 – 6 分析出度中心性，因为篇幅限制，表 7 – 6 中仅列出排名前 20 的主体名称。通过分析发现：一是领先主体的市场供给能力大幅提升。前 100 家机构平均出度中心性由 0. 82 增至 191. 92。二是民营企业市场主体地位逐渐突出，企业在前 100 家机构中的占比从第一阶段 24. 3% 逐渐增至第三阶段的68%。企业所属行业也从化工、能源等重工业领域逐渐转向以信息技术为主的前沿性产业。三是中介机构逐渐成为重要的市场供给主体，优势节点占据者类型逐渐多元。第一阶段中出度中心性前100节点中不存在中介机构，但到第三阶段，中介机构增至11家，且前20家机构中中介机构占到7家，其中，广东高航知识产权运营有限公司与1854家机构发生转让关系，东莞市联洲知识产权运营管理有限公司与867家机构进行了专利转让。四是高校的技术供给能力增强，但强势地位有所下降。前100机构中高校数量由12.2%增至27%，尤其在第二阶段后期，前20节点中高校占到15家，只是在第三阶段其强势地位被中介机构取代，仅有5家。

表7-6　　　　　不同阶段专利转让网络中出度中心性前20节点

序号	第一阶段		第二阶段前期		第二阶段后期		第三阶段	
	转让人名称	度	转让人名称	度	转让人名称	度	转让人名称	度
1	中国人民解放军第二军医大学	3	上海交通大学	18	中兴通讯股份有限公司	967	广东高航知识产权运营有限公司	1854
2	张宝贵	2	中国科学院化学研究所	15	广东高航知识产权运营有限公司	409	东莞市联洲知识产权运营管理有限公司	867
3	周锡华	2	中国科学院大连化学物理研究所	13	华为技术有限公司	400	国家电网公司	735
4	于艺华	2	清华大学	13	鸿海精密工业股份有限公司	394	鸿海精密工业股份有限公司	555
5	中国科学院化学研究所	2	华为技术有限公司	12	鸿富锦精密工业（深圳）有限公司	379	广州博鳌纵横网络科技有限公司	540
6	深圳市大百汇实业发展有限公司	2	中兴通讯股份有限公司	12	上海交通大学	359	鸿富锦精密工业（深圳）有限公司	514
7	桂汉明	2	复旦大学	10	江南大学	235	成都新柯力化工科技有限公司	479
8	傅剑萍	2	浙江大学	10	浙江大学	207	江南大学	404
9	魏仕英	2	吉林大学	9	东南大学	201	安徽鹰龙工业设计有限公司	395
10	江苏省宜兴市第三纺织机械厂	1	华南理工大学	9	国家电网公司	185	中兴通讯股份有限公司	387

序号	第一阶段		第二阶段前期		第二阶段后期		第三阶段	
	转让人名称	度	转让人名称	度	转让人名称	度	转让人名称	度
11	天津港湾工程研究所	1	中国医学科学院药物研究所	8	上海大学	184	北京知投家知识产权运营有限公司	342
12	深圳天红有限公司	1	中国科学院长春应用化学研究所	8	清华大学	180	合肥智慧龙图腾知识产权股份有限公司	303
13	天津市机械涂层研究所	1	四川大学	7	华南理工大学	175	合肥龙图腾信息技术有限公司	295
14	深圳市慧通宏发科技有限公司	1	中国科学院微生物研究所	7	西北工业大学	155	上海交通大学	262
15	北京海华新技术开发中心清华大学	1	山东绿叶制药股份有限公司	7	哈尔滨工业大学	149	努比亚技术有限公司	246
16	抚顺钢厂	1	中国科学院广州化学研究所	6	北京工业大学	126	华南理工大学	242
17	湖北华尔靓浦项硅科技有限公司	1	天津大学	6	重庆大学	120	华为技术有限公司	229
18	河北承德露露股份有限公司	1	大连理工大学	6	西安交通大学	118	清华大学	229
19	上海大华化轻工业公司	1	北京大学	6	江苏大学	117	深圳迈辽技术转移中心有限公司	221
20	中国石化集团武汉石油化工厂	1	中国科学院金属研究所	6	武汉大学	108	江苏大学	211

结合表7-5和表7-7分析入度中心性,其主要变化如下:一是民营企业逐步成为市场主力。第一阶段研究院所、高校、国有企业等国有组织是专利技术的主要受让方,占比41.05%。到第三阶段,前100个机构中民营组织占63%,其中以华为、中兴、腾讯等公司为代表的科技类企业成为专利技术的主要需求方。二是中介机构成为重要技术的需求主体。第一阶段前100家组织中没有中介机构,但到第三阶段中介机构占比34%,在前20家机构中科技服务机构占到12家。三是能源型国有企业占据市场强势地位。以国家电

网、中国铁路、中国石油等为代表的能源型国有企业在不同阶段的入度中心性中排名始终靠前。

表7-7　　　　　不同阶段专利转让网络入度中心性前20节点

序号	第一阶段		第二阶段前期		第二阶段后期		第三阶段	
	转让人名称	度	转让人名称	度	转让人名称	度	转让人名称	度
1	山东亚兴农药有限公司	2	中国石油化工股份有限公司	16	国家电网公司	1054	国家电网公司	1525
2	福建福晶科技有限公司	2	中国石油化工集团公司	13	广东高航知识产权运营有限公司	138	广东高航知识产权运营有限公司	1222
3	有研半导体材料股份有限公司	2	宝山钢铁股份有限公司	10	如东科技中心	132	广州博鳌纵横网络科技有限公司	511
4	庄华兆	2	清华大学	9	国网上海市电力公司	96	安徽鹰龙工业设计有限公司	465
5	安徽省无为纺织厂	1	浙江大学	9	江苏省电力公司	91	北京知投家知识产权运营有限公司	444
6	交通运输部第一航务工程局科研所	1	中国铝业股份有限公司	9	广东华博企业管理咨询有限公司	72	合肥龙图腾信息技术有限公司	377
7	宁夏轻工业设计研究所	1	中国科学院上海生命科学研究院	8	清华大学	70	青岛大学附属医院	274
8	大连铁道学院	1	中国石化集团巴陵石油化工有限责任公司	6	上海市电力公司	69	海门黄海创业园服务有限公司	263
9	山东大学	1	哈尔滨东大高新材料股份有限公司	6	浙江大学	67	合肥智慧龙图腾知识产权股份有限公司	232
10	中国石油化工集团公司	1	国家电网公司	6	南通宏慈药业有限公司	67	湖州优研知识产权服务有限公司	230
11	上海新兴医药股份有限公司	1	中国科学院化学研究所	5	海门江海建设投资有限公司	63	青岛市市立医院	187
12	中国人民解放军军事医学科学院毒物药物研究所	1	华为技术有限公司	5	南通北城科技创业管理有限公司	55	海门市彼维知识产权服务有限公司	168
13	北京有色金属研究总院	1	奔驰生物科技（云南）有限公司	5	海门黄海创业园服务有限公司	54	国家电网有限公司	167

续表

序号	第一阶段		第二阶段前期		第二阶段后期		第三阶段	
	转让人名称	度	转让人名称	度	转让人名称	度	转让人名称	度
14	三维半导体股份有限公司	1	北大世佳科技开发有限公司	5	中国石油化工股份有限公司	54	如东科技中心	163
15	北京多思科技工业园股份有限公司	1	胜利油田高原连续抽油杆有限责任公司	5	上海交通大学	48	吉林大学	156
16	中山市冠中投资有限公司	1	上海交通大学	4	北京知投家知识产权运营有限公司	47	重庆博视知识产权服务有限公司	155
17	成都地奥集团天府药业股份有限公司	1	四川大学	4	江阴天江药业有限公司	47	南京溧水高新创业投资管理有限公司	148
18	杨翠萌	1	北京工业大学	4	福建省电力有限公司	45	深圳迈迁技术转移中心有限公司	133
19	瀚海企业（集团）有限责任公司	1	中国科学院理化技术研究所	4	重庆大学	43	南通江海港建设工程有限公司	133
20	北京唐智科技发展有限公司	1	海尔集团公司	4	华东理工大学	43	中国铁路总公司	133

（二）中介中心性

中介中心性越高意味着该节点的"枢纽"能力越强，越能准确和快速地捕获网络信息和资源，进而改变网络信息和资源流向。从表7-5和表7-8通过分析得出：第一阶段各类主体中介能力不明显。第二阶段前期，浙江大学、上海交通大学、清华大学、北京大学、中国科学院等知名高校、研究院所以及中国石油、中国石化、宝钢等国有企业表现出相对突出的中介中心性，在前100个机构中，国有组织占比达到63%，是转让网络发展初期推动技术要素流动的关键。第二阶段后期，国有企业和科研院所的中介作用有所减弱，高校凭借其多学科优势使得中介中心性显著提升，前100个机构中高校占到38家。此外，以华为、中兴代表的民营企业和以广东高航知识产权运营有限公司为代表的中介组织表现出对强势资源的控制能力，在前20家机构中，民营企业和民营中介机构占到8家。第三阶段最显著的变化是中介机构的"枢纽"能力得到进一步提升，在前100个核心节点中占有比例高达27%，仅在前十的机构中就有7家，而高校的中介能力稳定，占比37%。

表7-8　　　　　　　　不同阶段专利转让网络中介中心性前20节点

序号	第一阶段		第二阶段前期		第二阶段后期		第三阶段	
	转让人名称	值	转让人名称	值	转让人名称	值	转让人名称	值
1	中国人民解放军第二军医大学	2.72E-04	浙江大学	7.10E-05	国家电网公司	0.0450	广东高航知识产权运营有限公司	0.0850
2	庄华兆	9.07E-05	华为技术有限公司	6.61E-05	中兴通讯股份有限公司	0.0118	国家电网公司	0.0718
3	山东亚兴农药有限公司	9.07E-05	深圳市安圣电气有限公司	5.81E-05	华为技术有限公司	0.0096	广州博鳌纵横网络科技有限公司	0.0616
4	福建福晶科技有限公司	9.07E-05	深圳市华为电气股份有限公司	5.57E-05	上海交通大学	0.0089	安徽鹰龙工业设计有限公司	0.0589
5	有研半导体材料股份有限公司	9.07E-05	中国石油化工集团公司	5.28E-05	广东高航知识产权运营有限公司	0.0084	东莞市联洲知识产权运营管理有限公司	0.0365
6	张宝贵	9.07E-05	全球创新聚合有限责任公司	3.67E-05	浙江大学	0.0064	北京知投家知识产权运营有限公司	0.0301
7	周锡华	9.07E-05	中兴通讯股份有限公司	3.55E-05	清华大学	0.0058	合肥龙图腾信息技术有限公司	0.0231
8	于艺华	9.07E-05	宝山钢铁股份有限公司	3.35E-05	江南大学	0.0055	海门黄海创业园服务有限公司	0.0167
9	中国科学院化学研究所	9.07E-05	上海交通大学	3.16E-05	东南大学	0.0045	合肥智慧龙图腾知识产权股份有限公司	0.0108
10	深圳市大百汇实业发展有限公司	9.07E-05	中国石油化工股份有限公司	3.08E-05	广东华博企业管理咨询有限公司	0.0035	清华大学	0.0097

续表

序号	第一阶段		第二阶段前期		第二阶段后期		第三阶段	
	转让人名称	值	转让人名称	值	转让人名称	值	转让人名称	值
11	桂汉明	9.07E-05	清华大学	2.82E-05	四川大学	0.0032	华为技术有限公司	0.0086
12	傅剑萍	9.07E-05	中国科学院上海生命科学研究院	2.75E-05	海门黄海创业园服务有限公司	0.0032	蚌埠金石新材料有限公司	0.0081
13	魏仕英	9.07E-05	复旦大学	2.64E-05	华南理工大学	0.0030	华南理工大学	0.0072
14	—	—	上海宝钢集团公司	2.62E-05	如东科技中心	0.0028	广东华博企业管理咨询有限公司	0.0071
15	—	—	中国石油化工总公司	2.35E-05	华中科技大学	0.0028	东南大学	0.0069
16	—	—	中国科学院化学研究所	2.22E-05	鸿海精密工业股份有限公司	0.0027	深圳迈辽技术转移中心有限公司	0.0069
17	—	—	北京大学	1.71E-05	鸿富锦精密工业（深圳）有限公司	0.0027	浙江宏晟技术转让服务有限公司	0.0068
18	—	—	宝山钢铁（集团）公司	1.48E-05	武汉大学	0.0025	西安交通大学	0.0067
19	—	—	中国石化集团巴陵石油化工有限责任公司	1.39E-05	哈尔滨工业大学	0.0024	赛恩倍吉科技顾问（深圳）有限公司	0.0067
20	—	—	中国科学院上海生物化学研究所	1.38E-05	北京航空航天大学	0.0023	启东市天汾电动工具技术创新中心	0.0066

（三）结构洞

结构洞通过与分散、非重复的节点联系，搭建起网络中不同社区的连接桥梁，起到知识、信息的连通和扩散作用，因此可以促进转让关系的形成和网络结构的优化。结合对表 7 - 5 和表 7 - 9 的分析得出，第一阶段只有 13 家组织和个人表现出结构洞特征，且结构洞关系值低、作用弱；第二阶段前期，结构洞主要由高校、科研院所和国有企业等国有组织占据，前 100 家机构中这些国有组织占比 68%；第二阶段后期，仅高校就占到 72%，且前 20 家机构全部是高校；到第三阶段，高校的网络结构优化能力大幅降低，在前 100 家机构中仅有 23 家。民营企业和中介机构占据核心结构洞的比例开始提升，分别占 37%、26%，在前 20 家机构中有 7 家是中介机构，有 8 家是民营企业。

表 7 - 9　　　　　　　不同阶段专利转让网络中结构洞前 20 节点

序号	第一阶段		第二阶段前期		第二阶段后期		第三阶段	
	转让人名称	值	转让人名称	值	转让人名称	值	转让人名称	值
1	中国人民解放军第二军医大学	0.625	上海交通大学	0.927	上海交通大学	0.991	广州博鳌纵横网络科技有限公司	0.997
2	庄华兆	0.500	中国科学院上海生命科学研究院	0.890	江南大学	0.988	青岛大学附属医院	0.995
3	山东亚兴农药有限公司	0.500	华为技术有限公司	0.882	西北工业大学	0.985	广东高航知识产权运营有限公司	0.995
4	张宝贵	0.500	中国科学院大连化学物理研究所	0.881	浙江大学	0.983	江南大学	0.995
5	周锡华	0.500	清华大学	0.879	东南大学	0.983	成都新柯力化工科技有限公司	0.994
6	于艺华	0.500	华南理工大学	0.876	东华大学	0.982	东莞市联洲知识产权运营管理有限公司	0.993
7	深圳市大百汇实业发展有限公司	0.500	中国农业大学	0.867	重庆大学	0.982	南京溧水高新创业投资管理有限公司	0.992
8	桂汉明	0.500	中兴通讯股份有限公司	0.863	西安理工大学	0.981	海门黄海创业园服务有限公司	0.992

续表

序号	第一阶段		第二阶段前期		第二阶段后期		第三阶段	
	转让人名称	值	转让人名称	值	转让人名称	值	转让人名称	值
9	傅剑萍	0.500	浙江大学	0.858	江苏大学	0.981	盐城工学院	0.991
10	中国科学院化学研究所	0.480	中国石油化工集团公司	0.853	四川大学	0.981	深圳市奈士迪技术研发有限公司	0.990
11	福建福晶科技有限公司	0.444	吉林大学	0.853	华东理工大学	0.981	佛山市联智新创科技有限公司	0.990
12	有研半导体材料股份有限公司	0.444	复旦大学	0.849	上海大学	0.980	新沂市锡沂高新材料产业技术研究院有限公司	0.990
13	魏仕英	0.444	中国科学院长春应用化学研究所	0.844	北京工业大学	0.979	重庆大学	0.990
14	—	—	山东绿叶制药股份有限公司	0.844	天津大学	0.978	深圳市安思科电子科技有限公司	0.990
15	—	—	中国铝业股份有限公司	0.842	北京科技大学	0.978	深圳市贝优通新能源技术开发有限公司	0.990
16	—	—	华东理工大学	0.840	华南理工大学	0.978	无锡北斗星通信息科技有限公司	0.989
17	—	—	四川大学	0.837	中山大学	0.976	乌鲁木齐九品芝麻信息科技有限公司	0.989
18	—	—	中国科学院化学研究所	0.836	南京工业大学	0.976	马根昌	0.989
19	—	—	国家电网公司	0.833	中国农业大学	0.976	深圳市中科智诚科技有限公司	0.989
20	—	—	西安交通大学	0.826	苏州大学	0.976	广东万牛知识产权运营有限公司	0.988

三、网络运行动力机制

不同时期网络所展示的运行状态受其内部机制影响。相关研究指出，社会接近性（亲缘性）、地理接近性（地缘性）和技术接近性（业缘性）是网络运行的三个重要机制（温芳芳，2013）。亲缘性关系是指发生市场交易的主体之间存在某种社会关系，如母公司和子公司、高校与其衍生企业、企业与其创办的研究机构等。这种社会关系能够协调和维系合作者之间复杂的利益关系，显著减少利益纠纷和冲突，使市场活动在稳定、有序的状态之下进行。但亲缘性关系会把市场主体限定在一个较为封闭的圈子里，其从外界获取的资源非常有限，不利于更大范围内的知识交流和资源共享。地缘性指地理位置相近，在最小距离内寻找交易或合作对象，无论是知识交流还是资源共享都是最便利的，符合最小投入和最大利益的经济学规律，因此，地缘性有利于降低扩散成本，促进知识交流和资源共享。但和亲缘性关系一样，它使市场行动者形成一个封闭的小圈子，因活动范围狭小，而不利于更大范围内的知识交流和资源共享。业缘性关系是指生产互补技术或在产业链上处于上下游之间的市场主体之间存在业务关联。优点是不受亲缘和地缘关系限制，只要合作者之间能够实现互惠互利，便可以在同一行业内部或者相似行业之间无限扩展，便于扩大知识交流和资源共享的范围与规模。其缺点是，由于经营范围是相同或相似的，关系主体之间存在者较强的竞争，从而破坏了市场关系的稳定性。

由于样本数据量大，调查网络运行机制又需要对数据进行全局考虑，因此采取随机抽样法（random sampling），从总体数据中抽取部分数据作为调查对象。随机抽样基于随机性原则，排除了人的主观随意性和主观能动性，能较为客观地反映数据的整体性特征。常见的抽样方法包括简单随机抽样、系统抽样、分层抽样、整群抽样。由于样本空间中每组关系完全独立、彼此间无关联性和排斥性，所以采用简单随机抽样法。样本容量根据式 7.3 确定：

$$N = \frac{z^2 p(1-p)}{e^2} \tag{7.6}$$

其中，N 是样本量，z 是所选置信区间对应的标准误差，p 是总体差异系数，

e 为抽样误差。第一阶段样本量为 123 条，进行全样本调查。第二阶段前期、第二阶段后期和第三阶段样本量为 0.92 万条、36.7 万条、72.7 万条，属于大型规模样本。根据抽样经验，确定置信水平为 95%，对应的 z 值取 1.96，p 取 0.5，e 取 ±2.5%，最终确定 N 为 1536，即从第二阶段开始随机抽取 1536 条样本数据作为调查对象，随机抽取在 Excel 中完成。抽取调查样本后，按照亲缘性、地缘性、业缘性的顺序进行分析，每个样本单元只统计一次，即如果具有亲缘关系，便不再统计地缘性和业缘性。结果如图 7-7 所示。

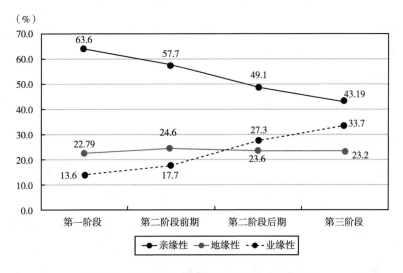

图 7-7 不同阶段转让网络"三种关系"对比

第一阶段亲缘性关系占比 63.6%，随着市场发育，这一比重逐步降至第三阶段的 43.1%；地缘性关系第一阶段占比 22.7%，到第二阶段前期提升至 24.6%，此后逐步降低至 23.2%；业缘性关系占比从 13.6% 持续提升至 33.7%，从第二阶段后期开始超过地缘性关系占比。综上，转让网络中亲缘性关系是市场运行的主导机制，它的优势是高度信任。信任分为认知型信任和情感型信任，其中，情感型信任主要指与受信方存在天然的亲属等社会关系，认知型信任的生成主要与受信方能力、声誉及合作经验相关，相比于情感型信任，认知型信任是高阶的信任关系。信任是动态的，可以从低阶的认知型演化为高阶的情感型（陈忠卫，2014）。我国转让网络中的亲缘性关系居多意味着市场运行以情感型信任为基础，如北京奇虎科技有限公司与奇智软件（北京）有限公司、北京京东尚科信息技术有限公司与北京京东世纪贸易有限公司等转移频次排名前十的机构都是基于本身存在的子母公司关系进行技术转让。这意味着其网络结构稳定、有序，但同时形成的是资源的内部小循环，不利于更大范围内的知识交流和资源共享。随着网络逐渐成熟，地缘性和业缘性关系在逐渐替代亲缘性，虽然尚未取代其主导地位，但已经大大改善了网络的资源扩散能力，同时也松动了过于稳定的市场环境，产生出更多基于利益的竞争，激发网络演化动力机制。

总体上，随着网络规模扩大、网络密度提升，稳固的、持续互动的关系越来越多，网络小世界特性越发显著，市场信任机制增强，市场风险降低，信息流动效率得到提升。同时，更多交易主体逐渐被链接在同一群体内，网络无标度性先升后降，社会资本逐渐分散，市场利益传导机制和竞争机制得到优化，从而形成互联互通的良好发展格局。具体地，第一阶段市场初设，网络规模偏小；在第二阶段，以京津冀、长三角、珠三角为代表的核心区发展迅速，大量资源流动集中在核心区内和核心区之间，即市场处于资源向着核心区集聚、核心区之间的交流逐渐增强的城市集中型发展模式，表现为网络最大子网规模发展迅速。但是核心区与外围区处于"分割"状态，导致市场中存在大量封闭的子网。根据沈正兰等（2022）的研究，市场分割会通过锁定市场需求规模、抑制人力资本积累、降低资源配置效率、导致"鲶鱼效应"的竞争机制失效显著抑制区域创新能力的提升，而只有在技术市场、金融发展和市场化水平较高的地区，这种负向影响才能缓解。从而外围区难以依靠自身力量突破发展困境，而主要还是依赖于核心区的辐射带动。到了第三阶段，网络无标度性降低，社会资本逐渐分散，核心区对外部的辐射带动作用增强，推动市场向着平衡发展模式转变，市场分割有所缓解，进而市场利益传导机制、竞争机制、资源配置机制得到优化。从节点角色的分析可以得出，这种"核心—外围"结构被打破的原因可以归纳为两点：一是民营企业快速崛起，其与市场相容的激励机制和可以直接商业化的技术能力使其迅速成为市场主力，进而成为调节供需结构、激发市场竞争机制的主导力量；二是中介机构的资源控制和网络结构优化能力得到了大幅提升，作为提供链接服务的专业化机构，使资源获取成本更低、信息传播更广，不仅补充了高校市场能力不足的劣势，也使市场的资源公平获取机制得到优化。但是高校

无可替代的基础研究能力和多学科优势意味着在"知识经济"时代他们仍然
是主要的知识来源，并且随着"创新驱动"战略的深入实施，向他们求索知
识的主体越来越多。因此，转让网络表现出高校市场势力稳定、企业竞争力
增强、中介联通能力提升的发展格局。此外，转让网络的运行机制中亲缘性
作用的主导性逐渐下降，业缘性和地缘性的作用增强，网络的市场竞争效应
和资源配置效应随之增强。诱发这一优化调整的原因可以归纳为三点：一是
制度环境不断完善；二是企业的创新能力、技术吸收能力、技术转化能力增
强；三是社会资本逐渐分散，中介机构快速崛起。但是亲缘性主导依然意味
着社会因素对市场运行起着决定性作用，而基于算计的经济因素对市场行为
的影响较小，故而正式制度的作用略显不足。

第三节　专利合作网络分析

图7-8汇总了我国1985~2020年已授权合作发明专利的整体变化情况。
1985~2015年我国合作发明专利授权量连续增长，至2016年达到最高值3.6万
项，之后出现下降趋势。参与申请的主体数具有相同增长趋势，在2016年达到
1.68万家（人）。2005年以前发明专利申请人数量高于专利数量，人均申请量
小于1件，2006年后专利申请量增长速度远超申请人数量增速，2016年末人均
发明专利申请量达到2.19件，说明联合申请专利越来越被市场接受。

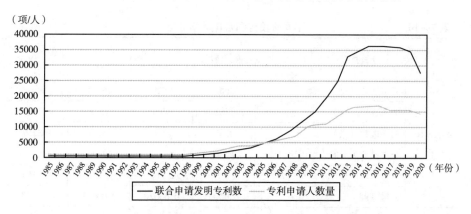

图7-8　历年合作发明专利申请量与申请人数量统计

一、网络整体分析

（一）整体网络特性

网络特性测算结果如表7-10所示。网络规模从第一阶段的3063增加到第三阶段的76014，第二阶段前期增幅较小，第二阶段后期至第三阶段大幅增长，出现这一增长态势的原因一是以合作方式进行技术交流需要认知的转变和技术能力的提升。二是2006年之后，国家政策层面明确提出"要把建立以企业为主体、以市场为导向、产学研结合的技术创新体系作为突破口，建立国家创新系统"，此后，在政府支持下，产学研协同创新模式快速发展。随之提升的还有网络密度，从第一阶段的1.539提升至第三阶段的11.26，说明合作关系更加紧密且频繁。网络子群数从第一阶段的1110个增加到第三阶段的14105个，子群平均节点数由2.75增至5.39。进一步观察可知，合作网络中最大子群从占网络比重3.1%快速提升至51.38%，平均路径由5.95降至5.01，最远路径由14升至29。因此，合作网络的整体演变是一个很多小合作群汇成大规模合作体系，且关系更加紧密、信息流通更加高效的优化过程。另外，通过观察合作网络的关系强度（见图7-9），第一阶段和第二阶段前期合作关系在3次以上的节点较少，占比不足10%，第二阶段后期开始快速提升，到第三阶段超过3次的强链接关系比例达到23.2%，说明市场中基于信任的、长期的合作关系在增多，市场稳定性得到提升，创新合作存在壁垒。

表7-10   不同阶段专利合作网络分析

分析指标		第一阶段	第二阶段前期	第二阶段后期	第三阶段
网络总体分析	网络规模（个）	3063	9528	46559	76014
	关系数量（条）	2562	11758	145241	427931
	网络边数（条）	2357	7536	46171	103259
	合作次数为1的边数占比（%）	94.48	86.28	62.92	62.28
	节点平均度数	1.539	2.468	6.239	11.259
	网络密度	0.0005	0.00026	0.00013	0.00015

续表

分析指标		第一阶段	第二阶段前期	第二阶段后期	第三阶段
网络子群分析	子群数量（个）	1110	3449	11735	14105
	子群平均节点数（个）	2.759	2.845	3.967	5.389
	最大子群节点数（个）	358	917	14817	39052
	最大子群关系数（个）	526	4229	90647	356120
	最大子群占比（%）	11.688	9.624	31.824	51.375
	最大子群最远路径	14	13	29	29
	最大子群平均路径	5.950	4.841	5.574	5.014

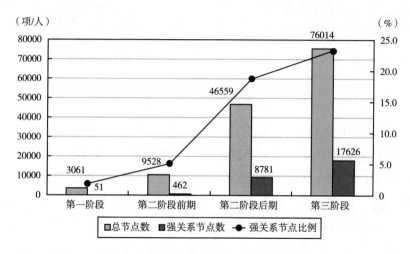

图 7-9　不同阶段专利合作网络强关系数量对比分析

（二）合作网络结构

因为样本数据过大，网络结构可视化展示仅显示合作频次在 5 次以上的关系，如图 7-10 所示。和转让网络所展示的网络结构特征一样，网络的"核心—外围"特征越来越显著。所以无论是技术转让还是技术合作都依赖于技术能力较强的组织或地区展开，这些组织或地区具有优先链接和资源吸纳能力，展示出"强者愈强"的发展格局。因此，技术市场的发展动力主要来自"核心区"革新，只有不断革新才能通过结构转化使其作用于整个空间系统，从而促进"边缘区"的发展。

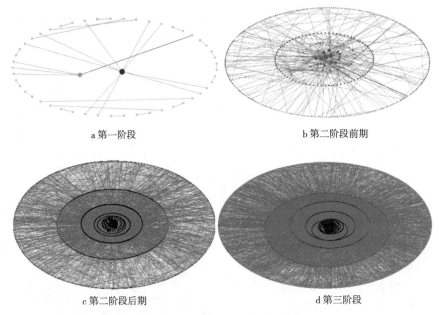

a 第一阶段　　　　　　　　　　b 第二阶段前期

c 第二阶段后期　　　　　　　　d 第三阶段

图 7 - 10　　不同阶段专利合作网络结构

结合省份内外合作关系量对比图（见图 7 - 11）分析如下：第一阶段，省份内和省份间合作量很低，并且主要集中在北京、上海和广东。第二阶段前期，省份内合作占全国合作总量的 69.49%，仍然主要集中在北京、上海、广东、江苏、浙江地区，他们各自内部合作关系量占到全国内部合作量的81.1%，因此，合作网络的核心区即是这几个地区。跨省份合作中，这四个地区的省份外合作量占到全国跨域合作的 78.5%，且合作关系主要集中在东部沿海城市。第二阶段后期，除了上述先进区域外，山东、陕西、四川、湖北等省份新增为市场发展的核心区且省内专利合作量也快速增长。跨区域合作中，北京、上海、广东、江苏、浙江、山东、陕西、四川、湖北这几个核心区的合作关系更加密切，它们之间的专利合作量占到全国跨域合作总量的74.9%，新崛起的核心区与先发核心区之间的交流增多使得跨省合作关系的比重有了小幅提升。第三阶段核心区的省份内合作持续繁荣，尤其以北京的表现最为突出，内部合作关系占到全国省份内关系的三成以上。全国跨省份专利合作量继续小幅提升至 38.58%，仍然主要集中在上述核心区间，占到跨省合作总量的 53.4%，只是核心区对周边城市的辐射带动增强，形成京津冀、长三角、珠三角、川陕地区片区发展格局。结合网络结构的可视化展示可以看出，合作网络与转让网络各阶段的时空布局表现出相似性，从少量省市占据"核心"位置到核心区"多点突出"，再到形成以京津冀、长三角、珠三角、川陕地区为核心的片区发展格局。而且核心区之间的交流增多，逐渐形成联系紧密的大规模网络，但其对外围区的辐射带动作用远远不足。只是相比于转让网络，合作网络的地理集聚性更高、对"外围区"的带动作用更弱。

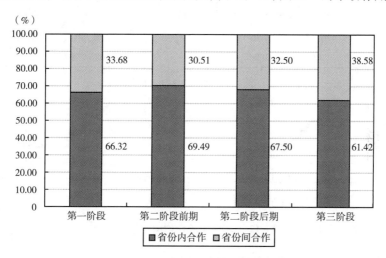

图7-11　不同阶段专利合作网络中省份内外合作量对比

（三）复杂网络特性

根据无标度网络特性对合作网络的节点度数分布进行幂律拟合，测度网络是否具有该特性，结果在图7-12和表7-11中展示。随着网络规模扩张，在双对数坐标下拟合曲线接近一条直线，网络拟合系数R^2均在0.9以上，且不断增大，网络无标度性更加显著，一定程度上可以说明合作网络"核心—外围"结构更加稳固，市场分割现象越发严重。因此，相比于转让网络无标度特性逐步降低，合作网络的社会资本更集中、资源集聚度更高，阻碍了市场资源的公平获取以及竞争机制发挥作用。

同样使用小世界商数Q来分析合作网络最大子网的小世界特性，结果在表7-12中展示。第一阶段和第二阶段前期小世界商数Q分别为54.78和99.56，合作网络尚不具备小世界特性。到第二阶段后期，Q增至6832.84，第三阶段Q值为11252.05，网络小世界特性逐渐显著，且略高于转让网络，说明随着最大子网规模扩张，内部的资源流动效率和资源配置能力持续优化。

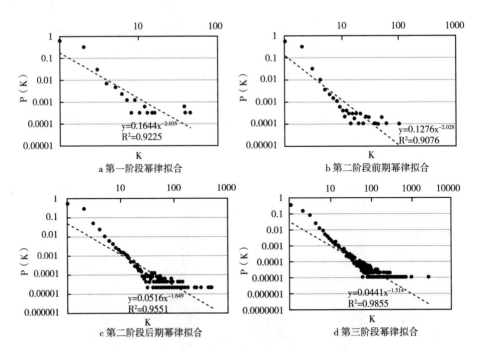

图7-12 不同阶段合作网络幂律拟合

表7-11 不同阶段专利合作网络幂律拟合结果

指标	第一阶段	第二阶段前期	第二阶段后期	第三阶段
N	3063	9528	46559	76014
k	1.539	1.582	1.983	2.717
γ	2.035	2.028	1.619	1.514
R^2	0.9225	0.9076	0.9551	0.9855

表7-12 不同阶段专利合作网络小世界特性分析

分析指标	第一阶段 (1985~1992年)	第二阶段前期 (1993~2003年)	第二阶段后期 (2004~2012年)	第三阶段 (2013~2020年)
最大子群规模	358	917	14817	39052
实际网络平均 聚类系数 C_{real}	0.5789	0.4309	0.5406	0.5831
实际网络平均 路径长度 L_{real}	5.9499	4.8413	5.5737	5.0142
随机网络平均 聚类系数 C_{rand}	0.0077	0.0045	0.0001	0.00008

分析指标	第一阶段 （1985~1992 年）	第二阶段前期 （1993~2003 年）	第二阶段后期 （2004~2012 年）	第三阶段 （2013~2020 年）
随机网络平均 路径长度 L_{rand}	4.3355	5.0335	7.0448	7.7407
小世界商数 Q	54.7825	99.557	6832.8379	11252.0496

二、节点角色分析

与前面保持一致，使用度数中心性、中介中心性和结构洞对合作网络中节点特性进行分析，以了解合作网络的社会资本分布。专利合作网络中这三项指标前 100 节点所拥有的网络资源占到网络总量 10% 以上，能有效反映网络内部市场势力变化，因此对前 100 节点属性进行统计分析，结果见表 7-13。

表 7-13 　　　　　　　　不同阶段专利合作网前 100 节点属性分析

指标	阶段划分	国有组织			民营组织	
		高等院校	科研机构	国有企业	民营企业	个人
度数中心性 （%）	第一阶段	39	37	15	0	9
	第二阶段 （前期）	43	38	13	1	5
	第二阶段 （后期）	68	12	11	7	2
	第三阶段	73	6	13	8	0
中介中心性 （%）	第一阶段	43	38	16	2	1
	第二阶段 （前期）	45	38	11	6	0
	第二阶段 （后期）	64	13	9	7	7
	第三阶段	79	6	7	5	3
结构洞 （%）	第一阶段	46	40	11	1	2
	第二阶段 （前期）	48	37	10	3	2
	第二阶段 （后期）	80	12	4	2	2
	第三阶段	93	4	2	1	0

（一）度数中心性

专利合作网络是无向网络，不存在出入度情况，因此只测算度数中心性。结合表 7 - 13 和表 7 - 14 进行分析。第一阶段，在合作网络中度数中心性排名前 100 位的节点中，高校占比 39%、科研院所占比 37%、国有企业占比 15%、个人占比 9%。因此，大多数合作关系围绕高校和科研院所建立，它们作为科技创新主导力量的地位十分突出。前 100 节点中国有组织占到 91%，说明本阶段合作关系的建立并不像转让关系那样更广泛、更惠及民营企业，也进一步说明民营企业的创新主动性不足，对"成品技术"的需求更高，且通过研发探索知识前沿的热情不高。第二阶段前期，高校和科研机构的市场力量进一步提升，国有企业和个人市场力量下降，民营企业仅有 1 家企业进入前 100 节点。到第二阶段后期，高校和民营企业的市场力量增强，前 100 节点中高校占 68%，其中，清华大学、浙江大学拥有合作关系最多；民营企业占比 7%，如华为技术有限公司、海尔集团、神华集团成为合作关系建立的中坚力量。到第三阶段，高校比例进一步提升，增长至 73%，民营企业增至 8 家，宁波五维检测科技有限公司、山东联美弹簧科技股份有限公司、华为技术有限公司等拥有较多合作关系，民营企业的创新能力得到提升。

表 7 - 14　　　　　　不同阶段专利合作网络度数中心性前 20 节点

序号	第一阶段		第二阶段前期		第二阶段后期		第三阶段	
	合作人名称	度	合作人名称	度	合作人名称	度	合作人名称	度
1	中国石油化工总公司	45	清华大学	98	清华大学	503	国家电网公司	2559
2	鞍山钢铁公司	39	中国石油化工总公司	58	浙江大学	466	宁波五维检测科技有限公司	997
3	冶金工业部钢铁研究总院	38	中国石油化工股份有限公司	49	国家电网公司	419	清华大学	994
4	清华大学	38	华东理工大学	42	上海交通大学	315	浙江大学	696
5	北京大学	16	复旦大学	38	华东理工大学	253	上海交通大学	620
6	浙江大学	15	浙江大学	36	华南理工大学	234	东南大学	551
7	中南工业大学	13	宝山钢铁股份有限公司	28	中国石油化工股份有限公司	174	华南理工大学	546

续表

序号	第一阶段		第二阶段前期		第二阶段后期		第三阶段	
	合作人名称	度	合作人名称	度	合作人名称	度	合作人名称	度
8	东北工学院	12	上海交通大学	28	东华大学	154	西安交通大学	510
9	北京科技大学	12	北京科技大学	26	浙江工业大学	144	华中科技大学	493
10	中国科学院力学研究所	10	冶金工业部钢铁研究总院	26	东南大学	143	中南大学	447
11	中国科学院金属研究所	9	中国科学院大连化学物理研究所	23	中国海洋石油总公司	138	山东大学	442
12	北京钢铁学院	9	南开大学	20	中山大学	138	重庆大学	440
13	天津大学	9	北京大学	20	四川大学	135	中国电力科学研究院	398
14	成都科技大学	9	天津大学	20	天津大学	132	武汉大学	348
15	太原工业大学	8	大连理工大学	19	北京大学	131	华北电力大学	343
16	中国科学院大连化学物理研究所	7	中国科学院化学研究所	17	江南大学	130	东华大学	322
17	华东化工学院	7	四川大学	17	北京航空航天大学	129	江南大学	317
18	同济大学	7	鞍山钢铁公司	17	重庆大学	129	北京航空航天大学	311
19	哈尔滨工业大学	7	华南理工大学	16	华中科技大学	128	哈尔滨工业大学	310
20	中国科学院化学研究所	6	海尔集团公司	16	中国电力科学研究院	124	四川大学	302

（二）中介中心性

结合表 7-13 和表 7-15 分析中介中心性。第一阶段高校占据最多的核心中介中心性位置，在前 100 节点中占到 43%；其次是科研机构和国有企业，分别为 38%、16%，且前 20 个机构主要被能源型国有组织占据。第二阶段，高校和民营企业在网络中的"桥接"作用增强，到第二阶段后期，高校和民营企业占到 64%、7%。第三阶段延续这一增长趋势，在前 100 机构中高校占到 79%，且前 20 家机构中 17 家都是高校，表明随着以合作方式生产的技术门类更加多元，高校的多学科优势和知识生产地位越来越突出。

表 7 – 15   不同阶段专利合作网络中介中心性前 20 节点

序号	第一阶段		第二阶段前期		第二阶段后期		第三阶段	
	合作人名称	值	合作人名称	值	合作人名称	值	合作人名称	值
1	中国石油化工总公司	0.0084	清华大学	0.0027	清华大学	0.0230	国家电网公司	0.0460
2	冶金工业部钢铁研究总院	0.0064	中国石油化工总公司	0.0025	浙江大学	0.0149	清华大学	0.0280
3	中国石油化工总公司石油化工科学研究院	0.0061	中国石油化工股份有限公司	0.0017	上海交通大学	0.0099	浙江大学	0.0190
4	东北工学院	0.0054	复旦大学	0.0016	国家电网公司	0.0088	华南理工大学	0.0136
5	抚顺钢厂	0.0049	浙江大学	0.0016	中国石油化工股份有限公司	0.0081	上海交通大学	0.0136
6	清华大学	0.0033	上海交通大学	0.0013	华东理工大学	0.0069	宁波五维检测科技有限公司	0.0122
7	北京高熔金属材料厂	0.0032	宝山钢铁股份有限公司	0.0013	华南理工大学	0.0055	中南大学	0.0113
8	鞍山钢铁公司	0.0031	北京科技大学	0.0009	北京大学	0.0046	东南大学	0.0104
9	中国科学院化工冶金研究所	0.0030	华东理工大学	0.0009	东南大学	0.0045	华中科技大学	0.0094
10	北京大学	0.0022	信息产业部电信传输研究所	0.0008	中国海洋石油总公司	0.0040	西安交通大学	0.0093
11	中国科学院金属研究所	0.0018	宝山钢铁（集团）公司	0.0008	东华大学	0.0039	山东大学	0.0092
12	中国科学院大连化学物理研究所	0.0016	中国科学院上海有机化学研究所	0.0006	中山大学	0.0038	重庆大学	0.0083
13	中南工业大学	0.0013	中国科学院化工冶金研究所	0.0006	华为技术有限公司	0.0036	中山大学	0.0073
14	浙江大学	0.0013	冶金工业部钢铁研究总院	0.0005	南京大学	0.0035	大连理工大学	0.0066
15	北京钢铁学院	0.0011	中国科学院大连化学物理研究所	0.0005	中国石油天然气股份有限公司	0.0034	北京科技大学	0.0066

续表

序号	第一阶段		第二阶段前期		第二阶段后期		第三阶段	
	合作人名称	值	合作人名称	值	合作人名称	值	合作人名称	值
16	天津大学	0.0009	北京大学	0.0005	同济大学	0.0032	北京航空航天大学	0.0064
17	华东化工学院	0.0009	南京大学	0.0005	宝山钢铁股份有限公司	0.0032	哈尔滨工业大学	0.0063
18	中国科学院化学研究所	0.0009	华南理工大学	0.0005	天津大学	0.0032	东华大学	0.0063
19	大连钢厂	0.0008	中国科学院上海生物化学研究所	0.0004	北京科技大学	0.0031	北京理工大学	0.0057
20	北京科技大学	0.0008	南开大学	0.0004	中国科学院上海药物研究所	0.0030	华东理工大学	0.0056

（三）结构洞

从表7-13和表7-16可知，第一阶段，结构洞前100核心节点仍然主要由国有组织占据，其中，高校占比46%、科研机构占比40%、国有企业占11%；到第二阶段前期，高校结构洞占比开始提升，第二阶段后期前100机构中高校占到80%，前20家组织全部由高校占据；第三阶段高校的力量持续提升，前100机构占比达到94%。

表7-16   不同阶段专利合作网络结构洞前20节点

序号	第一阶段		第二阶段前期		第二阶段后期		第三阶段	
	合作人名称	值	合作人名称	值	合作人名称	值	合作人名称	值
1	清华大学	0.9655	宝山钢铁股份有限公司	0.9503	浙江大学	0.9879	中南大学	0.9907
2	冶金工业部钢铁研究总院	0.9573	复旦大学	0.9422	华南理工大学	0.9877	北京科技大学	0.9899
3	中国石油化工总公司	0.9435	北京科技大学	0.9338	华东理工大学	0.9841	江南大学	0.9891
4	北京大学	0.9043	南开大学	0.9263	上海交通大学	0.9833	北京工业大学	0.9889
5	中南工业大学	0.9006	清华大学	0.9260	天津大学	0.9825	北京化工大学	0.9884

序号	第一阶段		第二阶段前期		第二阶段后期		第三阶段	
	合作人名称	值	合作人名称	值	合作人名称	值	合作人名称	值
6	浙江大学	0.9003	上海交通大学	0.9239	江南大学	0.9824	同济大学	0.9882
7	东北工学院	0.8906	冶金工业部钢铁研究总院	0.9235	中山大学	0.9810	武汉理工大学	0.9870
8	成都科技大学	0.8800	华南理工大学	0.9231	四川大学	0.9794	浙江工业大学	0.9862
9	鞍山钢铁公司	0.8697	中国科学院化学研究所	0.9195	浙江工业大学	0.9780	大连理工大学	0.9851
10	北京科技大学	0.8646	浙江大学	0.9154	北京科技大学	0.9771	浙江大学	0.9851
11	哈尔滨工业大学	0.8571	大连理工大学	0.9142	南京工业大学	0.9765	哈尔滨工业大学	0.9849
12	天津大学	0.8550	北京大学	0.9135	上海大学	0.9762	南京林业大学	0.9843
13	华东化工学院	0.8438	中国科学院山西煤炭化学研究所	0.9008	武汉理工大学	0.9750	北京理工大学	0.9837
14	西安交通大学	0.8333	南京大学	0.8993	同济大学	0.9745	中国矿业大学	0.9837
15	北京钢铁学院	0.8272	中国科学院上海药物研究所	0.8964	复旦大学	0.9737	华南理工大学	0.9835
16	中国科学院金属研究所	0.8230	山东大学	0.8926	哈尔滨工业大学	0.9732	四川大学	0.9835
17	南开大学	0.8000	东北大学	0.8846	重庆大学	0.9727	上海大学	0.9834
18	中国纺织大学	0.8000	中国科学院大连化学物理研究所	0.8838	山东大学	0.9716	郑州大学	0.9825
19	北京理工大学	0.8000	西安交通大学	0.8806	华中科技大学	0.9710	东华大学	0.9811
20	湖北省化学研究所	0.8000	同济大学	0.8800	东北大学	0.9706	上海交通大学	0.9808

三、网络运行动力机制

和前面对转让网络动力机制分析的方法一致，本节亦采取随机抽样的方法分析合作网络动力机制。第一阶段进行全样本分析，第二阶段和第三阶段采用简单随机抽样法，抽取 1536 条合作关系作为研究样本。统计这些关系的亲缘性、地缘性和业缘性关系，统计方式与转让网络类似。结果如图 7 – 13 所示。

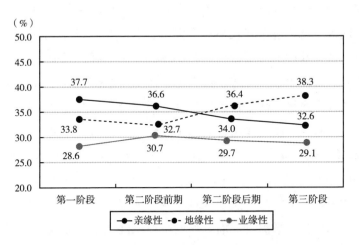

图 7 – 13　不同阶段合作网络"三种"关系对比

　　亲缘性关系占比由第一阶段的 37.7% 持续降至第三阶段的 32.6%，业缘性关系占比由 28.6% 波动提升至 29.1%，地缘性关系从 33.8% 持续提升至 38.3%。相比于专利转让网络中亲缘性作用突出，合作网络中三种关系作用相当，且业缘性关系逐渐突出。一方面，建立合作关系的多方主体能够共同承担技术风险、减少合作成本，其在本质上就是一种在对其他主体积极预期基础上形成的信任关系；另一方面，合作关系中业缘性关系增多说明合作关系的建立基础从情感型信任升级为认知型信任。明显地，正式制度推动了这种市场信任水平的提升。但是和转让网络相比，合作网络参与主体数更少、链接次数和密度更大、强关系更多、地理集聚性更高、对"外围区"的带动作用更弱，表明技术市场中的合作关系更稳定、更封闭，进一步说明尽管正式制度推动了合作关系的建立，但是还未能支撑起跨越地理分割的大范围合作关系的建立。这使得市场新进入者处于市场劣势，要想开拓并建立自己的网络非常困难，只能利用地缘关系来抵抗资本结构对自身的不利，从而进一步加剧了市场的地理性集聚和自我内部整合，导致合作网络的市场分割现象严重。

　　总体上，合作网络也经历了由简单到复杂、由低效到高效、由不稳定到稳定的演进过程。网络中核心区之间的交流增多，使得最大子网扩张以及子网的小世界特性逐渐显著，其资源配置能力和效率都得到优化。同时，网络"核心—外围"特征越发突出，加上网络无标度性不断增强，说明核心区对外围区的辐射带动作用减弱，市场仍然向着资源向核心区集聚的不平衡发展模式演进。网络中高校占据着较多社会资本且具有控制资源流向、优化网络结构的主导力量，这种主导力量随着时间推移不断加强，说明我国已经形成以高校为中心的研发体系，即高校而不是企业成为更密切的产学关系的驱动者。民营企业是合作网络中数量最多的群体，说明合作网络逐渐形成以高校为核心的多元主体参与、多个作用方向和多种作用方式的"结网"过程，打破了"技术推动型"和"需求拉动型"这样的技术发展模式，开始强调"相互适应""随机选择""在选择与适应中创新"。网络的运行由亲缘性、地缘性和业缘性三种关系共同推进，且业缘性关系呈明显增长趋势，说明正式制度作用增强，市场信任水平提升。而合作网络业缘性关系的建立主要集中在内部资源禀赋高、市场活动活跃的核心区之间，因此，大范围、开放的合作网络尚未建成。

第四节　本章小结

通过前述分析，得出以下结论：

（1）技术市场中，转让网络和合作网络的规模都经历了快速扩展，说明市场还处于规模扩张期，越来越多主体参与市场活动。转让网络的参与者数量多于合作网络，合作网络的连接次数和平均度数又远远高于转让网络，这意味着转让网络的稳定性低于合作网络。从网络结构来看，无论是转让网络还是合作网络，"核心—外围"特征明显，核心区集中在北京、上海、广东、浙江、江苏等创新基础雄厚的地区。随着时间推移，核心区之间的交流越来越紧密，它们对周边地区的辐射带动能力也逐渐增强，形成以京津冀、长三角、珠三角为代表的核心片区，在网络中表现为网络最大子群占比快速提升且逐渐显示出小世界特性。而核心区对外围区的辐射带动不足使得市场分割现象严重，因此，网络中出现越来越多的封闭小子群。转让网络无标度性随着时间推移先升后降，社会资本分布先集聚后分散，"核心—外围"结构稍有松动。合作网络无标度特性不断增强，市场资源始终会向着核心区集聚，呈现出强者越强的"马太效应"。

（2）转让网络运行机制以亲缘性关系为主，说明更容易建立松散、开放的转让关系却以互利互惠为核心的"社会关系"为主要行为逻辑，这可以归因为转让关系的"交易属性"使其对技术本身的成熟度，受让企业的创新能力、技术吸收能力、技术转化能力、市场开拓能力、市场信用体系、市场制度环境等提出更高要求，正是因为这些条件尚未被满足，转让关系的建立多依赖于"社会关系"。合作网络运行机制从亲缘性关系主导演进为业缘性关系主导，说明市场中信任关系由情感型信任升级为基于技术能力、合作经验的认知型信任，因此，市场信任水平提升、正式制度逐渐发挥作用。

（3）以"交易"为基础的转让关系中基于竞争的即时性、分散性、开放性的经济关系较少，而基于信任、合作、互惠的相对稳定的社会关系居多。因此，对于转让网络的形成，内生于市场系统的非正式制度的作用明显强于外生于政府的正式制度。非正式制度虽然提升了市场稳定性、降低了机会主义行为，但是非正式制度主导下的市场秩序不会自动向着公共利益最大化、提升市场公平公正的方向演进，因此容易产生创新高壁垒、技术垄断、"专利丛林"等问题。基于信任的合作关系的建立从依附于以亲缘性为代表的情感型信任转向以业缘性为代表的认知型信任，说明合作网络的信任水平提升，外生于市场的正式制度逐渐发挥作用。但是合作关系中强关系占比高、地理集聚性更强，说明正式制度尚未发挥充分作用。总体上，市场运行中非正式制度作用强、正式制度作用不足。有学者指出，我国市场背景下正式制度作用不足是因为政府和市场并没有建立起信任和互利的基础（陈忠卫，2014），从而使得个体基于精细计算的交易行为存在利益偏差或高风险性。

（4）转让网络中，社会资本从高校、科研院所手中转移到民营企业、中介机构、高校手中。根据布迪厄的观点，那些拥有市场强势地位的主体更容易建立或改变非正式制度（Bourdieu，1977），从而这三类组织成为网络结构转化动力的来源，转让网络呈现出多元主体控制、竞争机制逐渐凸显的发展格局。合作网络中，高校无论是占据的社会资本量、对资源流向控制能力和对网络结构的优化能力都表现出强势优势。

第八章
技术市场中的行动者

行动者维度是将以往社会学市场研究中强调的文化嵌入、心理嵌入、认知嵌入置于行动者身上,因为文化、心理和认知是指个体市场决策受个人经验、集体认知、制度环境、道德规范等的引导和约束,其中大量潜因素和显因素很难作为操作性工具应用到研究实践中,但在市场宏观层面表现为各类行动者市场参与方式的变化(Ekstrom,1992;Parsons and Shils,2001)。本书从两个层面分析行动者的市场行为:一是从宏观角度观察不同类型主体的市场参与规模和参与方式。参与规模即各类主体在市场中的成交量和参与市场的主体数量。技术合同登记制度是政府监管技术市场发展的重要手段,因此以技术合同成交量和完成成交量的主体数量衡量市场参与规模。参与方式应该按照 2021 年《中华人民共和国民法典》对技术合同的分类进行统计,即技术开发、技术转让、技术许可、技术咨询和技术服务。但是由于该统计类型开始不久,完整数据不易获取,所以按照已废止的《中华人民共和国合同法》将市场参与方式划分为四类:技术开发合同、技术转让合同、技术咨询合同、技术服务合同。二是从微观角度观察行动者行为,根据技术生命周期理论,技术市场中的行为大致可以分为基础研究、应用研究、技术转移和技术应用,因此应重点考察各类市场主体对这些活动的参与倾向。

第一节 研究设计和数据处理过程

对行动者维度的分析采用描述性分析方法。具体操作如下:一是从《中国统计年鉴》《科技统计年鉴》《火炬统计年鉴》《全国技术市场统计年度报告》等资料中获取技术市场中各类行动者数量、技术合同成交额、技术合同成交量及技术开发合同、技术转让合同、技术咨询合同、技术服务合同项目数，和上文一致，统计范围确定为 1985~2020 年；二是绘制趋势图反映行动者数量、参与市场规模和参与方式的变化；三是根据前述对技术市场的阶段性划分，测算不同阶段各类市场主体的供需力量。由于 1985~1989 年各类市场主体的技术合同供需数据难以获得，因此，第一阶段统计 1990~1992 年的数据。因不同阶段时间跨度差异较大，为清晰比较不同阶段市场供需力量变化和同一行动者在不同阶段供需能力变化，计算各阶段不同行动者间技术合同成交量供需均值，用 Ucinet 和 NetDraw 软件绘制市场供需关系图。图中圆形节点代表技术供给方，方形节点代表技术需求方，图形大小表示主体参与市场的活跃度，主体之间连线粗细反映两者之间技术交易量。

第二节　行动者分析

在改革开放之前，我国属于指令型计划经济体制，这一阶段的行动者行为有三个显著特征：第一，所有生产资料归公共所有，参与经济生产的组织部门由国家建设，政府自上而下分配任务，各类组织部门依赖行政命令来分配资源和设定目标（辛守良和杨娴，1981）；第二，组织机构活动边界由其活动类型决定，例如，研发由研究机构（基础研究机构和应用研究机构）进行，实施（如制造）由工厂进行，组织间横向和纵向联系也由政府管理者统筹协调（时立荣等，2011）；第三，经济生产剔除了市场竞争机制，体制机制内也不存在市场化的激励机制，衡量经济主体的效益以数量和规模为主，因此，各类组织机构缺乏参与经济生产的动力。这种集中计划的方式使得技术市场不存在，但不容忽略的是，该阶段未来参与技术市场的部分行动者已经存在。如 1978 年共有工业企业 34.8 万家、研究院所 400 多家、普通高等院校 598 所，高校和产业部门还建立了各种科研机构。出于国情考虑，当时它们的主要任务是尽快缩小我国与西方国家的差距，因此更加重视国防、重工业等领域的发展，进而也带动并培养了一批科技人员，为技术市场发展奠定了基础（郑天天，2007）。

一、第一阶段分析

改革开放后，在政府治理逻辑转变和政策的大力扶持下，市场行动者出现但数量明显不足。在第一阶段末期（1992 年）我国共有各类科技活动机构1.48 万家，其中，高校、科研院所占比 42.1%，国有企业占比 33.4%，民营企业占比 24.4%，全年共支出科技活动经费 511.33 亿元，占全国 GDP 的0.62%。行动者数量和技术能力不足使得市场交互规模很小，年均技术合同成交额 60.8 亿元，平均经济贡献率 0.35%。从供需力量来看（见图 8 - 1），这一阶段供给侧最活跃的主体是科研机构和技术贸易机构，平均技术输出量占市场总量的 31.76% 和 34.33%，工业企业和高校仅占 14.95% 和 6.47%。一方面，因为根据前述分析，这一阶段的政策特征是以科研机构、高校为创新主体，他们占据着大量创新资源。而该阶段高校以"教学"为主要任务，科研院所的任务是"研发"，当技术市场开放时，科研院所必然成为市场技术供给的主要力量；另一方面，企业对引进现有技术、扩大产品生产的需求很高。为此，政府出资建立大量技术贸易机构，采取以引进为主的技术改造策略。

从市场交互方式看（见图 8 - 1），这一阶段国内技术供给中 75% 以上为技术服务和技术咨询。主要是在技术引进战略下，大量机器设备从国外引进，比如 1992 年国际技术供给中的 71.3% 是原型样机和仪器设备的引进，这种成熟技术的转移采用"一手交钱一手交货"的简单逻辑，但企业技术能力不足且与设备源的地理隔绝需要通过寻求高校、科研机构的帮助以解决引进技术实施中的诸多技术问题（杜伟和高林远，2002），而受制于经济系统和新技术的需求不足，其他市场活动并不活跃。技术咨询和技术服务仅需要供需双方建立一种暂时的、松散的合作方式，咨询结束时合作便结束，对知识产权依赖度低、边际成本高、经济效益较低，因此，这一阶段的市场互动多为单一、松散、地理临近的非正式关系。

从主体行为分析，各类主体出现但功能很大程度上被组织类型限制，即在技术生命周期过程中参与主体有明显区别。首先，高校、科研院所在科研经费改革和政府研发投入机制的激励下开始面向市场开发技术，但主要参与

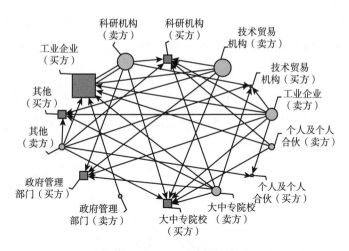

图8-1　第一阶段不同市场主体间技术合同成交网络

技术开发前期的基础研究、共性技术研究，对技术商业化阶段的参与远远不足（邓练兵，2013）。主要原因可以归结为高校、科研机构没有建立起激励型薪酬制度，其市场参与主动性不足，且后期商业开发、工艺开发阶段需要增加商品和工艺开发必要的配套资产，而这些组织机构不具有这些配套资产（邓练兵，2013）。其次，政策变革和国际开放打破了国有企业单一运营的体制生态，涌现出大量以市场化形式存在的参与主体，如私营企业、外资企业，它们与市场相容的激励机制使其成为商业开发、工艺开发阶段的核心参与者。但在此阶段，我国经济环境落后，国内生产、生活资源存在短缺，大多数企业主要从事水泥、纺织、食品等低技术领域（孙豪，2020），"经济"意识强，"创新"意识弱。因此，企业对技术成果的需求大多是以大型设备等"商品技术"为主，对技术上游的参与度极低。最后，为衔接上游研发和下游应用之间的商业化开发，政府激励高校、科研院所、企业建立了大量大学科技园、工程中心、创业服务中心、技术商店等，但它们的市场功能仅仅是提供信息检索、供需对接、路演推介、挂牌交易、成交信息公示等"对接"服务，配套资产的建立明显不足。

二、第二阶段分析

在科技体制改革持续深化和各类科技政策的激励下，我国技术市场参与主体数量大幅提升，2012年各类行动者总量达到7.66万家，是1992年的6倍多。其中，高校和科研机构占比6.2%、国有企业占比22.3%、民营企业占比71.5%。行动者数量增多必然带动市场交互规模扩大，第二阶段技术合同成交额年均增速18.7%，2012年达到6437.1亿元，占GDP比重1.21%。从供需力量看（见图8-2），第二阶段前期，工业企业技术平均输出占市场输出总量的23.93%，第二阶段后期占比达57.34%，需求量维持在65%以上，说明企业在政策引导下经济地位得到提升，并在"以市场换技术"的政

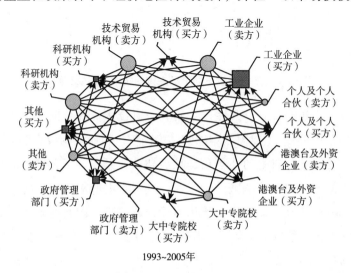

1993~2005年

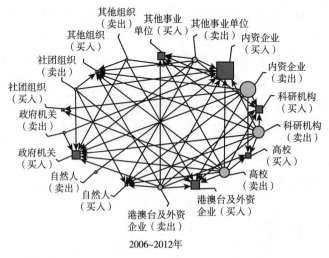

2006~2012年

图8-2 第二阶段不同市场主体间技术合同成交网络

策背景下，通过吸收大量引进技术，自身的市场参与能动性和主动性也得到快速提升（夏梁，2015）。加上企业主要参与技术流通过程中的商业开发和工艺开发环节，它们的技术成果市场性最强、风险最低，产业化实施率最高，因此更容易在市场中流通，所以理所应当地成为市场核心力量。高校、科研院所作为"产学研联合开发工程计划""攀登计划""国家技术创新工程"等各类国家计划的参与者，市场供给量从第一阶段的38.23%逐步降低至第二阶段前后期的36.15%、31.8%，但总量在大幅提升，因此仍是我国技术市场的重要供给源。需要注意的是，该阶段技术引进依然是我国重要的技术来源，平均引进合同7469.95项/年，年均成交188.55亿美元，引进技术合同成交量占到我国国内成交额的74%。

从市场交互方式看（见图8-2），这一阶段技术开发合同占比持续上升，在2012年达到最大值53.21%。技术转让合同从1992年的9.71%降低至2012年的4.02%，技术咨询和技术服务占比也有所降低，技术咨询从14.48%降至11.54%，技术服务从60.13%降至31.05%。这四类合同中，技术转让和技术开发经济效益高、边际成本低、知识产权依赖度高，是较为成熟的市场活动（梁剑，2015）。而且技术开发包括技术研发、加工、包装、组合和产业化，说明市场从初级到成熟演进，市场互动方式中正式的、非正式的合作关系、交易关系、信任关系混成，形成了更有效益的技术交易体系。这一阶段技术转让合同占比降低，主要是因为技术转让对技术成熟度、受让企业的技术吸收能力和技术商业化能力有较高要求。同时，因为我国制度环境和各类创新主体的服务意识不强，技术一经转让，后续服务便不再跟进，受让企业承担过多风险，导致企业对转让技术的接受度较低。

从主体行为来看，这一阶段学术界和产业界的分化体制开始有了改变。首先，高校、科研机构在"知识经济"时代仍被视为重要的知识来源，也仍然是我国科技创新主力军，并且随着政策推动，高校、科研机构与工业界的关联度迅速提高，如2012年他们将37.4%的R&D投入用于应用型研究，将42.2%的投入用于实验发展，69.2%的科研人员参与工业活动，为转化技术项目和扶植创新型小企业提供了重要支撑。此外，为实现科技成果转移转化，高校和科研院所积极创新模式和创新组织，如2012年高校、科研院所分别设立国家技术转移示范机构65家、82家，分别占到全国示范机构总量的

23.6%和29.8%，设立各类大学科技园94家，累计孵化企业7369家，极大地推动了校内技术转化。其次，企业在"以市场换技术"的开放环境和"企业为主体"的政策扶持下，吸收和学习了大量国外先进技术，创新能力提升，加上其天然与市场相容的激励机制使其参与创新主动性增强，如2012年企业研发投入7842.24亿元，占全国研发投入的76.15%。但需要注意的是，2012年我国企业的R&D投资中，基础研究仅占0.1%，应用研究占比为3%，试验与发展的比例为96.9%。而2012年美国企业的R&D投资总额为3022.5亿美元，其中，基础研究比例为4.4%，应用研究比例为16.8%，试验与发展比例为78.8%（Anderson et al.，2023）。说明我国企业的技术需求是以技术前景、产业化阶段为评价标准的，因此，技术需求多是以已经通过技术中试环节、能够迅速应用于产品产生市场价值的技术为优先，对距离市场较远、风险较大、投入周期长的技术投入持谨慎态度，这便造成我国企业原始创新能力不足。最后，少量先进中介机构开始改变"联结"功能的纯粹性，发展了技术咨询、技术转移、信息对接、信息推广、基础研究、应用研究、产品研发、人才培养、创业孵化、检测检验等多种专业化服务功能，如深圳清华大学研究院、西安光机所在一定程度上弥补了技术成果产业化过程中中试环节缺失的不足。

三、第三阶段分析

在创新驱动发展战略引领下，我国技术市场规模快速扩张，2020年全国技术合同成交额达到28251.5亿元，年均增速18.09%；市场参与主体达到6.6万家，年均增速达到11.1%。随着主体数量扩张，市场交易规模随之扩大，2013~2020年，技术合同成交额快速提升，至2017年，技术合同成交额达到1.34万亿元，占到GDP比重的1.62%。2018年，党的十九大提出高质量发展后，技术市场交易规模进一步扩大，至2020年，技术合同成交额达到2.83万亿元，超过2017年的1倍，经济贡献率达到历史最高水平2.78%。从供需形势看（见图8-3），企业市场力量持续加强，平均技术供给量占市场总量的66.53%，平均需求量占67.81%，市场主体地位进一步夯实。高校和科研院所作为技术市场的第二、第三大供给主体，其输出技术占市场总量的 29.53%。技术服务中介机构开始成为新的技术要素供给和需求主体。此外，2020 年仅 425 家国家技术转移机构促进完成技术转移项目 15 万项，占全国交易总量的 27.3%。这一阶段我国技术的对外依存度依然很高，2020 年引进国外技术合同 6172 项，成交金额达 318.38 亿美元，占到全国技术合同成交额的 7.5%。

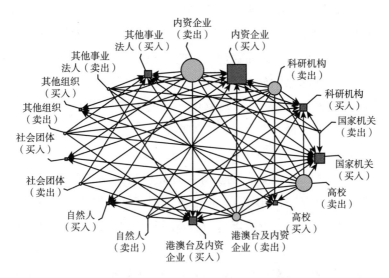

图 8 - 3   第三阶段不同市场主体间技术合同成交网络

从市场交互方式看（见图 8 - 3），技术服务合同占比提升，到 2020 年占比达到 49.1%。技术开发合同占比有所下降，2020 年占比 39.6%，这一方面是因为市场专业化服务能力实现升级，围绕科技成果转化链条，发展了技术咨询、技术转移、信息对接、信息推广、基础研究、应用研究、产品研发、人才培养、创业孵化、检测检验、科技金融等专业化科技服务，实现了资本市场、技术市场、人才市场的深度结合，如 2020 年共有新型研发机构 2000 余家、科技企业孵化器 5971 家、创业风险投资机构 3290 家；另一方面在于高校、科研机构在国家创新系统建设战略的部署下，与工业界的合作更加深入，通过共建创新联合体、产业联盟、研究平台等方式加强产学研合作，如 2020 年高校和科研机构与各类企业完成 R&D 合作项目 6.9 万项。市场交互方式、交互内容更加多元意味着市场初步形成了高效协同的市场交互体系。但同时技术转让合同占比仍然不高，说明激励这一技术交易发生的制度环境、能力背景还需完善。

从主体行为来看。首先，高校、科研院所的知识创造角色依然突出，如2020年高校和科研院所R&D投入中的基础研究投入占到全国总投入的49.4%和39.1%，因而一直是我国原始创新主力军。而且随着"产学研相结合的技术创新体系"的推进，学术界与工业界的关系更加紧密、知识生产方式更具有市场导向，如企业委托高校和科研机构R&D项目数从2013年的16.2万项迅速增加到2020年33.1万项。此外，在体制机制改革推动下，高校、科院机构拥有了更大的管理权和收益权，创新的利益激励机制增大、动力增强，除了通过探索转让、许可、作价投资等方式转化科技成果外，已建立的科技企业孵化器、技术转移中心普遍支持科研团队设立衍生企业，从而成为技术商业化的直接执行者（孟申思，2021）。其次，企业在政府利用税收激励和引导基金对创新创业的支持力度不断加大、创业投资的资金筹集渠道日趋丰富、科技型企业获得信贷规模持续增长的背景下（中国科学技术发展战略研究院，2018），通过技术创新达到盈利目的的意图增强，这一阶段企业发明专利申请数年均增长率达到9.7%，2020年达到89.9万件，是高校的4倍多，意味着企业创新主体地位突出。但是从R&D投入结构来看，2020年企业R&D经费投入占到全国总投入的76.6%，但基础研究和应用研究仅占3.5%，试验与发展比例为96.5%，"提升企业自主创新能力"实际上还没有实现。最后，市场中介组织专业服务能力提升。以2020年科技部火炬中心评选的427家（共认定432家，有效数据429家，2家撤销）国家技术转移机构为例，参照《国家技术转移示范机构管理办法》《技术转移服务规范》对其服务类型按图8-4进行划分，统计427家国家技术转移机构提供的服务。可以看出，国家技术转移机构不仅提供以技术咨询、技术转移、信息对接、技术推广为主的对接服务，同时也是提供应用研究服务补足技术中试环节的重要主体。而且部分先进机构已经进入产品研发、基础研究、检测检验等由学术界和产业界主导参与的技术环节，成为技术创新的重要市场力量。只是这些机构中依托高校、科研院所的技术转移机构占八成以上，其中38.6%是市场化运行的企业法人机构，市场化运行能力尚需完善（见图8-5）。

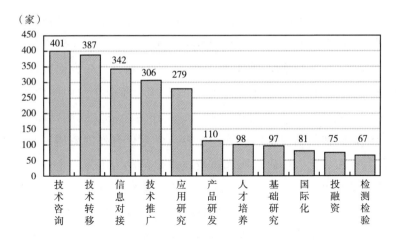

图 8-4　国家技术转移机构服务类型统计

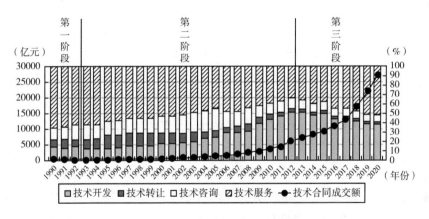

图 8-5　历年技术合同成交额和"四技合同"比例

第三节　本章小结

通过前述分析，我国行动者的整体变化呈现以下特征：

一是行动者数量迅速增加，年增速维持在 18% 以上。市场规模快速扩张，从第一阶段年均技术合同成交额 60.8 亿元、平均经济贡献率 0.35% 到 2020 年技术合同成交额 2.83 万亿元、经济贡献率 2.78%。市场中新的组织和新的交易方式大量涌现。这些变化改变着市场结构，重塑着市场秩序。

二是创新主体逐渐打破活动边界，沿着技术链上下游扩展市场功能。技术市场开放初期，政府开始关注知识创新源头——高校和科研院所对经济发展的支撑作用，一方面激励他们面向市场开发技术，另一方面鼓励并投资建设了大量大学科技园、创业服务中心等实现技术商业化的中间组织。同时，国内市场的开放催生了大量市场化主体——作为经济发展主要动力的企业。但体制机制障碍和不同观念造成了产业界与学术界合作的障碍，其形成了各自不同的目标和文化。科研院所和高校技术供给动力不足、企业技术能力不足使得市场发展依赖于技术引进，从而国内市场交互方式以最简单的咨询和服务为主。从第二阶段开始，学术界打破机构壁垒开始参与技术生命周期下游活动，并且为实现技术商品化进行模式创新和组织创新，如技术转移办公室、企业孵化器、产学研联盟等组织大量涌现，市场供给能力增强。企业的目标转变为成为市场竞争中的胜利者而不仅是短期盈利者，他们开始积极参与创新活动，不仅增加自身研发投资，也增加与大学、科研机构的研发合作。因此，市场中的技术开发活动快速上升，成为市场主要交互方式。在该阶段少量先进中介机构开始朝着专业化方向发展，其在市场中的协同作用、服务能力增强，开始在破除学术界和产业界分化壁垒方面发挥作用。到第三阶段，各类主体形成技术生产高效协同体系。市场交互活动以技术服务和技术开发为主。学术界不仅通过遍布各大中心城市的大学科技园、科技企业孵化器、创新联合体、中试基地、新型研发机构有效支撑技术转化，还通过创办衍生企业、转制科研院所直接参与技术产业化。企业的研发投入快速增加，技术创新地位夯实。而技术中介服务组织已经成为补足技术中试环节的重要主体，成为重要的技术供给方，并且部分已经进入产品研发、基础研究等由学术界和产业界主导参与的技术环节。

三是市场缺乏基于原始技术创造的竞争。保障市场高效运行的两个条件是供给方竞争和重复博弈（江小涓和黄颖轩，2021）。从社会网络分析可知，市场强链接程度在不断提升，因此，重复博弈行为得到有效发展。但是，企业作为创新主力，其所提供的技术要素主要是过了中试环节且能迅速商业化的技术，但其对于基础研究投入不足、原始创新能力弱。而高校和科研院所作为我国基础研发主体，数量有限且其公有制基础意味着其不能以完全市场化身份参与市场竞争，进而导致市场中基于原始技术创造的竞争不足。

第九章
技术市场的多维联动逻辑

将政府、社会性网络、行动者三个维度的分析结果整合，总结梳理出我国技术市场的整体演进过程，了解三者之间存在何种互动关系，进而明确我国技术市场演进动力和发展特征。

第一节　GSA 联动分析

一、技术市场演进过程

1. 第一阶段（1980～1992 年）。图 9－1 展示了第一阶段我国技术市场发展特征。1980 年，我国政府在《关于开展和维护社会主义竞争的暂行规定》中承认了技术的商品属性，开启了技术市场元年。之后，政府的政策主题是在技术商品化的主要流程上形成法律体系的基本框架，使得技术交易行为和活动具备了法律正当性；建立了相关监管制度使市场健康有序发展；配合科技体系改革，将科研机构推向市场，并且鼓励技术交易会、技术难题招标会、科技信息发布会等技术市场范畴的交互活动的开展。而其政策目标是解放思想、推动技术在各个经济领域中的应用。其政策特征是以高校、科研机构为创新主体，充分发挥政府主导作用。在政策工具选用上，政府倾向于使用强制性工具，对混合性和自愿性工具使用很少，而强制性工具中"规制"和"命令和权威"型工具使用比例最高，可见政府在市场中的介入程度很高。政策工具使用类型较少以及"体系建设和调整""机构设置""政府机构改革"等小分类工具的使用偏好说明政府市场管制方式单一且处于针对技术市场的行政能力建设阶段。从市场设计理念来看，政府重点关注的是市场要素体系、市场组织体系和市场法制体系的建设，但未根据这三个体系的特征对政策工具的选用有所调整，说明政府对市场规律认识不足。

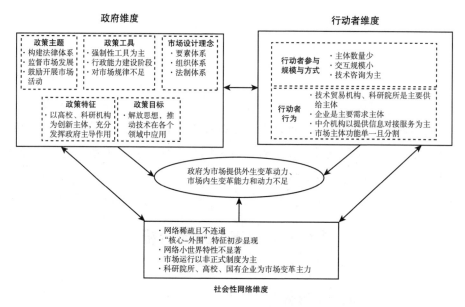

图 9 - 1　第一阶段技术市场发展特征

在市场制度环境基本具备和政策的大力扶持下，市场行动者出现，但数量不足，市场交互规模很小。其中，科研院所在"科研院所、高校为创新主体"的政策逻辑下，面向市场开发技术，凭借自身天然的研究属性和富集的科技资源而成为主要的市场技术供给主体。但是高强度的行政介入、按计划配置科技资源、国有资产管理等原因使这类主体缺少自主经营、自负盈亏、产权明晰等市场有效运行的必要条件，导致研究成果和市场对接不力。而其研究属性使其在技术生命周期过程中主要参与技术开发前期的基础研究、共性技术研究，对技术商业化阶段的参与远远不足。企业面临的市场环境是国民生产和生活资源短缺，需要通过扩大生产补足这种短缺，因此时所必然成为市场需求主体。但是企业内部技术积累不足、创新基础薄弱，对技术成果的需求大多是以大型设备等"成形商品技术"为主，对技术生产链上游参与度极低。在政府支持下，企业通过技术贸易机构引进了大量原型样机和生产设备以扩大生产规模，所以技术贸易机构是第一大供给主体，这表明市场发展对国外技术依存度很高。大量的技术引进需要企业通过加强与高校、科研机构沟通来解决技术实施中的具体问题，因此，技术咨询、技术服务成为市场主要的交互方式。这种交互方式技术传播能力最弱、对知识产权要求不高，表明国内技术市场竞争不足。此外，政府扶持建立的大量大学科技园、工程中心、技术商店等成为学术界与产业界沟通的重要桥梁，但大多数仅提供信息对接服务。

表现在社会性网络中则是网络稀疏且不连通、网络最大子网小世界特性不显著、市场运行效率不高。网络形态的"核心—外围"特征初步显现，核心区集中在北京、上海等创新资源富集的区域，尚处于资源吸纳的发展初级阶段。市场交互方式大多依赖基于情感型信任的亲缘性关系进行，说明市场中基于信任、互惠、互利的社会行为多于基于理性算计、竞争的经济行为。这意味着内生于网络的非正式制度成为塑造市场秩序的主导制度。这种市场秩序降低了交易成本和风险，使市场较为稳定，但也阻碍了市场竞争机制、资源配置机制、资源公平获取机制等发挥作用。对非正式制度的依赖同时诱致各类市场主体对社会资本高度"迷信"。而这一阶段中科研院所、高校、国有企业占据强势社会资本，因此，他们能够影响非正式制度的建立和发展，进而影响市场主体的行为方式，最终引发社会性网络的优化和调整，但是国有组织市场功能分割、技术上下游对接不力、政府的高强度行政介入等，他们的变革动力和能力很弱，进而导致其市场自主变革能力不足，而市场变革主要依赖政府的干预。

2. 第二阶段（1993～2012年）。图9-2展示了第二阶段我国技术市场发展特征。1992年，我国经济体制转向"社会主义市场经济"，政策主题转变为健全制度环境、加强市场引导和监督管理；鼓励更多社会力量进入市场，推动产学研结合的创新系统的建设；建立技术交易服务体系、开拓技术应用于现实生产力的各种渠道。政策目标是以"科学技术是第一生产力"为核心，加快科技进步、促进科技与经济社会发展紧密结合。政策特征是以企业为主体、以市场为导向、建设产学研结合的创新系统。在政策工具的选用上，政府还是倾向于选择强制性工具，只是对"规制"类工具的使用开始降低，而对"命令与权威"工具的使用有所提升，表现出明显的"重管制、轻治理"特征。同时，从小分类工具可以看出，政策工具使用类型增多，开始重视对市场的宏观引导和行政能力的优化。从市场设计理念来看，随着市场参与者增多，除了要素体系和组织体系，政府也开始关注市场环境体系和市场基础设施以支持技术市场的良性运行。而对政策工具的使用同样也没有根据现代市场体系不同维度的特征有所调整，说明政府对市场规律的认识依然不足。

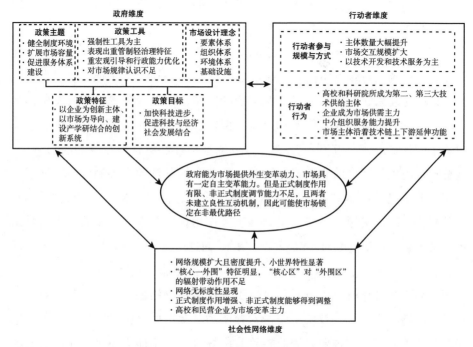

图 9 - 2　第二阶段技术市场发展特征

在政策扶持和推动下，技术市场参与主体数量大幅提升，从而带动市场交互规模扩大。市场中高校成为第二大技术供给主体，说明高校已经从仅承担"教学"任务转向承担"教学"和"研发"任务。科研院所是第三大技术供给主体，这类机构和高校虽然仍是技术基础研究的主要执行者，但在体制机制改革下开始向着技术链下游扩展功能，从而带来了更高的研发支出和更多的创新产出。随着制度环境不断完善和技术的代际积累，企业不仅执行"经济"功能，同时也成为技术商业开发、工艺开发的主要力量，而且由于企业的技术成果市场性最强、风险最低、产业化实施率最高，因此更容易在市场中流通，而成为市场供需主力。但企业的技术需求多是以已经通过技术中试环节、能够迅速产生市场价值的技术为优先，基础研究能力不足。此外，政府采取了多种手段建设市场服务体系，促进了中介机构发展，这些机构在学术界与产业界搭建起广泛的沟通渠道，在一定程度上弥合了技术中试环节的缺失和产学两方的沟通障碍。由此，市场交互方式中技术开发和技术服务开始繁荣。

表现在社会性网络中则是网络规模扩张且密度提升、网络最大子网小世界特性显露、市场运行效率提升。网络形态的"核心—外围"特征更加显著，资源向着北京、上海、广东、江苏等"核心区"集聚，呈现出"强者愈强"的发展态势，但核心区对外围区的辐射带动作用不足，导致了严重的市场分割。从运行机制看，转让网络运行中亲缘性关系占比有所下降，但仍然是三类关系中最多的，说明大多数转让活动是基于互利互惠原则而非公平竞争原则，即非正式制度发挥着重要作用、正式制度发挥补充性作用；合作网络中业缘性关系略高于亲缘性、地缘性关系，即建立合作关系的基础由情感型信任升级为认知型信任，说明正式制度作用增强，市场信任水平提升。只是合作网络中强关系大幅提升，市场中基于信任的、长期的合作关系在增多，创新合作表现高壁垒特征，表明正式制度的作用尚未充分发挥，对市场竞争机制、资源大范围流动机制的促发作用不显著。从市场变革能力来看，市场内部转让网络中高校和民营企业占据强势社会资本，民营企业在与市场相容的激励机制下更能积极响应市场内部变化，及时改变和调整非正式制度，推动转让网络结构转化；合作网络中占据强势社会资本的是以高校为代表的国有组织，他们虽然参与了更多市场活动，但是公有制基础、国有资产等问题使其对市场变化响应慢、顺应市场规律调整非正式制度的动力和能力不足。因此，其市场内部自主性变革能力有所提升但动力不足。在市场外部，政府政策意图的改变能够直接作用于具有强烈制度遵从性的国有组织身上，使得政策落实效率高，从而为市场提供外生变革动力。

综上，在政府"健全制度环境""建立市场服务体系"的政策意图下，这一阶段的市场环境得到改善、正式制度作用增强。在"鼓励更多社会力量进入市场"的政策意图下，市场主体规模扩张、市场活力得到提升，其中，民营企业占据了部分强势社会资本，使得非正式制度能够随着市场演进得到相应调整，市场内生变革能力提升。但无论是正式制度作用的增强还是市场内生变革能力的提升都十分有限，加上政府"重管制轻治理""对市场规律认识不足"等问题阻碍了政府和市场建立信任关系，自上而下、自下而上的正式制度和非正式之间的互动不足，因此，正式制度对基于社会文化、意识形态、社会规范、行为惯习代表的非正式制度的作用很小，而非正式制度也不能通过条理化和法规化扩大影响范围，从而使得市场资源公平获取机制、竞争机制等作用有限，市场分割现象严重，市场竞争不足，任其发展可能会使市场发展锁定在"非最优垄断路径"。

3. 第三阶段（2013～2021年）。图9-3展示了第三阶段我国技术市场发展特征。2012年党的十八大提出创新驱动发展战略，政策主题转变为建设市场服务体系、持续优化制度环境、强化企业创新主体地位。政策目标是提高自主创新能力，加快建设国家创新体系。政策特征是强调建设创新主体和创新要素高效协同的生态系统。从政策工具的使用来看，政府对强制性工具的使用仍然最多，但是明显增加了对混合性工具的使用，工具类型也更加丰富，逐渐从行政能力建设转向市场治理能力建设，只是仍然体现出重宏观引导、轻规则建立，重行政干预、轻市场指导的政策体系特征。从市场设计理念来看，随着市场竞争程度和复杂程度增加，持续加大了对市场环境体系和市场基础设施建设的关注，虽然在市场体系各个维度上仍然偏好强制性工具，但是初步具有了相对灵活性，比如市场法律体系倾向于使用强制性工具、市场基础设施建设方面倾向于使用自愿性工具。

在政策扶持下，市场主体数量持续扩张，交易规模随之扩大。企业在技术能力代际积累下，通过提升创新能力赢得竞争优势的动力更强，创新主体地位突出。但是企业市场供给和需求仍然以"短平快"技术为主，对基础研发的参与持谨慎态度，企业原始创新能力不强。高校、科研院所作为技术市场的第二、第三大供给主体在新发展阶段展现出以下创新模式，一是建立产学研合作体系，二是支持建立衍生公司或转制院所。这就意味着他们倾向于将大空间尺度，需要多主体协同、高交易成本的创新活动内置化，从而形成多主体强联系、多要素整合、技术创造和应用趋于同步发生的内部系统。中介机构在"提升技术转移机构专业化服务能力"的政策引导下发展出更专业的资源整合、技术服务、技术开发能力，成为提供应用研究服务补足技术中试环节的重要主体，而且部分先进机构已经进入产品研发、基础研究、检测

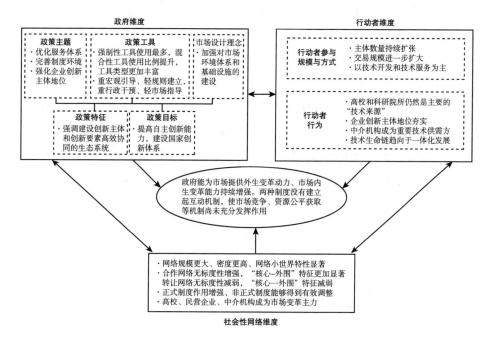

图9-3　第三阶段技术市场发展特征

检验等技术环节，成为技术创新的重要市场力量。从市场交互方式来看，市场中技术服务合同和开发合同占到市场活动的80%以上，主要是因为市场专业化服务能力的升级和产学研合作的深化。

　　表现在社会性网络中则是网络规模更大、密度更高，网络最大子网小世界特性显著，运行效率更高。其中，合作网络的"核心—外围"特征更加显著，核心区范围扩大，大多数合作关系主要发生在核心区内和核心区之间，呈现"强者愈强"的"马太效应"；转让网络"核心—外围"特征有所减弱，核心区对外围区的辐射带动作用增强，说明转让网络有了向着平衡方向发展的趋势。从市场运行机制来看，转让网络中业缘性关系占比持续提升，但仍低于亲缘性关系；合作网络中业缘性关系占比高于其他两类关系，但是强关系占比更高、地理性集聚更强、稳定性进一步提升。因此，市场中非正式制度仍旧发挥着重要作用，正式制度作用持续增强但尚未达到理想效果。从市场变革能力来看，转让网络中强势社会资本被分散到中介组织手中，由此能够创造出更公平、更高效的资源配置渠道，从而大大改善网络整体信息的有效性，同时能够向着提高市场运行效率的方向调整非正式制度；合作网络中，具有社会资本优势的高校维持并增强着强势地位，虽然其因体制"松绑"而有了响应市场变化、调整非正式制度的主动性，但是公有制基础意味着这种响应不如转让网络有效、对网络结构优化助力不足。整体上，市场内生变革动力增强但尚有发展空间。

综上，在政策"持续优化制度环境"的推动下，这一阶段的正式制度作用持续增强，在"建设市场服务体系""强化企业创新主体地位"的推动下，民营企业和中介机构市场势力增强，能够更加及时地响应市场内部变化，积极调整非正式制度，增强了市场内生变革动力。但是合作网络中强关系增多、地理集聚性严重、高校在合作网络中的强势地位不断增强等现象意味着正式制度尚未发挥理想作用。政府政策虽然开始具有了一定灵活性，但是重宏观引导、轻规则建立，重行政干预、轻市场指导的特点依然使市场自下而上的变革难以条理化和法规化，使得两种制度互动不足，从而使得市场利益传导机制、资源公平获取机制、竞争机制尚未充分发挥作用。

二、各维度的作用机制

（1）政府在市场中的"嵌入"体现在对市场的整体设计中，因此，我国政府在技术市场中不仅扮演着规则设计者、制度维护者而且还是技术市场发展的主导者。但是政府大多数干预意图属于自上而下而非自下而上。从政策主题看，政府每一次政策调整都是为了适应国家重大战略的调整和经济转型，从起步阶段，政府设置了市场运行的基本游戏规则，部署了大量的政策工具将政府研发资助主要分配给高校和科研机构，促进学术界的知识和技术扩散到产业界；第二阶段，政府强化了规制和监督，通过发起新的举措促进形成以企业为市场主体的发展格局，还通过"行政指导"引导学术界和产业界的合作，积极建设市场服务体系，优化市场服务能力；第三阶段，继续加强服务体系建设，使用多种激励措施将创新体系从高校、科研院所内部研发转变为基于创新者网络的模式，并采取诸多积极措施消除市场资源获取的不公平性，优化市场竞争。可以看出，政府在市场中的角色经历了从单一到多重、从外部到深入嵌入市场内部的转变过程。同时这种转变是渐进性的不断完善过程，而非激烈的彻底改造，主要表现在三个方面：法律和规章具有延续性；

审慎地采取部分"使市场在资源配置中起决定性作用"的措施，而不是全部；始终向着提高市场资源配置效率的整体目标推进市场发展。渐进性政策变革既没有破坏现有制度的优势，也避免了市场波动、增强了市场稳定性，使得正式制度在市场中的作用稳步提升。但是这种政策趋势使市场中产生了连续性和变革性相结合的微妙错误组合，比如，一开始在以科研院所为创新主体的政策惯性下，对最需要政府支持的领域（中小企业）没有提供强大的支持；对各类国有组织的"放权"改革没有系统的部署规划，零碎的制度安排很难改变它们的行为惯习，从而使其难以快速适应新的创新环境。从政策内容量化分析结果来看，政府对现代市场体系六个维度的介入随着时间推移而侧重点不同，但是并没有"放任不管"，也没有对某一维度进行"从无到有"的干预，因此，技术市场中的政府介入始终是对市场整体的治理。从政策工具的使用来看，政府经历了从"行政能力建设"到"行政能力优化"再到"市场治理能力提升"的过程，治理方式体现出从"建立管制手段"到"重管制、轻治理"，再到"重宏观引导、轻规则建立，重行政干预、轻市场指导"的特征，即不断加强对市场的"监视"，但是对市场性工具的重视不足、对市场规律的认知不足。

与前述分析的 GSA 框架运行机理相比，我国政府在市场中的"嵌入"方式确实是一个整体设计和治理的过程；确实是一个不断培养政府维持市场治理能力的过程；确实朝着优化效率、解决问题和实现社会目标的方向赋能市场发展动力。但是这个过程包括一系列非常复杂的制度设计过程，需要在认识市场发展规律基础上平衡使用各类强制性的、混合性的、自愿性的工具，从而与市场建立信任机制、提高政策落实效率。但我国政府对市场的治理主要通过制度化、行政化的方式实现，严重低估和忽视了市场导向的政策选择的范围，从而使得政策体系的灵活性、激励性不足，导致政府行政负担过重。

（2）社会性网络"嵌入"体现在它是政府和行动者两种力量交织在一起且共同作用的产物。从市场建设初期社会性网络关系稀疏、小世界特性不显著到市场发展后期社会性网络关系密集、小世界特性显著、市场资源配置效率逐步提升，这一变化趋势不仅基于政府推动和扶持，更是行动者参与数量增多和参与方式多元的体现。同时，社会性网络也是政府和行动者互动作用得以发挥的机制，因此，正式制度、非正式制度的作用发挥和融合程度构成了这一维度的运行秩序。在市场发展初期，无论是转让关系还是合作关系以互利互惠的社会行为为主，而非理性算计的经济行为，因此，网络运行由非正式制度主导，产生的结果是网络的稳定性很高，但却阻碍利益传导机制、资源公平获取机制和竞争机制发挥作用。在市场发展后期，转让关系中基于亲缘性的社会行为仍然最多，但是基于业缘性的经济行为快速增多；合作关系中业缘性关系多于亲缘性和地缘性关系，说明市场信任水平提升明显，只是合作关系大多发生在核心区间，且强关系增多、稳定性提升。因此，市场中在非正式制度发挥着重要作用的同时，正式制度作用不断增强，但正式制度尚未达到理想效果。转让网络中占据较多社会资本的主体从科研院所、高校等国有组织转变为高校、民营企业和中介机构；合作网络中高校占据多数社会资本，且在体制机制改革下参与市场的主动性逐渐增强。占据更多社会资本的人能够改变和调整非正式制度，进而改变网络结构（Bourdieu，1977）。因此，占据强势社会资本的主体经历了对市场内部响应从不及时到及时、从没有能力和动力调整非正式制度到有能力和动力调节非正式制度，进而市场从缺乏内生变革能力演变为具有内生变革能力。只是高校的公有制基础使得合作网络结构优化能力不足，进而使得市场的这种变革动力并不充分。

与前述分析的 GSA 框架的运行机理相比，我国技术市场社会性网络维度规模扩大、密度提升且整体运行效率有了大幅改善。运行中非正式制度始终发挥着重要作用，且逐渐具备了自我调节能力。正式制度作用持续增强但尚未发挥充分作用。而政府市场治理方式使得正式制度与非正式制度没有形成互动机制。因此，这一维度没有充分实现正式制度和非正式制度有机结合、互相弥补和修正不足的发展模式。这种互动不足使正式制度难以对商业惯例、社会文化、行为惯习产生影响，非正式制度难以通过条理化、法规化产生大范围影响，进而对市场结构优化的助力不足，从而限制市场资源公平获取、大范围流通以及竞争机制等发挥作用。

（3）行动者"嵌入"体现在行动者的行为是在与市场互动中逐渐展开的结果，受到政府和社会性网络的影响，同时，他们的能动性又维持了网络运行。从具体表现来看，行动者总体的行为转向是其参与市场的能动性和主动性增强，且从技术生命周期链上承担单一功能逐渐向上下游拓展。其中，高校、科研院所及依附它们建立的服务中介组织具有强烈的制度遵从性，在政策引导下，积极参与技术商品开发和工艺开发活动。企业在与市场相容的激励机制下开始执行商业开发和工艺开发功能，并因其技术的商业化程度高而展示出市场竞争优势成为市场主力，但是企业的基础研究投入比例低、原始创新能力不足。市场交互方式从以技术咨询和技术服务为主转向以技术开发和技术服务为主。这些特征说明市场中基于知识创造的创新活动的协同性大于竞争性。虽然协同性有助于企业建立信任、获取社会资源，但也会使资源传播路径锁定、形成技术创新高壁垒。

与前述分析的 GSA 框架的运行机理相比，我国技术市场行动者日渐活跃、功能多元，但是企业原始创新能力不足、高校和科研院所数量有限、市场化能力有限使得市场基于技术创造的竞争不足，因此尚未实现市场竞争充分的发展目标。

三、技术市场演进动力

我国技术市场的发展动力从源自政府自上而下的规定演变为政府、社会性网络和行动者的共同驱动，但是这些因素尚未实现"携手"共治：一是政府始终为技术市场提供突破固有发展模式的动力。当政府认为技术市场需要适应新的经济目标、意识到市场发展朝着偏离社会目标或者出现不平等、欺诈等行为时，政府采取适当手段介入，而市场中的高校等国有组织具有强烈的制度遵从性，使政策落实效率高。二是市场从缺乏自主变革能力演进为具有自主变革能力，使市场具备这种能力的原因是部分强势社会资本的占有者从国有组织手中分散到民营企业和中介机构手中，民营组织与市场相容的激励机制使其能够迅速响应市场内部变化，进而引致非正式制度调整。三是政府对强制性政策工具的偏好、"重宏观引导轻规则建立、重行政干预轻市场指导"的政策特征、对市场规律认识不足的治理缺陷使得政府和市场尚未建立良好的信任关系，一方面使正式制度作用尚未充分发挥，另一方面使政府对市场自下而上的变革响应不足。总体上，和前述提及的理想三维互动机理相比，我国技术市场发展动力从由政府推动演进为三个维度共同推进。但是这三个维度尚未实现自上而下、自下而上的良性互动，各类影响市场发展的因素尚未实现"携手"共治。

第二节　技术市场发展特征

根据前述分析，总结我国技术市场发展具有如下特征：

1. 技术市场的发展是一个政府不断加强市场整体设计和治理的过程。从政策主题分析来看，技术市场的发展和改革是一个政府更深入介入市场的过程，而非解除政府介入的过程；是一个逐渐认识市场规律并加以治理，而不是放任市场的过程，即"让市场发挥主导作用"是政府做"更多"而非"更少"的过程。通过构建"政策工具＋现代市场体系理论"二维框架对政策内容量化研究发现，政府不断培养着维持市场治理的能力、不断加强着对市场的宏观指导。而且虽然不同阶段政府对市场体系中不同维度的关注度有很大差异，但是并没有发生"从无到有"的转变，也即政策选择并非沿着政府到市场的"光谱"进行排列，也不是沿着受管制和自由市场的"光谱"排列，而是对市场的整体设计和治理。

2. 政府不断加强着对市场规律的认识，但政策体系灵活性、激励性不足。从政策主题的分析来看，政府不断增强着对市场发展规律的认识，但是从政策工具的使用来看，在技术市场发展的不同阶段政府对强制性工具显示出一致偏好，并呈现出不同程度的结构性失衡，对现代市场体系不同维度的治理仍然表现出对强制性工具的偏好，没有根据不同维度进行调整，也没有随市场演进阶段的不同而有明显调整。这在一定程度上可以说明政府严重低估和忽视了市场导向的政策选择的范围，使得政策体系的灵活性、激励性不足，导致政府行政负担过重，政策成本过高。

3. 市场运行中非正式制度发挥重要作用，正式制度作用不断增强但尚未发挥理想作用。政府主导的正式制度和社会资本下的非正式制度是市场运行秩序形成的基础。通过对社会性网络中网络结构、节点和运行机制的分析得出，市场运行中基于社会文化、意识形态、社会规范、行为惯习的非正式制度作用突出，开放、公平、基于价格竞争的正式制度作用逐渐增强但尚未发挥理想作用。由此市场稳定性、信任度提升，机会主义行为和交易成本降低，但同时市场资源配置机制、价值传递机制和公平获取机制作用发挥不足。

4. 市场"核心—外围"特征显著，其中，合作关系展示出"强者愈强"的"马太效应"，转让关系逐渐向着平衡发展模式演进。市场"核心—外围"特征明显，核心区集中在北京、上海、广东、浙江、江苏等创新基础雄厚的地区，随着时间推移，核心区对周边区域的辐射带动作用增强，形成以京津冀、长三角、珠三角为代表的核心片区。但是大多数的合作关系只发生在核心区内和核心区之间，对外围区的辐射带动不足，即资源始终会向着核心区集聚，呈现强者越强的"马太效应"。转让关系搭建的范围更加广阔，并逐渐增强对外部的辐射带动作用，逐渐突破资源的市场分割，初步显现出向着平衡发展模式演进的趋势。

5. 企业原始创新能力不足导致市场中基于技术创造的竞争不活跃。企业作为技术商用者，在政策扶植和与市场相容的激励机制下成为创新主力，但是企业研发活动具有明显的短期性，企业间流动的技术大多是跨越中试阶段的技术。高校、科研院所富集的科技资源和不同于企业的风险承担机制和研发动力使其在市场中持续担任着重要的基础研发者，但一方面因为组织管理上的缺陷使得它们市场化不足，而其公有制基础意味着其不可能实现完全的市场化；另一方面高校和科研院所数量有限，无法满足市场越来越旺盛的技术需要。因此，企业对基础研发投入不足导致市场中基于技术创造的竞争并不活跃。

6. 市场表现出协调型市场的特征，而非自由市场特征。霍尔和索斯凯斯（Peter Hall and David Soskice，2001）总结出自由市场经济模型的三个显著特征：市场交易行为基于经济利益而非个人关系或规范性承诺、市场组织应该与竞争对手竞争而不是与他们勾结、市场组织应该主要为股东服务而不是为更广泛的利益相关者。我国技术市场表现出与其相悖的协调型市场的特征：一是以信任、合作、互惠为特征的非正式制度发挥着重要作用，基于理性算计的正式制度作用不充分，使市场中基于价格的竞争较少，同时鼓励了风险分摊行为，而阻止了冒险行为；二是市场交互方式中技术开发和技术服务占据主导，逐渐表现出以产学研结合为代表的"社会化大生产"的知识生产、传播、应用方式；三是市场中基于技术创造的竞争不足；四是当市场逐渐成熟，政府开始以"一体化"和"网络化"为原则设计市场，强调建设产学研合作的创新网络。霍尔和索斯斯基（Hall and Soskice，2001）认为协调型市场体系更擅长渐进式创新，渐进式创新对于产品制造至关重要，但不利于动态技术行业、基于系统的产品和服务业。

7. 政府始终为市场提供外生变革动力，市场内部自主性变革能力逐渐显现。在市场需要突破固有发展模式适应新的经济环境时，政府始终为技术市场提供外生动力，市场中国有组织的存在和强势地位使得政策落实效率高，进而推动市场向着提高市场资源配置效率的整体目标发展。市场内部具有社会资本优势的主体有能力改变或调整市场非正式制度，进而赋予市场内生变革动力。随着市场发展，这些主体从国有组织转变为国有组织、民营企业和中介机构。在市场发展初期，国有组织因缺少自主经营、自负盈亏、产权明晰等市场有效运行的必要条件而使得市场难以进行自下而上的制度创新，对市场转型的助力不足，市场缺少自主性变革能力。但是随着体制机制改革，国有组织有了更多从事商业活动的自主性，中介机构和民营企业与市场相容的激励机制意味着其能够更积极地响应市场内部变化，因此，市场内部具有了自主性变革能力。

8. 政府、社会性网络和行动者尚未形成良性互动的发展格局。我国技术市场的发展由政府推动转变为政府、社会性网络和行动者共同推动。但是这些因素缺少互动机制，一方面，政府对市场内部响应不足，非正式制度难以通过条理化、法规化产生大范围影响；另一方面，政策举措并不能突破市场惯习、关系和文化观念对市场发展的阻碍，从而对市场结构优化的助力不足。而市场治理具有整体性特征，因此，缺少政府、社会性网络和行动者的良性互动成为我国技术市场发展的阻碍。

第三节　本章小结

本章将 GSA 框架下每一维度的分析结果整合，梳理出我国技术市场三个阶段的发展特征，进而得到政府、社会性网络和行动者在市场中的作用机制和市场发展动力。具体地，我国政府在技术市场中不断加强着对市场的整体设计和治理，并通过更多规制实现市场改革的过程，但这种过程还存在对市场规律认识不足、行政干预过强等问题；社会性网络是政府和行动者两种力量交织在一起共同作用的产物，其中，非正式制度始终发挥着重要作用且逐渐具备了自我调节能力，从而赋予市场自我变革的能力，正式制度作用持续增强但尚未发挥充分作用。行动者的行为受到政府和社会性网络的影响，但同时他们的能动性又维持了网络运行，市场中行动者日渐活跃、功能多元，但是尚未实现市场充分竞争的发展目标。进一步得出我国技术市场的发展动力从源自政府自上而下的规定演变为政府、社会性网络和行动者的共同驱动，但是这些因素尚未实现"携手"共治。最后，基于以上分析总结得出我国技术市场发展的八大特征。

第十章
典型案例——北京技术市场

我国技术市场是由一系列特定的政策、社会性因素相互链接形成的独特市场治理体系。但是"中国模式"并非庞大而单一,各个地区的行政分割使技术市场的发展有很大的区域差异性。前述关注了国家层面技术市场的整体演进过程,本章选取技术市场的"核心区"——北京技术市场作为典型案例进一步分析技术市场发展的"中国模式"。之所以选取北京技术市场作为典型案例是基于以下原因:一是北京是我国创新资源最为密集的区域,占据着全国近1/3的科技资源。2021年,研发经费支出2629.3亿元,占到全国的9.41%,研发投入强度6.53,已经处于全球领先位置。高校、科研院所和高新技术企业分别占到全国的6.1%、13.4%、10.81%,位于全国前列。二是北京市技术交易总量不断突破,市场活力得到有效激发。2021年,全市认定的技术合同93563项,技术合同成交额7005.7亿元,技术合同成交额占全国的18.8%,位于全国首位。三是北京市充分发挥着全国科技政策先行先试改革先导区的作用,率先实施一大批国家级创新政策,如"1+6""新四条"为完善国内创新环境、建设高标准技术市场探索出有益经验。

第一节　北京技术市场发展现状

一、发展状况

(一) 市场规模拓展,市场交易类型多元

近年来,北京市技术要素市场保持快速发展态势,技术交易活跃,年均有

8.5 万项技术成果通过技术要素市场交易实现转移转化，技术合同成交金额年均增长率达到 14%。2020 年，北京共登记技术合同 8.4 万项，认定登记成交金额为 6316 亿元，占 GDP 的比重 17.5%，是近年来最高占比。2021 年，北京市认定登记技术合同总量首次突破 9 万项，达 93563 项，比 2020 年增长 10.8%；技术合同成交额达 7005.7 亿元，增长 10.9%，占 GDP 比重 17.4%，经济贡献率显著。与 R&D 经费投入对比来看，北京市技术合同成交额远高于本市 R&D 经费投入，2017 年技术合同成交额与 R&D 经费投入比为 3.03∶1，到 2019 年略降至 2.55∶1，2021 年两者差距进一步拉大，达到 2.85∶1，如表 10−1 所示。

表 10−1　　　　　2017～2021 年北京市技术交易情况

年份	技术合同成交项及增长率（项，%）		技术合同成交额及增长率（亿元，%）		技术合同成交额占国内生产总值的比例（%）	技术合同成交额与R&D 经费投入的对比
2017	81311	—	4486.9	—	16.02	3.03∶1
2018	82486	1.45	4957.8	10.49	16.35	2.89∶1
2019	83171	0.83	5695.3	14.88	16.10	2.55∶1
2020	84451	1.54	6316.2	10.90	17.50	2.71∶1
2021	93563	10.79	7005.65	10.92	17.40	2.85∶1

技术合同成交类型差异较大。从技术合同成交来看，北京市技术成交合同主要集中在技术开发合同和技术服务合同，占比分别为 47.1% 和 46.5%，相对而言，技术转让合同和咨询合同占比偏低，分别占总技术合同成交量的 1.9% 和 4.4%（见图 10−1）。可见，技术开发和技术服务是北京市技术要素市场发展的主要交易形式，仅少部分市场主体会进行技术转让和技术咨询。另外，北京市新技术要素流通和交换形式不断产生和发展，如以股权众筹、产品众筹、债权众筹等形式进行交换和价值实现的科技成果或产品原型不断涌现。从输出类型看，北京市技术输出热点主要集中在电子信息、城市建设与社会发展和现代交通领域，三个领域输出技术合同 63983 项，成交额 4902.5 亿元，占全市的 70.0%。

（二）创新能力增强，溢出效应明显

一是创新主体数量规模提升。伴随北京市创新生态环境不断优化，各类创新主体持续增长，参与技术交易的主体数量规模比例不断扩大。从创新主

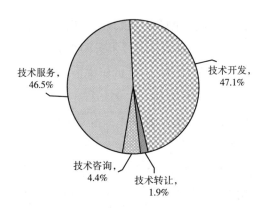

图 10 - 1　2020 年北京市 "四技合同" 成交量对比

体规模来看，近年来北京市各类创新主体数量不断扩大，参与创新和技术交易的主体也越来越多。2020 年北京市高新技术企业达到 23991 家，是 2017 年的 1.47 倍，全市 3009 家规模以上工业企业中有 1202 家进行了 R&D 活动。另外，385 家科研院所和 92 家高等院校也极大地支撑了北京市创新成果产出和技术市场建设，高校、科研院所作为技术要素市场重要的高质量供给主体，参与技术要素市场活动的积极性进一步提高。高校、院所通过委托研发、合作研发、技术转让和技术服务等方式进一步释放研发服务能力和科技成果转移转化活力，为技术市场提供了大量高质量的科技成果供给。大量市场主体为全市创新投入奠定了良好基础，2020 年，北京市拥有 R&D 人员 47.3 万人，较 2017 年增长 19.1%，全市 R&D 经费内部支出达到 2326.5 亿元，是 2017 年的 1.47 倍，研发投入强度达到 6.44，如表 10 - 2 所示。

表 10 - 2　　　　2017 ~ 2020 年北京市创新主体规模与投入力度

年份	高新技术企业（家）	有 R&D 活动规上企业（家）	科研机构（家）	高校（家）	R&D 人员（万人）	R&D 内部支出（亿元）	研发强度
2017	16267	1192	391	92	39.7	1579.6	5.29
2018	18749	1127	382	92	39.7	1870.7	5.65
2019	23190	1127	383	93	46.4	2233.6	6.31
2020	23991	1202	385	92	47.3	2326.5	6.44

二是创新成果产量不断扩大。伴随全市研发投入力度不断提升，北京市专利申请量和专利授权量连续提升，且位居全国前列，其中，发明专利占比

突出。图 10 - 2 显示,从专利申请量看,北京市申请专利中超过 50% 均为发明专利,如 2017 年北京申请专利 185928 项,其中,申请发明专利 99167 项,占比 53.3%;到 2020 年,共申请专利 254165 项,其中,申请发明专利 145035 项,占比 57%,发明专利比例逐步提升。从专利授权量看,北京市已授权专利中,超过 1/3 为发明专利。2017 年北京共授权专利 106948 项,其中,发明专利授权 46091 项,占比 43.1%;到 2020 年北京授权发明专利 63266 项,占比 38.9%,发明专利授权量大幅提升,但占比有所下降。

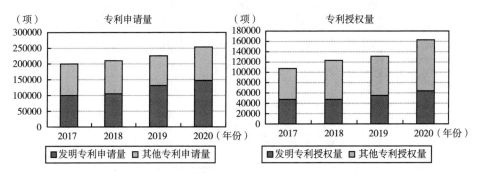

图 10 - 2　2017~2020 年北京市专利申请和授权量

从其他创新成果产出看,近年来北京市各类创新成果近年来持续增长,申请注册商标数、集成电路数、农业植物新品种数年均增长率分别为 5%、30%、10%,到 2020 年申请注册商标数达 564510 件、申请集成电路 492 件、申请农业植物新品种 613 个,如表 10 - 3 所示。

表 10 - 3　　　　　　2017~2020 年北京市其他创新成果产量

其他创新成果	2017 年	2018 年	2019 年	2020 年
申请商标（件）	490086	580855	546590	564510
集成电路（件）	259	302	331	492
农业植物新品种（个）	473	520	569	613

三是技术供给大于技术需求。从技术合同成交量供需对比看,北京市技术合同供给大于本市技术合同需求,属于技术"输出型"城市。具体看,2017~2021 年,北京市输出技术合同项目数由 81311 项增至 93563 项,增长率达到 15.1%;全市技术合同吸纳量由 2017 年的 55944 项增至 71405 项,增幅达 27.6%,虽需求量大幅提升,仍明显低于输出技术合同成交量。从技术

合同成交额供需对比看，两者间差距更加明显。2017 年，北京市输出技术合同 4486.9 亿元，吸纳技术合同 1887.5 亿元，相差 2599.4 亿元；到 2021 年，差距进一步拉大，当年输出技术合同 7005.65 亿元，吸纳技术合同数 3439.06 项，相差 3566.59 亿元，如图 10 - 3 所示。

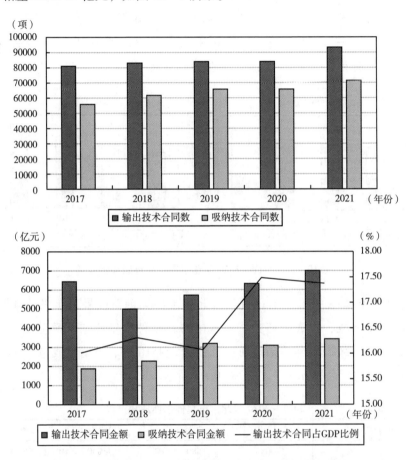

图 10 - 3　2017～2021 年北京市技术合同输出和吸纳对比

四是国际技术成为重要供给源。随着我国对外开放水平提高，一些国外机构瞄准"中国技术"，通过全球化运营能力、产业资源和资本优势，加快推动国内优秀科技成果的全球产业化。还有一些海外机构看重"中国市场"，将国外先进技术"连根带土"移植落地到中国进行产业化。如德国弗劳恩霍夫协会、史太白等都在国内建立了分支机构。2016 年，弗劳恩霍夫协会与海尔集团签订技术合作协议，为海尔建设滚筒洗衣机模块化智能制造基地，提供包括专利技术、实验设施和研发服务在内的定制化 4.0 工厂技术解决方案，打造国内第一个智能家电智慧园区示范基地，项目总投资 7 亿元。北京市作为我国经济政治中心，在技术要素市场不断完善的同时，与国际技术市场的联系也更加密切。2020 年，全市共引进国际技术转移合同 520 项，共完成技术合同成交额 37.43 亿美元，如图 10 - 4 所示。

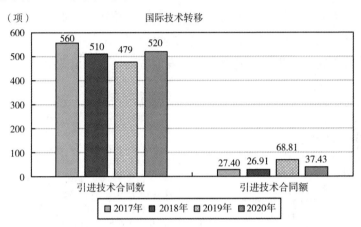

图 10 - 4　2017～2020 年北京市引进技术合同数与成交金额

（三）服务支撑有力，体系建设完善

一是技术转移机构服务保障有力。在政策环境和市场机会的激励下，专业化的技术转移机构逐步出现，聚焦某一行业领域持续做精、做深，在垂直细分领域内打造技术转移的资源配置平台，围绕产业转型升级构建创新资源生态圈。如 2002 年成立的科威国际技术转移公司前身是清华大学国际技术转移中心，公司以生物化工和节能环保为关注重点，在全球范围内开展技术本地化、技术商业化、技术引进与出口。国家技术转移机构是为实现和加速科学知识、技术成果、科技信息和科技能力等系统知识从技术供给方向技术需求方转移，提供技术经纪、技术集成、技术评价和技术投融资等服务的机构，是技术转移体系的重要组成。截至 2020 年年底，北京市共有各类国家级技术转移机构 54 家，如表 10 - 4 所示，其中有企业法人 32 家、事业法人 5 家、内设机构 17 家，占全国总量的 12.7%，位列全国首位。54 家国家级技术转移机构中，共有从业人员 4312 人，具有中级职称以上的 2622 人，拥有技术经纪人 401 人。从贡献度看，2020 年 54 家国家级技术转移机构共促成项目数

13963 项，促成项目成交金额 440 亿元，分别排在全国第三位和第二位，占到北京市技术合同成交总量的 16.5% 和成交总额的 7%。大量国家级技术转移机构使各类创新主体、高校院所、科研机构、国家机关等各类市场参与方间联系更加密切，有效促进了技术要素在全市范围内的自由流动和有效配置。2020 年，北京 54 家技术转移机构共组织交易 2100 次，组织技术转移培训 66862 次，服务企业 33899 家，解决企业需求 23350 项。但也可以看到，北京市技术转移机构数量众多，但促成的技术交易量不及江苏、广东，说明其在促进科技成果转化、推动技术要素市场发展方面还有一定的提升空间。

表 10 - 4　　　　　　　　　北京市国家级技术转移机构

1. 北京技术交易促进中心
2. 北京矿冶科技集团有限公司
3. 中国技术供需在线平台［华教联创（北京）科技有限公司］
4. 新医药北京市技术转移中心
5. 北京化工大学科学技术发展研究院
6. 中北国技（北京）科技有限公司
7. 北京理工大学技术转移中心
8. 中国纺织信息中心
9. 华北电力大学技术转移中心
10. 中国科学院过程工程所科技开发处
11. 科威国际技术转移有限公司
12. 北京中科前方科技发展有限公司
13. 中国航天系统工程有限公司
14. 中国农业大学技术转移中心
15. 北京北化大科技园有限公司
16. 北京大学医学部技术转移办公室
17. 中国科学院自动化研究所技术转移中心
18. 北京交通大学技术转移中心
19. 中国科学院理化技术研究所产业策划部
20. 北京北航先进工业技术研究院有限公司
21. 北京华昆仑科技有限公司
22. 北京海外学人科技发展中心
23. 中国科学院北京国家技术转移中心
24. 中关村能源与安全科技园
25. 北京华清科创科技开发有限公司
26. 北京大学科技开发部
27. 中国钢研科技集团公司市场部
28. 北京中农博乐科技开发有限公司（中国农科院饲料所技术转移中心）
29. 中国科学院微电子研究所
30. 中国中医药科技开发交流中心
31. 北京科信必成医药科技发展有限公司
32. 清华大学国家技术转移中心
33. 中国科学院微生物研究所技术转移转化中心
34. 中国技术交易所有限公司
35. 中材集团科技开发中心有限公司
36. 化工行业生产力促进中心
37. 中国科学院计算技术研究所技术发展中心
38. 北京赛德兴创科技有限公司（北大技转中心）
39. 北京机科国创轻量化科学研究院有限公司
40. 北京科技大学国际高技术中心
41. 中科合创（北京）科技成果评价中心
42. 超越科创投资（北京）有限公司
43. 中国兵器工业新技术推广研究所
44. 北京恒冠国际科技服务有限公司
45. 北京产权交易所有限公司
46. 北京科技大学设计研究院有限公司
47. 北京市农林科学院科技产业办公室
48. 先进制造北京技术转移中心（北京工大智源科技发展有限公司）
49. 全国农业科技成果转移服务中心（中国农业科学院技术转移中心）
50. 北京北林先进生态环保技术研究院有限公司
51. 中蔬种业科技（北京）有限公司
52. 北京华创阳光医药科技发展有限公司（中国医药科技成果转化中心）
53. 北京海淀中科计算技术转移中心
54. 北京软件和信息服务交易所有限公司

二是科技创业服务实现发展。围绕科技创业提供服务的机构繁荣发展，特别是市场化创业孵化服务机构发展，为科技成果以创业企业股权融资形式实现价值转化和参与生产提供了良好支撑。统计数据显示，北京市科技企业孵化器数量逐年攀升，2019 年达到 130 家，2020 年北京市拥有科技企业孵化器 246 家，在孵企业 13008 家，当年新增在孵企业 2964 家，总孵化面积399.6 万平方米，其中，国家级科技企业孵化器 65 家；拥有众创空间达到232家，当年服务初创企业 2.4 万家，这些孵化器和众创空间大多通过开展集成服务，有效赋能了科技创业活动开展，如表 10 - 5 所示。专业化科技企业孵化器成为以科技创业项目呈现的技术要素的重要的买方力量。这些孵化器广泛寻找有价值的科技成果项目，通过融资或服务入股的方式开展技术交易，并在此基础上为科技创业企业提供孵化服务，促进科技成果转化。截至 2020年底，246 家孵化器内在孵企业共带动就业 18 万人，总收入达 1566 亿元，助力企业获得风险投资 150 亿元。

表 10 - 5　　　　　2017～2020 年北京市孵化器与众创空间建设情况

项目	2017 年	2018 年	2019 年	2020 年
科技企业孵化器	105	152	130	246
国家级科技企业孵化器	54	55	61	65
众创空间	185	147	245	232

三是技术要素交互服务和交换模式不断创新。2018 年以来，北京市技术要素市场不断创新发展、不断探索技术要素交换的新模式，结合全国技术要素市场发展，主要表现出如下特征：（1）技术集成经营模式，即以客户需求为导向，以专业的技术经营和服务能力为前提，通过购买、引进、集成相关技术，进行二次开发或整合打包后进行交易；（2）技术熟化推广模式，即对共性技术、商业应用技术加强研究开发，着重通过强化小试、中试，提高高校和科研院所技术成熟度和适应性，从而促进科技成果交易和产业化应用；（3）需求导向一站式技术交易和转移模式，即统筹利用科技中介服务资源，以企业需求为导向、以信息化手段为支撑、以国家政策和内部标准化质量管理体系为指引的跨地区、跨行业、跨领域技术转移模式；（4）产业技术研究院（新型研发机构）模式，即以促进产业技术创新为出发点和落脚点，集聚优势资源，以研发共性技术为基础，集技术研发、创业孵化、技术转移、科

技金融为一体的技术交易和转移模式；（5）科技创业孵化模式，即为孵化企业提供从技术研发、项目孵化、企业孵化到初创期、成长期、改制上市全程服务模式；（6）知识产权运营模式，即以早期专利和知识产权商业化运营为主要服务内容的技术转移模式；（7）网上技术市场模式，即以现代互联网技术为支撑、以网络化管理为手段，为技术供需双方提供信息披露、网络竞价、网上交易的技术转移交易模式；（8）科技成果路演模式，即利用路演方式向有效受众推介展示经过层层筛选的优秀技术成果，增强对接的精准性和互动性，进而实现技术要素交易和转移；（9）创新挑战赛模式，即以有偿激励的方式将创新任务通过互联网外包给非特定对象完成的组织行为，其中，典型模式是创新挑战赛事，一般由政府或企业将技术需求、产业需求、公共服务需求等通过互联网向社会大众征集解决方案，具有竞争"零门槛"、机制"零束缚"、对接"零距离"等特点；（10）科技产品众筹，目前，众筹平台在全国各地快速发展，形成了股权众筹、产品众筹、债权众筹等模式。其中，科技产品众筹的发展引人瞩目，形成了"技术—融资—样品—市场—产品—产业"的技术资本化和产业化链条。众筹不仅为愿意转化成果的科研人员筹集资金，还能筹到智力支持、筹到潜在用户、筹到生产资源，解决科技成果转化为产品过程中面临缺资金、缺用户、缺经验等难题。

二、发展意义

（一）承担科技自立自强的时代使命

党的十九届五中全会明确提出，要坚持科技创新在我国现代化建设全局中的核心地位，把科技自立自强作为国家发展的战略支撑。此外，随着中美大国竞争加剧，以及美国的科技脱钩政策，我国产业技术发展格局，尤其是产业技术来源，也必须转向内部求索。但是改革开放以来，我国技术要素市场的供给，无论是直接的技术引进，还是伴随 FDI 的内化于设备、工艺、管理的技术转移，发达国家和跨国公司一直是我国现代产业的重要技术来源。北京是我们国家科技基础最为雄厚、创新资源最为集聚、创新主体最为活跃的区域之一，拥有 90 多所大学、1000 多所科研院所和近 3 万家国家级高新技术企业，在北京的国家重点实验室有 128 家，每天设立的科技型企业超过 300

家，这种研究能力、培养人才的能力和成果转化和产业化的能力决定北京要首当其冲承担起科技自立自强的时代使命。此外，《北京市国民经济和社会发展第十四个五年规划和二〇三五年远景目标纲要》提出，要强化国家战略科技力量核心支撑，前瞻布局一批"从0到1"的前沿基础研究和交叉研究平台，加速产生一批重大原创性成果，突破一批"卡脖子"关键核心技术，全面提升原始创新引领带动能力。

（二）支撑国家科技创新中心的建设

2021年，北京市探索构建新发展格局的有效路径，提出建设国际科技创新中心。2022年6月27日，北京市第十三次党代会开幕。大会报告指出，加快形成国际科技创新中心方面，将着眼更好服务创新驱动发展等重大国家战略，努力建设世界主要科学中心和创新高地。但是北京距离国际高水平仍存在较大差距。主要体现在：一是顶级科研平台少、诺贝尔获奖的领军科学家少等，在标志性理论、科研成果、原始创新上，尽管北京在一些国际排名中占有比较重要的地位，但与东京、波士顿等城市还有很大差距；二是北京在科技创新领域的领先地位面临来自上海、深圳等国内城市的激烈竞争；三是科技创新对北京以及京津冀地区高质量发展的支撑能力有待增强。因此，通过北京技术要素市场的建设，促进北京对全球创新资源的吸收和利用、支撑建设国家科技创新中心是政策的主要着力点之一。

（三）探索行政分割的破解方法

创新驱动发展上升为国家战略之后，我国地方政府加大了科技创新投入，早在2012年，地方科技财政支出超过中央，到2020年，地方科技财政支出已经占到67%，成为名副其实的"大头"。然而，在推动科技创新的策略上，地方政府倾向于建立大而全的区域创新体系，试图在本地覆盖从基础研究到产业化的全链条。不仅如此，各个地方政府还围绕创新资源展开激烈竞争。因此，我国围绕地方行政区边界，形成了一个个自成体系、相对封闭的区域创新体系，创新资源和活动被区域创新政策和行政力量锁定这些碎片化的体系当中。《中共中央　国务院关于构建更加完善的要素市场化配置体制机制的意见》中提出"统一开放""自由流动"的要求，《中共中央　国务院关于加快建设全国统一大市场的意见》提出"打破地方保护和市场分割，打通制约经济循环的关键堵点，促进商品要素资源在更大范围内畅通流动"。因此，北京市在"十四五"时期的技术要素市场发展需要依托京津冀城市群、环渤海经济圈，探索建设一体化的技术要素市场。

（四）强化创新驱动发展的示范引领作用

北京技术合同成交额输出到京外的大概占 70%，体现了对全国的辐射带动作用。"十四五"期间，北京要走出新路子，重要的方向就是要深化科技体制改革、完善创新生态、激发人才的创造活力，特别是要打通科技、产业和金融之间的通道，进一步地强化引领、支撑和示范带动作用。

第二节　北京技术市场的社会性建构

与前面分析框架一致，从政府、社会性网络和行动者维度重点分析北京技术市场的突破性、探索性举措或者不足之处，为全国技术市场发展提供思路。需要注意的是，北京技术市场的发展和全国技术市场的发展阶段一致：第一阶段是 20 世纪 80 年代初期，目的在于承认技术要素的商品属性、树立和强化对"科学技术是生产力"的正确认识。典型标志是 1980 年 10 月国务院在《关于开展和维护社会主义竞争的暂行规定》中提出"对创造发明的重要技术成果要实行有偿转让"，从此开启了我国技术进入市场的过程。1986 年 6 月，为加强管理和促进北京技术市场的发展，经北京市政府批准，北京技术市场协调指导办公室成立。1990 年 5 月，北京技术市场管理办公室正式设立，负责北京技术市场的日常管理工作，初步形成了北京地区技术市场管理体系。第二阶段，伴随着科技体制改革的启动，我国开启了有形技术市场（如技术交易场所）和技术交易机构（如技术转移中心）等的建设探索，目的在于促进科技与经济结合、对接技术要素的需求和供给信息、为促进科技成果的转化定规则和搭平台。其典型标志是 1994 年 10 月北京市人大颁布了《北京市技术市场管理条例》。为适应新的形势，2002 年 7 月市人大重新制定颁布了《北京市技术市场条例》。新条例颁布后，北京市科委不失时机地出台了《北京市技术合同登记机构管理办法》《北京市技术市场行政执法实施办法》《北京市技术市场发展专项资金管理办法》等 7 个配套管理办法，初步形成了与条例相配套的地方性法规管理体系，为技术市场健康发展提供了法治保障。第三阶段，北京技术要素市场日臻成形，进入了向有效发挥"市场"功能、深化促进科技体制改革和发挥对自主创新助推作用的发展期，该阶段技术要素市场的建设目标与"深化科技体制改革、促进高新技术成果商品化、产业化"，以及与"加快建立以企业为主体、市场为导向、产学研相结合的技术创新体系"的目标紧密关联。自 2003 年以来，北京市科委、北京市工业促进局等致力于打造区域技术转移联盟，为推进北京地区技术转移工作作出了显著贡献。北京地区已经建立起来的区域技术转移联盟主要有北京技术转移服务联盟、环渤海技术转移联盟、北京市技术转移中心等。

一、政府维度

在北大法宝数据库和北京市人民政府网站以"技术市场""技术要素市场""技术转移""成果转移""转移转化""成果转化""技术交易"为关键词搜索政策文本，将国家层面和北京市区级层面的政策文献排除在外，并对每份政策文本逐一阅读，剔除政策重复、与技术市场关联度较低的政策后，得到北京市级层面现行有效的政策文本 37 份，在表 10 – 6 中展示。

表 10 – 6   北京技术市场发展现行有效政策文献

政策文献	发布时间
北京市科委关于促进科技成果转化若干规定的实施办法	1999 年 10 月
北京市科学技术委员会政策法规与体制改革处关于印发《北京市技术合同登记机构管理办法》的通知	2002 年 10 月
北京市科学技术委员会关于印发《北京市技术市场行政执法实施办法》的通知	2003 年 6 月
北京市科学技术委员会关于印发《北京市技术市场发展专项资金管理办法》的通知	2003 年 8 月
关于加强"医药"类技术合同认定工作的若干意见	2005 年 6 月
北京市科学技术委员会、北京市财政局、北京市发展和改革委员会等关于下发《中关村国家自主创新示范区重大科技成果转化和产业化股权投资暂行办法》的通知	2009 年 12 月
北京市人民政府关于进一步促进科技成果转化和产业化的指导意见	2011 年 3 月

续表

政策文献	发布时间
北京市科学技术委员会关于 2011 年度技术转移服务促进有关工作的通知	2011 年 8 月
北京市科学技术委员会关于印发《北京市技术市场统计管理办法》的通知	2012 年 5 月
科技部、北京市人民政府关于建设国家技术转移集聚区的意见	2013 年 4 月
北京市人民政府办公厅关于印发加快推进高等学校科技成果转化和科技协同创新若干意见（试行）的通知	2014 年 1 月
北京市科学技术委员会等关于印发北京市高等学校、科研机构设立科技成果转化岗位实施细则的通知	2014 年 11 月
北京市科学技术委员会等关于印发《建立高等学校科技创新和成果转化项目储备制度实施细则（试行）》的通知	2014 年 11 月
北京市科学技术委员会等关于印发北京市推动科技金融创新支持科研机构科技成果转化和产业化实施办法的通知	2015 年 5 月
北京市金融工作局、北京市科学技术委员会、北京市财政局等关于印发北京市推动科技金融创新支持科研机构科技成果转化和产业化实施办法的通知	2015 年 5 月
北京市科学技术委员会关于促进北京市智能机器人科技创新与成果转化工作的意见	2015 年 6 月
北京市人民政府办公厅关于印发《北京市促进科技成果转移转化行动方案》的通知	2016 年 11 月
北京市海淀区人民政府关于印发《核心区技术转移三年行动计划（2016—2018）》的通知	2016 年 5 月
北京市国资委、天津市国资委、河北省国资委关于推进京津冀国有技术类无形资产交易加快创新成果转化的工作意见	2017 年 12 月
北京市经济和信息化委员会关于发布《加快全国科技创新中心建设促进重大创新成果转化落地项目管理暂行办法》的通知	2017 年 6 月
教育部科学技术司、中关村科技园区管理委员会关于印发《促进在京高校科技成果转化实施方案》的通知	2018 年 4 月
北京市人力资源和社会保障局、北京市科学技术委员会关于印发《北京市工程技术系列（技术经纪）专业技术资格评价试行办法》的通知	2019 年 9 月
北京市促进科技成果转化条例	2019 年 11 月
北京市支持建设世界一流新型研发机构实施办法（试行）	2020 年 5 月
北京市教育委员会关于进一步提升北京高校专利质量加快促进科技成果转移转化的意见	2020 年 5 月
北京高校科技成果转移转化促进中心建设管理办法	2020 年 5 月
北京市中关村科技园区管理委员会印发《关于强化高价值专利运营促进科技成果转化的若干措施》的通知	2020 年 9 月

续表

政策文献	发布时间
北京市科学技术委员会关于对本市技术交易奖酬金核定工作调整的通知	2020 年 11 月
技术转移服务人员能力规范	2020 年 12 月
北京市地方金融监督管理局、北京市人民政府国有资产监督管理委员会、北京市科学技术委员会等关于印发《关于促进本市国有科技成果与知识产权转化推进知识产权要素市场建设的指导意见》的通知	2021 年 2 月
北京市技术市场条例（2021 年修正）	2021 年 3 月
关于推行北京市专业技术类职业资格培训服务合同示范文本的通知	2021 年 6 月
关于技术转移机构建设项目和技术转移机构市场化聘用技术经理人项目资金申报指南	2022 年 6 月
北京市科学技术协会关于开展"创新联合体"建设的通知	2022 年 6 月
北京市科学技术委员会、中关村科技园区管理委员会关于印发《北京市技术转移机构及技术经理人登记办法》的通知	2022 年 9 月
北京市科学技术委员会、中关村科技园区管理委员等 5 部门印发《关于推动北京市技术经理人队伍建设工作方案》的通知	2022 年 9 月
北京市关于落实完善科技成果评价机制的实施意见	2022 年 9 月

（一）政策文本分析

仔细研读每一份政策文本，了解到北京市政府的突破性政策举措集中于技术市场的法治环境、服务体系、市场主体建设方面。

在法治环境建设方面。2002 年北京市人大常委会通过《北京市技术市场条例》（以下简称《条例》），《条例》的颁布与实施，正式拉开了北京技术市场法治化与规范化发展的序幕。其中规定市科学技术行政部门是北京技术市场的管理部门，并单独创建了技术市场管理办公室，负责技术市场的管理和监督工作。管理办公室在 2004 年制定《北京市技术市场统计管理办法》，2012 年进行修订，不断加强和规范技术市场统计工作，同时在材料、流程和时限上不断精简，以提高服务效率和主体登记主动性。《条例》之后，《北京市技术合同认定登记管理办法》《北京市技术合同登记机构管理办法》《北京市技术市场行政执法实施办法》《关于加强"医药"类技术合同认定工作的若干意见》等多项具体指导意见先后出台，逐步形成多层级、规范化的管理服务体系。同时，紧随国家"放管服"改革，《条例》分别于 2016 年、2019

年、2021 年进行了三次修订，从取消认定登记收费到调整职务技术成果奖励条款，再到增加技术许可合同类型，一步步为技术市场发展营造良好法治环境。此外，为落实《中华人民共和国促进科技成果转化法》《北京市促进科技成果转化条例》于 2019 年通过、2020 年施行，这部法规对科技成果转移转化全链条中的体制问题、动力问题、来源问题进行制度设计和突破，尤其在全国地方性法规层面率先进行职务科技成果权属改革的具体制度设计。2022 年，《关于促进本市国有科技成果与知识产权转化推进知识产权要素市场建设的指导意见》进一步从规范决策程序、开展定价评估、严格落实进场交易制度三个方面对高校、科研院所、国有企业和医疗机构等国有组织的科技成果和知识产权转让、许可、作价投资进行了规定和明确。

在服务体系建设方面。2011 年北京市发布技术转移地方标准《技术转移服务规范》，2019 年发布《北京市工程技术系列（技术经纪）专业技术资格评价试行办法》，在国内率先单独设立技术经纪职称。2020 年首次启动技术经纪专业职称评价工作，2021 年《技术转移服务人员能力规范》地方标准实施，这也是全国首个技术转移服务人员能力建设的地方标准。2022 年《关于推动北京市技术经理人队伍建设工作方案》《北京市技术转移机构及技术经理人登记办法》出台。这些政策有效地指导了技术经纪人的工作方法和服务流程，加强了市场的规范化发展。随着技术服务行业的繁荣，《关于技术转移机构建设项目和技术转移机构市场化聘用技术经理人项目资金申报指南》以及《关于推行北京市专业技术类职业资格培训服务合同示范文本的通知》等政策应运而生。为贯彻落实《国务院办公厅关于完善科技成果评价机制的指导意见》，2022 年《北京市关于落实完善科技成果评价机制的实施意见》发布，解决了科技成果由谁评估、如何评估等问题，从而使投资者有更多工具来评估技术。此外，政府通过《关于加大金融支持科创企业健康发展的若干措施》《关于首都金融科技创新发展的指导意见》《关于促进国家科技金融创新中心建设发展的若干意见》《首都科技创新券资金管理办法》等政策文件部署了大量政策工具，促进金融市场与技术市场的交叉融合。

在市场主体培育方面，政府通过"行政指导"促进跨主体的创新合作，精心设计了多种规制手段进行市场"供需调整"。一是支持高校院所科技成果转化，2013 年的《关于建设国家技术转移集聚区的意见》、2014 年的《关于印发加快推进高等学校科技成果转化和科技协同创新若干意见（试行）的通知》、2020 年的《关于进一步提升北京高校专利质量加快促进科技成果转移转化的意见》和《北京高校科技成果转移转化促进中心建设管理办法》均提出通过建设由高校牵头，政府、企业、科研机构和技术转移服务机构等协同合作的科技成果转化中心或协同创新中心，从而将高校、科研院所和大企业内部研发主导的模式转变为基于创新者网络的模式，培育连接政府、产业和大学的技术转移体系；二是支持企业创新，"先使用后付费""揭榜挂帅""报备即批准"等多项政策支持企业创新，并通过出台《北京企业技术中心建设管理办法》《关于实施"三大工程"进一步支持和服务高新技术企业发展的若干措施》等政策从技术、资本、人才、市场和空间等方面支持创新要素向企业集聚；三是支持多主体协同建立创新组织，比如发布《加快全国科技创新中心建设促进重大创新成果转化落地项目管理暂行办法》《支持建设世界一流新型研发机构实施办法（试行）》《北京市科学技术协会关于开展"创新联合体"建设的通知》等。

（二）政策工具分析

通过政策工具来分析，见图 10-5。国家政策更加偏好强制性工具，只是随着市场发展向着平衡性进行了调整，比如除了环境体系始终偏好混合性工具，其他各市场体系在市场发展各阶段均偏好强制性工具，但随着时间推移，各市场维度对强制性工具的使用呈弱化趋势、对混合性工具的使用呈强化趋势。相较于国家，北京市政府相对较多地使用了混合性工具。要素体系、组织体系从偏重强制性工具过渡到强制性和混合性并重，法律体系和监管体系以强制性工具为主，环境体系和基础设施始终均衡使用混合性和强制性工具。整体上，市场厚度方面从使用强制性工具为主过渡到混合性工具为主，对于市场安全性问题以强制性为主，对于解决市场拥挤性的问题以强制性和混合性并重。

从中分类工具的使用来看，北京市政策和国家政策的最大不同之处在于其在组织体系、要素体系、环境体系、基础设施方面更多地使用了"信息与劝诫""诱因型"的工具，如表 10-7 所示。综上所述，强制性工具主要依赖中分类中"规制""命令和权威"的使用，混合性工具使用比例增长主要归

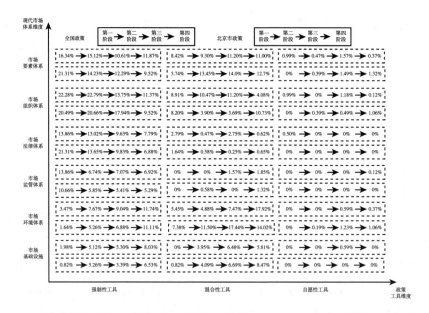

图10-5 二维框架下国家与北京市各时期政策工具使用特点变化及对比

因为"信息与劝诫""诱因型"使用频率的增长。小分类工具中（由于页面限制不逐一展示）。无论国家还是北京市政府，法律体系和监管体系主要使用"规制"下的"法律""禁止""处罚""检查检验""监督"，且没有太大的阶段差异。环境体系和基础设施第一阶段较多地使用了"补贴"下的"直接补贴""财政奖励""税收优惠"手段，组织体系和要素体系第一阶段集中使用"规制"下的"体系建设和调整""建立和调整规制""法规""检查检验"，这四个维度演变为对"信息与劝诫"下"舆论宣传""鼓励号召""教育学习"和"命令与权威"下的"政府机构能力建设""政府间协调""计划"的使用逐渐增多。而北京市还在第四阶段环境体系和基础设施中更多地使用了"信息与劝诫"下的"信息公开"，在组织和要素体系较多地使用了"诱因"下的"信任""权力下放""利益留存""简化程序"。说明国家在解决市场厚度和拥挤性方面既注重政府的直接介入，也逐渐通过提升政府治理能力、引导和鼓励市场主体激活市场活力，而北京则更注重向市场主体传递信息与知识，并通过给予激励、给予市场主体决策权等操作性较强的手段激活主体积极性和活力。

表 10-7　不同阶段、不同维度全国及北京政策工具使用比例对比

单位：%

六维度	阶段划分 (大分类)	(中分类)	强制性工具					混合性工具				自愿性工具	
			规制	公共事业	直接提供	命令和权威	信息与劝诫	补贴	征税和利用户收费	契约	诱因型	自愿性组织	市场自由化
要素体系	第一阶段	全国	11.39	—	—	4.95	1.98	2.48	—	—	3.96	—	0.99
		北京	12.30	—	2.46	6.56	4.10	0.82	—	—	0.82	—	—
	第二阶段	全国	4.65	0.23	2.79	7.44	5.81	1.63	—	0.23	1.63	—	0.47
		北京	6.24	0.19	1.75	6.04	8.77	1.56	0.19	0.58	2.34	0.19	0.19
	第三阶段	全国	2.75	0.39	1.38	6.09	7.47	1.96	0.20	0.20	1.38	0.79	0.79
		北京	3.69	—	1.23	7.37	—	1.23	0.25	—	1.47	—	0.49
	第四阶段	全国	1.61	0.49	1.36	8.41	8.28	0.74	0.25	—	1.73	0.12	0.25
		北京	4.23	0.26	1.32	3.70	8.20	2.38	0.53	—	1.59	0.53	0.79
组织体系	第一阶段	全国	6.93	0.50	0.99	13.86	1.98	3.96	1.98	—	0.99	0.50	0.50
		北京	9.84	—	—	10.66	4.10	4.10	—	—	—	—	—
	第二阶段	全国	7.91	—	1.86	13.02	8.60	0.47	—	0.47	0.93	0.19	0.19
		北京	10.92	0.19	1.95	7.60	1.75	1.36	—	0.58	0.19	0.19	—
	第三阶段	全国	3.93	0.20	0.39	9.23	7.86	1.18	—	0.20	1.96	0.39	0.79
		北京	7.13	—	0.98	9.83	2.95	—	0.25	0.25	0.25	0.25	0.25
	第四阶段	全国	2.60	0.12	0.37	8.28	2.60	1.24	—	—	0.25	—	0.12
		北京	4.76	0.26	1.59	2.91	6.88	0.53	0.26	0.26	0.79	0.53	0.53

续表

六维度	阶段划分	大分类	中分类	强制性工具				混合性工具					自愿性工具	
				规制	公共事业	直接提供	命令和权威	信息与劝诫	补贴	征税和利用户收费	契约	诱因型	自愿性组织	市场自由化
法律体系	第一阶段		全国	9.41	—	0.50	3.96	0.50	0.50	—	—	1.98	0.50	—
			北京	19.67	—	—	1.64	—	—	0.82	—	0.82	—	—
	第二阶段		全国	10.23	—	0.23	2.56	—	0.23	—	—	0.23	—	—
			北京	12.48	—	—	1.17	—	0.58	—	—	—	—	—
	第三阶段		全国	8.06	—	—	1.57	1.57	0.98	—	—	0.20	—	—
			北京	9.09	—	—	0.74	—	—	—	0.25	—	—	—
	第四阶段		全国	6.55	0.12	—	1.11	0.25	—	—	—	0.37	—	—
			北京	6.08	—	0.26	0.53	0.53	1.06	—	0.26	0.79	—	—
监管体系	第一阶段		全国	9.90	—	—	3.96	—	—	—	—	—	—	—
			北京	9.02	—	—	1.64	—	—	—	—	—	—	—
	第二阶段		全国	5.12	—	0.23	1.40	—	—	—	—	—	—	—
			北京	4.87	—	0.19	0.78	0.58	0.79	—	—	—	—	—
	第三阶段		全国	6.09	0.20	0.20	0.59	0.39	—	—	—	0.39	—	—
			北京	5.16	—	—	0.25	—	0.25	—	—	—	—	—
	第四阶段		全国	6.43	—	—	0.49	0.74	—	—	0.12	0.74	0.12	—
			北京	2.91	—	0.53	1.85	0.26	—	—	—	1.06	—	—

续表

六维度	阶段划分	大分类 (中分类)	强制性工具					混合性工具				自愿性工具	
			规制	公共事业	直接提供	命令和权威	信息与劝诫	补贴	征税和利用户收费	契约	诱因型	自愿性组织	市场自由化
环境体系	第一阶段	全国	2.48	—	0.50	0.50	1.49	3.47	—	—	0.50	—	—
		北京	—	—	—	1.64	0.82	4.92	—	—	1.64	—	—
	第二阶段	全国	3.26	—	0.70	3.72	3.26	0.93	—	—	0.70	—	—
		北京	2.14	0.19	1.36	1.56	3.70	3.51	0.39	—	3.90	—	0.19
	第三阶段	全国	5.70	—	0.20	3.14	5.11	1.18	—	0.20	0.98	0.20	0.39
		北京	3.93	—	0.74	2.21	6.88	3.93	—	0.25	6.39	0.49	0.74
	第四阶段	全国	4.82	—	1.36	5.56	9.52	3.58	0.12	0.25	4.45	0.12	0.25
		北京	5.29	0.26	1.06	4.50	5.56	4.50	0.26	0.26	3.44	0.53	0.53
基础设施	第一阶段	全国	0.99	—	0.50	0.50	—	—	—	—	—	—	—
		北京	—	—	0.82	—	—	0.82	—	—	—	—	—
	第二阶段	全国	1.63	—	—	3.49	3.95	—	—	0.78	—	—	—
		北京	1.95	0.97	0.58	1.75	1.95	1.36	—	—	—	—	—
	第三阶段	全国	1.77	0.20	0.39	2.95	6.09	0.39	—	0.25	1.11	—	0.59
		北京	2.70	1.47	0.49	1.72	3.44	—	—	0.25	—	—	—
	第四阶段	全国	1.11	0.74	0.74	5.44	4.08	0.25	0.12	0.25	1.11	—	—
		北京	2.38	1.32	0.79	1.85	4.76	—	0.26	0.26	3.44	—	—

（三）现代市场体系分析

从现代市场体系理论分析。无论是国家还是北京市，其在不同阶段政府对市场体系不同维度都有不同程度的介入，因此，政府对市场是一个整体设计和治理的过程，只是治理逻辑有明显的阶段性演变特征，如图 10-6 所示。国家层面，第一阶段，政府重点关注要素体系和组织体系，政策比例分别达 25.74%、32.18%，然后是法律体系和监管体系，政策比例分别为 17.33%、13.86%，反映出政府重心在于扶植市场厚度、建立市场运行规则和监督框架。之后三个阶段，要素体系和组织体系仍然是关注重点，但政策比例有所下降，而对市场环境体系和市场基础设施关注持续提升，从第一阶段的 8.91%、1.98% 分别提升至第四阶段的 23.87%、16.30%。同时对市场法制体系和市场监管体系的关注从第一阶段的 17.33%、13.86% 分别降至第四阶段的 8.20%、8.62%，因此，优化市场流畅度、扶植市场厚度成为发展市场的主要内容，即政府的市场建设重心在于基础和效率。市场安全性中法律体系的建立具有延续性，政府关注度的降低说明市场运行的基础法律框架基本建立，但是对监督体系的关注度降低说明市场可能存在"执法不严"的问题。

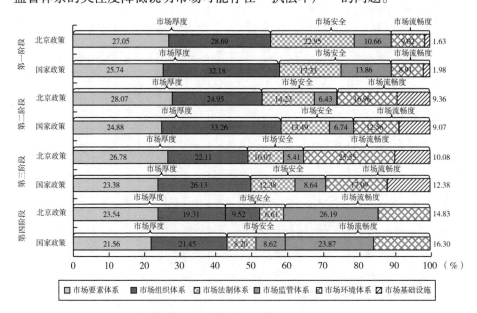

图 10-6　现代市场体系理论维度下国家与北京市各时期政策特点对比

北京市技术市场政策目标的转变和国家政策整体一致、局部存在差异：从第一阶段重点关注要素体系和组织体系到第四阶段兼顾发展要素体系、组织体系、环境体系和基础设施，同时对市场法律和监管体系的关注度持续下降。区别在于北京市政府对法律体系和环境体系的关注度始终高于国家，而对组织体系和监管体系的关注度低于国家。这说明北京市更加注重市场软硬规则的建立，比如北京在 2019 年发布《北京市工程技术系列（技术经纪）专业技术资格评价试行办法》，在国内率先单独设立技术经纪职称，2020 年首次启动技术经纪专业职称评价工作，2021 年《技术转移服务人员能力规范》地方标准实施，这也是全国首个技术转移服务人员能力建设的地方标准。

总体上，政府市场介入手段经历了从单一到多元、从政策目标与政策手段匹配不平衡到匹配相对平衡、从政府关注行政能力建设到关注市场治理能力建设的转变。同时，国家政策是北京政策的"风向标"，北京政策在"国家模式"指导下，在加强市场规制、放松市场管制方面做了更多努力。加强市场规制表现在对市场法律体系和环境体系的关注度更高，放松管制表现在采取了更多下放行政权力、破除冗余程序、简化繁复流程的政策手段。

二、社会性网络维度

从 Incopat 数据库中，根据申请人、转让人、受让人地址信息，提取 2013～2020 年所有在北京市范围内以及北京市与其他省份进行合作和转让的发明专利，利用 Pajek、Ucinet 软件测算北京市内部及与其他地区的专利合作、转让关系。之所以选取 2013～2020 年数据是因为北京市和国家层面政策的一致性，且避免冗长重复分析，对社会性网络和行动者维度的分析只选取第三阶段，这一阶段是全国技术市场的最新发展阶段，在时间跨度一致的前提下可以对比全国和北京技术市场发展现状，并将 2013～2020 年数据划分为四阶段，以分析北京市技术市场现阶段内部变化趋势。

从网络整体特性来看，近年来北京市专利合作网络和专利转让网络不断扩张，网络密度远高于全国技术市场。市内合作和转让比例缓慢降低，与其他省份的合作强度和转让比例逐渐提升，如图 10 - 7、图 10 - 8 所示。具体地，合作网络中市内合作由 2013～2014 年的 34.71% 降至 2019～2020 年的

30.3%，与其他省份的合作比例由 65.29% 持续提升至 69.7%。转让网络中，2013～2014 年区域内、外专利转让量分别占 35.44%、64.56%，其中，外部转让中专利吸纳占 34.67%、专利输出占 29.89%；2019～2020 年内部转让量降至 28.52%，跨区转让量升至 71.48%，跨区转让中专利输出占 41.57%、专利吸纳占 29.91%。说明作为全国技术市场发展的"核心区"，北京市逐渐打破基于空间邻近的技术交易关系，与外部建立起更加广泛的合作和转让关系，而且输出量逐渐超越输入量，市场发展跨越资源向内部集聚的初级发展阶段，对全国技术市场起到引领带动作用。

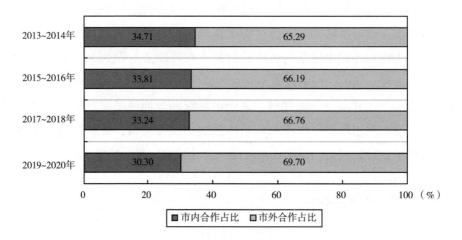

图 10-7　2013～2020 年北京市专利市内外合作对比

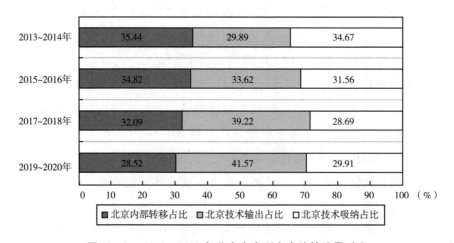

图 10-8　2013～2020 年北京市专利市内外转让量对比

利用 Ucinet、NetDraw 软件绘制北京市与其他省份的专利合作网络图（见图 10 - 9），由于各阶段发展趋势一致，只展示 2013 ~ 2014 年和 2019 ~ 2020 年的网络关系。合作网络中，北京与江苏、浙江、广东、福建、山东、天津、上海的合作量超过北京专利合作总量的 5%，随着时间的推移，北京与河北、河南、四川地区的合作逐步加强，而且合作关系的建立较为平均、地理性集聚度不高。说明北京地区合作关系的建立已经突破了地域分割，初步建立起全国范围内的技术研发网络。

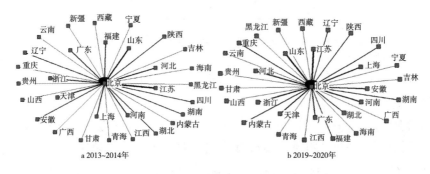

图 10 - 9　北京市与其他省份专利合作网络图

随着我国对外开放水平提高，一些国外机构瞄准"中国技术"，通过全球化运营能力、产业资源和资本优势，加快推动国内优秀科技成果的全球产业化。还有一些海外机构看重"中国市场"，将国外先进技术"连根带土"地移植落地到中国进行产业化。如德国弗劳恩霍夫协会、史太白等都在国内建立了分支机构。2016 年，弗劳恩霍夫协会与海尔集团签订技术合作协议，为海尔建设滚筒洗衣机模块化智能制造基地，提供包括专利技术、实验设施和研发服务在内的定制化 4.0 工厂技术解决方案，打造国内第一个智能家电智慧园区示范基地，项目总投资 7 亿元。北京市作为我国经济政治中心，在技术市场不断完善的同时，与国际技术市场的联系也更加密切。2017 年引进技术合同数 560 项，完成技术合同额 27.4 亿美元；2020 年，共引进国际技术转移合同 520 项，共完成技术合同成交额 37.43 亿美元。单项技术合同额增高在一定程度上说明技术复杂性提升（见图 10 - 10）。

绘制北京市与其他省份专利转让空间分布图，区分输出和输入分别进行绘制。从输出情况看（见图 10 - 11），2013 ~ 2014 年，北京地区专利转让量

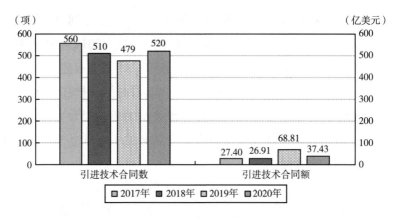

图 10 - 10　2017～2020 年北京市引进技术合同数与成交金额

超过 5% 的地区主要集中在广东、江苏、天津、河北；2019～2020 年，输出量在 5% 以上的地区分散到江苏、山东、广东、浙江、河北。从吸纳情况看（见图 10 - 12），2013～2014 年吸纳量在 5% 以上的地区为上海、江苏、广东、浙江、山东、河北；2019～2020 年，吸纳量在 5% 以上的地区分别是江苏、福建、广东、山东、陕西、浙江。总体上，无论是技术输入还是输出，大多集中在南部和中部地区，主要的变化是和陕西的合作增多。进一步地，对网络运行机制进行分析，由于各阶段交易关系超过 5 万条，根据前面研究方法，按照简单随机抽样法抽取 1536 条作为研究对象发现，北京合作专利网络和转让专利网络中平均有 24.5% 和 38.2% 存在亲缘关系，且随着时间推移小幅下降。

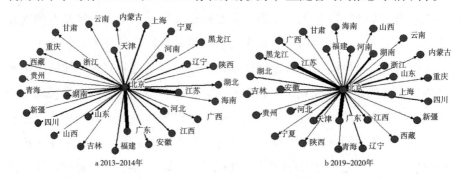

a 2013~2014年　　　　　　　　b 2019~2020年

图 10 - 11　北京市输出专利技术空间分布

整体上，相比于全国技术市场，北京市与其他地区建立的合作关系中亲缘性关系占比低，而且已经突破了地域分割，初步建立起全国范围内的技术合作网络。转让关系虽然主要集中在核心区，但是其中的亲缘性关系

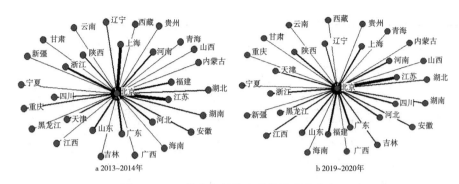

a 2013~2014年　　　　　　b 2019~2020年

图 10-12　北京市吸纳专利技术空间分布

明显低于全国。

　　进一步地，为观察北京技术市场内部特征，对节点角色特征进行分析（见表 10-8）。由于合作网络和转让网络中前 100 节点占据 10% 以上网络资源，因此选择节点度数中心性、中介中心性、结构洞排名前 100 的节点进行分析。合作网络中，度数中心性前 100 的节点中国有企业占据最多，其次是高校和科研院所，然后是高校和科研院所创办的衍生企业，民营企业最少。中介中心性和结构洞前 100 节点中高校、科研院所、国有企业及民营企业具有基本相当的市场势力。和全国技术市场相比具有以下特征：一是高校和科研院所地位相当；二是国有企业市场地位强于其他组织；三是民营企业市场地位突出。转让网络中，入度中心性和出度中心性排名前 100 的节点中，民营企业最多，其次是国有企业、高校和科研机构；中介中心性中民营企业占比最多，其次是国有企业，其他组织相对较少；结构洞占比最多的仍然是民营企业，高校、科研机构和国有企业基本相当，中介服务机构逐步突出。该组数据和全国最大的不同在于，民营企业市场势力突出。

表 10-8　2013~2020 年北京市专利转让/合作网络前 100 节点分析

指标	阶段划分	高等院校	科研机构	国有企业	衍生企业	民营企业	中介机构	事业单位及其他组织
转让网络出度/入度	2013~2014 年	20/15	18/12	22/24	5/5	30/40	3/4	2/0
	2015~2016 年	22/14	24/9	21/29	4/6	24/36	5/6	0/0
	2017~2018 年	20/15	18/15	20/35	4/4	31/25	5/6	2/0
	2019~2020 年	19/15	16/14	23/31	2/5	34/26	5/7	1/2

续表

指标	阶段划分	高等院校	科研机构	国有企业	衍生企业	民营企业	中介机构	事业单位及其他组织
合作网络度数中心性	2013～2014年	22	24	34	12	5	0	3
	2015～2016年	22	28	31	7	8	0	4
	2017～2018年	21	21	40	9	6	0	3
	2019～2020年	22	20	39	8	6	0	5
中介中心性转让/合作	2013～2014年	10/22	12/24	23/27	2/9	47/14	6/0	0/4
	2015～2016年	14/21	13/23	23/33	3/6	40/11	7/0	0/6
	2017～2018年	17/22	14/22	22/29	4/7	39/13	4/0	0/7
	2019～2020年	17/23	16/23	21/26	3/5	34/13	8/0	1/10
结构洞转让/合作	2013～2014年	18/19	18/21	14/20	2/12	39/22	9/0	0/6
	2015～2016年	19/23	19/20	18/19	1/8	32/21	11/0	0/9
	2017～2018年	19/24	19/20	19/22	0/5	34/18	9/0	0/9
	2019～2020年	20/26	18/23	21/19	0/3	29/17	11/0	1/12

总体上，北京形成了以国有企业、高校、科研院所和民营企业四种力量为支撑的强大合作体系和以民营企业为中心的强大交易体系，社会资本更加分散，能为市场提供变革动力的主体种类多元。

三、行动者维度

北京是全国乃至全球创新资源最密集的城市之一，据《全球科技创新中心指数2020》（施普林格·自然集团和清华大学，2020）显示，北京的综合创新能力和水平在全球主要科技创新城市中位列第五。

从创新主体数量来看，伴随北京市创新生态环境不断优化，各类创新主体持续增长，参与技术交易的主体数量规模比例不断扩大。2020年，北京市国家级高新技术企业2.4万家、高校138家、科研院所445家，占全国的比重分别为8.9%、5.1%、14.3%。全市3009家规模以上工业企业中有1202家进行了R&D活动。另外385家科研院所和92家高等院校也极大地支撑了北京市创新成果产出和技术市场建设。高校、院所通过委托研发、合作研发、技术转让和技术服务等方式，进一步释放研发服务能力和科技成果转移转化活力，为技术市场提供了大量高质量的科技成果供给。大量市场主体为全市创新投入奠定了良好基础，2020 年北京市拥有 R&D 人员 47.3 万人，较 2013 年增长 19.1%，全市 R&D 经费内部支出达到 2326.5 亿元，是 2013 年的 1.47 倍，研发投入强度达到 6.44，如表 10 - 9 所示。

表 10 - 9　　　　　　　2013 ~ 2020 年北京市创新主体规模与投入力度

年份	高新技术企业（家）	有 R&D 活动规上企业（家）	科研机构（家）	高校（家）	R&D 人员（万人）	R&D 内部支出（亿元）	研发强度
2013	9100	1136	380	89	33.4	1185.2	6.01
2014	10404	1140	392	89	34.3	1268.8	5.95
2015	12388	1141	393	90	35.6	1384.1	6.01
2016	14376	1155	396	91	37.3	1484.5	5.83
2017	16267	1192	391	92	39.7	1579.6	5.29
2018	18749	1127	382	92	39.7	1870.7	5.65
2019	23190	1127	383	93	46.4	2233.6	6.31
2020	23991	1202	385	92	47.3	2326.5	6.44

从交易规模来看，近年来，北京市技术市场保持快速发展态势，技术交易活跃，年均有 8.5 万项技术成果通过技术市场交易实现转移转化，技术合同成交金额年均增长率达到 14%。2020 年，北京共登记技术合同 8.4 万项，认定登记成交金额 6316.2 亿元，占 GDP 的比重 17.5%，是近年来最高占比。2021 年，北京市认定登记技术合同总量首次突破 9 万项，达 93563 项，比 2020 年增长 10.8%；技术合同成交额达 7005.7 亿元，增长 10.9%，占 GDP 比重 17.4%，经济贡献率显著。与 R&D 经费投入对比来看，北京市技术合同成交额远高于本市 R&D 经费投入，2017 年技术合同成交额与 R&D 经费投入比为 3.03∶1，到 2019 年略降至 2.55∶1，2020 年两者差距进一步拉大，达到 2.71∶1（见表 10 - 10）。

表 10 - 10　　　　　　　2013 ~ 2020 年北京市技术交易情况

年份	技术合同成交项及增长率（项，%）		技术合同成交额及增长率（亿元，%）		技术合同成交额占国内生产总值的比例（%）	技术合同成交额与 R&D 经费投入的对比
2013	62743	—	2851.2	—	13.49	2.40∶1
2014	67278	7.2	3136.1	9.98	13.67	2.47∶1
2015	72272	7.4	3452.6	10.09	13.96	2.49∶1

续表

年份	技术合同成交项及增长率（项，%）		技术合同成交额及增长率（亿元，%）		技术合同成交额占国内生产总值的比例（%）	技术合同成交额与R&D经费投入的对比
2016	74965	3.7	3940.8	14.14	14.57	2.65∶1
2017	81266	8.41	4486.9	13.8	16.02	3.03∶1
2018	82486	1.45	4957.8	10.49	16.35	2.89∶1
2019	83171	0.83	5695.3	14.88	16.10	2.55∶1
2020	84451	1.54	6316.2	10.90	17.50	2.71∶1

从技术合同成交类型来看，北京市技术成交合同主要集中在技术开发合同和技术服务合同，相对而言技术转让合同和技术咨询合同占比偏低。可见，技术开发和技术服务是北京市技术要素市场发展的主要交易形式，仅有少部分市场主体会进行技术转让和技术咨询。另外，北京市新技术要素流通和交换形式不断产生和发展，如以股权众筹、产品众筹、债权众筹等形式进行交换和价值实现的科技成果或产品原型不断涌现。从输出类型看，北京市技术输出热点主要集中在电子信息、城市建设与社会发展和现代交通领域，如图10-13所示。

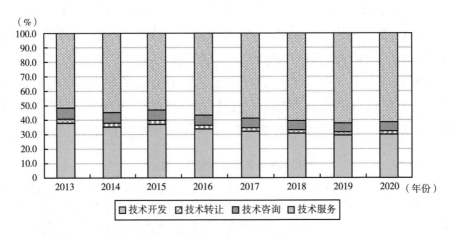

图10-13 2013～2020年北京市"四技合同"成交比例

从创新产出看，创新成果产量不断扩大。伴随全市研发投入力度不断提升，北京市专利申请量和专利授权量连续提升，且位居全国前列，其中，发明专利占比突出。从专利申请量看，北京市申请专利中超过50%均为发明专利，如2013年北京申请专利185928项，其中，申请发明专利99167项，占比53.3%；到2020年，共申请专利254165项，其中，申请发明专利145035项，占比57%，发明专利比例逐步提升。从专利授权量看，北京市已授权专利中超过1/3为发明专利。2013年北京共授权专利106948项，其中，发明专利授权46091项，占比43.1%；到2020年北京授权发明专利63266项，占比38.9%，发明专利授权量大幅提升，但占比有所下降，如图10-14所示。

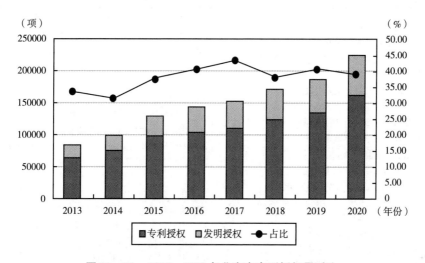

图10-14　2013~2020年北京市专利授权量对比

　　在政策环境和市场机会的激励下，北京技术转移机构服务保障有力，专业化的技术转移机构逐步出现，聚焦某一行业领域持续做精、做深，在垂直细分领域内打造技术转移的资源配置平台，围绕产业转型升级构建创新资源生态圈。截至2020年年底，北京市共有各类国家级技术转移机构54家，逐一在表10-11中列出，其中有企业法人32家、事业法人5家、内设机构17家，占全国总量的12.7%，位列全国首位。54家国家级技术转移机构中，共有从业人员4312人，具有中级职称以上的2622人，拥有技术经纪人401人。大量国家级技术转移机构使各类创新主体、高校院所、科研机构、国家机关等各类市场参与方之间的联系更加密切，有效促进了技术要素在全市范围内的自由流动和有效配置。2020年，北京54家国家技术转移机构共促成项目数

13963 项，促成项目成交金额 440 亿元，分别排在全国第三位和第二位，占到北京市技术合同成交总量的 16.5% 和成交总额的 7%。组织技术转移培训66862 次，服务企业 33899 家，解决企业需求 23350 项。还有较为突出的一点是，相比于全国，北京初创企业活跃度很高，2021 年北京日增科技企业达到270 家，高于硅谷地区的 226 家。但也可以看到，虽然北京市技术转移机构数量众多，但其促成的技术交易量不及江苏、广东，说明其在促进科技成果转化、推动技术要素市场发展方面还有一定的提升空间。

表 10 – 11　　　　　　　　　　北京市国家级技术转移机构

1. 北京技术交易促进中心
2. 北京矿冶科技集团有限公司
3. 中国技术供需在线平台〔华教联创（北京）科技有限公司〕
4. 新医药北京市技术转移中心
5. 北京化工大学科学技术发展研究院
6. 中밥国技（北京）科技有限公司
7. 北京理工大学技术转移中心
8. 中国纺织信息中心
9. 华北电力大学技术转移中心
10. 中国科学院过程工程所科技开发处
11. 科威国际技术转移有限公司
12. 北京中科前方科技发展有限公司
13. 中国航天系统工程有限公司
14. 中国农业大学技术转移中心
15. 北京北化大科技园有限公司
16. 北京大学医学部技术转移办公室
17. 中国科学院自动化研究所技术转移中心
18. 北京交通大学技术转移中心
19. 中国科学院理化技术研究所产业策划部
20. 北京北航先进工业技术研究院有限公司
21. 北京华国昆仑科技有限公司
22. 北京海外学人科技发展中心
23. 中国科学院北京国家技术转移中心
24. 中关村能源与安全科技园
25. 北京华清科创科技开发有限公司
26. 北京大学科技开发部
27. 中国钢研科技集团公司市场部
28. 北京中农博乐科技开发有限公司（中国农科院饲料所技术转移中心）
29. 中国科学院微电子研究所
30. 中国中医药科技开发交流中心
31. 北京科信必成医药科技发展有限公司
32. 清华大学国家技术转移中心
33. 中国科学院微生物研究所技术转移转化中心
34. 中国技术交易所有限公司
35. 中材集团科技开发中心有限公司
36. 化工行业生产力促进中心
37. 中国科学院计算技术研究所技术发展中心
38. 北京赛德兴创科技有限公司（北大技转中心）
39. 北京机科国创轻量化科学研究院有限公司
40. 北京科技大学国际高技术中心
41. 中科合创（北京）科技成果评价中心
42. 超越科创投资（北京）有限公司
43. 中国兵器工业新技术推广研究所
44. 北京恒冠国际科技服务有限公司
45. 北京产权交易所有限公司
46. 北京科技大学设计研究院有限公司
47. 北京市农林科学院科技产业办公室
48. 先进制造北京技术转移中心（北京工大智源科技发展有限公司）
49. 全国农业科技成果转移服务中心（中国农业科学院技术转移中心）
50. 北京北林先进生态环保技术研究院有限公司
51. 中蔬种业科技（北京）有限公司
52. 北京华创阳光医药科技发展有限公司（中国医药科技成果转化中心）
53. 北京海淀中科计算技术转移中心
54. 北京软件和信息服务交易所有限公司

市场供需结构方面，企业始终是最核心的技术供给方和技术需求方，高校和科研院所供给量仅维持在15%左右，远低于全国高校和科研院所技术供给量。市场互动方式以技术服务和技术开发合同为主，技术服务的主要参与者是企业，而技术开发活动的主要参与者是高校和科研院所，占比达到七成以上。从科技投入和产出来看，2021年北京地区R&D经费支出2629.3亿元，R&D投入强度为6.53%，均居全国首位。投入结构中，北京市基础研究经费投入422.5亿元，占全国基础研发经费投入的23.3%，其中，企业基础研究和应用研究经费投入占北京这一投入的11.53%，远高于全国的3.5%。科研优势直接决定了创新产出的质量和数量。2021年，全市发明专利拥有量40.5万件，万人发明专利拥有量185件，是全国平均水平的10倍。发明专利中企业占比65.4%，高校和科研机构分别占比16.7%和14.9%。显然，北京市企业的市场活跃度和创新能力远高于全国水平。

此外，在制度环境的不断完善和先行先试政策机遇下，各类创新主体模式创新的积极性和主动性得到提升，其在改革创新、强化知识产权管理、培养成果转化专业人才、探索产学研结合模式、完善市场科技服务等方面均走在其他省市前列。围绕科技创业提供服务的机构繁荣发展，特别是市场化创业孵化服务机构发展，为科技成果以创业企业股权融资形式实现价值转化和参与生产提供了良好支撑。统计数据显示，北京市科技企业孵化器数量逐年攀升，2019年达到130家，2020年北京市拥有科技企业孵化器246家，在孵企业13008家，当年新增在孵企业2964家，总孵化面积399.6万平方米，其中，国家级科技企业孵化器65家，拥有众创空间达到232家，当年服务初创企业2.4万家。这些孵化器和众创空间大多通过开展集成服务，有效赋能了科技创业活动的开展。专业化科技企业孵化器成为以科技创业项目呈现的技术要素的重要的买方力量。这些孵化器广泛寻找有价值的科技成果项目，通过融资或服务入股的方式开展技术交易，并在此基础上为科技创业企业提供孵化服务，促进科技成果转化。截至2020年底，246家孵化器内在孵企业共带动就业18万人，总收入达1566亿元，助力企业获得风险投资150亿元。改革创新方面，北京积水潭医院成功完成全国首例赋予科研人员科技成果所有权案例；中国科学院自动化所出台系列政策文件支持科研人员离岗创业；北京工业大学将科技成果转化业绩纳入职称评聘重要指标等。在强化知识产权管理方面，北京大学、清华大学、中国科学院理化技术研究所建立了科技成果评估及管理系统，形成了信息化、全流程、高效率的管理新模式。在培养成果转化专业人才方面，北京理工大学、清华大学、北京清华工业开发研究院率先探索开展技术转移专业研究生教育实践。在探索产学研结合新模式方面，北京地区组建了人工智能创新联合体、北京生物种业创新联合体、元宇宙及数字经济创新联合体、3C 智能制造创新联合体、北京学院路临床医学协同创新联盟等创新联合体。在完善市场科技服务方面，首都科技发展集团探索出"技术源头科技导出 + 原始创新基金投资 + 专业服务平台"的前孵化机制，北京知识产权运营管理有限公司建立"一站式"知识产权服务资源入口等。

四、北京技术市场发展优势

将全国技术市场和北京技术市场进行比较发现，两个不同层级的市场具有相同的定势，即全国和北京技术市场是同一发展模式下不同起点和发展阶段的市场现象的展示。"同一模式"是因为国家层面的政策是地方政策的"风向标"，地方政府在国家政策指导下往可操作性、精细化方面向前推进；"不同起点"为北京技术市场极为丰富的资源禀赋优势；"不同发展阶段"是因为基于起点优势，相较于全国技术市场，北京技术市场更加复杂和精细，进而引致政府市场治理术的不断改进，从而北京技术市场引领了全国技术市场的发展。具体地，北京技术市场发展的优势在于：

（1）北京市拥有强大的研发体系和高度繁荣的市场活力。首先，北京地区集聚了全国最多、最优秀的高校、科研院所，学术界、产业界联合共建的研究中心、创新联合体，学术界创办的衍生企业，依托高校、科研院所建立的技术转移中心、科技孵化器等机构，这些组织利用强大的学术界—产业界、学术界内部和产业界内部的联系来促进技术发展，这使得北京拥有了强大的研发体系。其次，北京地区国有企业、科技企业、初创企业、中介服务机构数量众多，因此保持了高度繁荣的市场活力。最后，北京发达的金融体系对科技创新的支持力度增加，进一步扶持了市场活力。截至 2020 年底，北京市内中资银行向科技型企业贷款金额为 4259.51 亿元，集聚股权投资机构约

1800 家。据《中国风险投资年鉴》统计，北京市风险资本投资高科技企业的比例高达 60%~80%。

（2）北京技术市场政策体系更加精细化、规范化和体系化，更加重视对市场规则的建立。北京技术市场发展的突破首先体现在制度环境层面，相较于国家层面的技术市场政策，北京技术市场的政策体系特征在于更加规范化、制度化和精细化。这些政策改革遵循的模式是在国家政策的引导下，强化政府规制能力、完善治理手段、循序渐进地寻求新的方式放松政府对市场的直接管制、给予市场主体更大的自主权，比如探索多项科技政策先行先试，在科技成果权属改革、产学研协同创新、政策实施和管理流程等方面有了较大突破。同时加强对市场规则的建立和对市场薄弱环节的政策引导，比如启动技术经纪人职称评估工作、促进多要素市场融合。换言之，北京市政策体系的核心特征是加强规制和放松管制，加强规制表现在设计出更多使市场稳定、规范运行的规则，放松管制表现在下放行政权力、破除冗余程序、简化繁复流程方面。

（3）北京市技术市场具有较强的自我优化和自我强化的能力。首先，北京市合作网络中高校、科研院所、国有企业和民营企业占据着相当社会资本，转让网络中民营企业占据较多社会资本。其次，高校、科研院所的高集聚度和强研发能力迅速提高地区科学知识存量，促进区域创新能力的提升。再次，在各类先行先试政策的推动下，国有组织的变革意愿更强、变革能力得到提升，其通过模式创新和组织创新不断提高技术供求适配度，处理和传播技术的能力大幅增长，此外，政策强调各类创新联盟建立中的多主体共建、强调"核心区"与"外围区"跨区域共建、强调中小企业参，这使得与北京建立合作关系的主体数量多、区域分布广泛。最后，民营企业的市场活跃度很高，在高度发达的研发体系和较具竞争力的金融体系支撑下，民营企业吸纳更多社会资源，吸引更多市场新进入者，激发市场活力，优化市场竞争机制。因此，北京地区技术市场具有较强的自我优化和自我强化能力。

（4）政府、社会性网络和行动者三个维度呈现出良好的协同共治局面。首先，市场中正式制度作用显著。北京市政府在国家政策的引导下探索了各种加强规制、放松管制的政策举措。这类政策举措优化了政府市场治理能力、顺应了市场发展规律、提升了市场信任水平，进而引致网络中亲缘性关系占比下降，业缘性关系突破地理性集聚，正式制度的作用越发突出，从而推动市场竞争机制、资源配置机制等发挥作用。其次，非正式制度能够根据市场变化及时调整。北京技术市场内部具有能够影响非正式制度建立的主体更加多元、"市场性"更强，从而市场具有较强的自我优化和自我强化能力。最后，正式制度和非正式制度互动机制建立。一方面，北京市政府在使用市场化手段提高社会共治方面成效显著，比如支持建立了 600 多家联盟协会和民非组织，成为全国社会性组织最多的地区，其斡旋于政府、产业界和学术界之间，不仅加强政府和市场主体之间的沟通，还鼓励行业遵守政府指令、加强市场主体之间的协作、规范市场发展；另一方面，自下而上的制度变革也开始被条理化，比如北京市通过整理出版《2022 年科技体制改革典型案例汇编》推广先进案例的经验做法。综上所述，北京市技术市场出现了三维共治的良性发展格局。

第三节　北京经验

一、采取更多积极主动的政策手段，以此"让市场发挥主导作用"

首先，从国家与北京技术市场的横向对比来看，在更加复杂、活跃和先进的北京技术市场中，政府设计出更多规范市场运行的规则，同时下放权力、破除冗余程序、简化繁复流程，使得政策体系更加规范化、制度化和精细化。其次，无论是在全国还是北京技术市场中，高校、科研院所具有重要创新地位，它们以及依附它们建立的孵化器、创新平台、技术转移机构等具有强烈的制度遵从性，但组织管理上的缺陷使它们无法完全适应市场规则，完全市场化的改革又有可能引发代理人问题以及宏观调控手段缺失、国有资产流失等问题，因此，政府的行政职责不可缺少。再次，相比于资本主义经济体制个人利益最大化的市场目标，我国社会主义市场经济体制追求的目标包括公平、社会福利最大化、共同富裕。最后，以市场内生的非正式制度引导的市场秩序波动很大，也不容易向着公平、公正等提高市场运行效率的方向演进。

这就意味着我国政府需要通过市场制度的设计来实现更广泛的社会目标。因此，发展技术市场的一个核心结论——技术市场中"让市场发挥主导作用"就必须在尊重市场规律的基础上建设好让市场运行的各种制度，同时破除冗余程序、简化繁复流程、限制政府干预权力。

二、坚持社会共治，促进正式制度和非正式制度产生协同效应

技术市场中主体行为惯习遵循以亲缘和声誉为基础的"差序格局"行为框架。在"关系""声誉"支配下，信任机制也多是"由身份而信"，超出身份认知范围，就通过重复博弈增加依赖以降低风险。因此，市场没有形成对开放、平等、竞争的法律契约的普遍认同和遵从，而是形成对熟人社会框架的路径依赖。在这种不平等、人格化的交往关系中，75%以上社会资本被控制在20%主体手中，形成市场"特权场域"。如果这些主体滥用社会关系就会使市场陷入低效率的锁定。实际发展中，这些主体发挥社会资本正向功能，积极调整市场结构：占据强势社会资本的高校等国有组织积极探索更大市场，成为市场架构师和经纪人；民营企业力量崛起占据越来越多的社会资本，并且更加积极地承担市场经纪人角色。这些变化促进市场内部资源循环、提升信息流动能力，使市场具备了内生发展动力，但是社会资本对于重塑行为惯习和信任机制的作用尚未显现。通过对北京技术市场的全面分析可以得出，建设一个具有竞争力的技术市场，不仅需要政府建设一系列能够维持市场良性竞争的广泛的正式制度，同时还需要与商业惯例、社会规范等非正式制度互动，通过动态调整正式制度进而引发商业惯例和社会规范的根本转变。全国层面技术市场的这种互动不足影响了市场竞争机制、资源配置机制发挥作用。因此提出另一个发展技术市场的核心结论——坚持技术市场的社会共治：一方面深入地评估政策变革如何与私营部门的惯例和规范相互作用，使得正式制度和非正式制度的各种措施相互链接产生协同效应。另一方面重视社会力量的建设和国外力量的引入，一是因为建立全方位正式制度环境是一项巨大的挑战，同时也会产生巨大的政策成本；二是社会力量和国外力量可以培育新的市场文化、商业惯例。

三、政府通过干预长期维持的、稳定的关系网络促进社会资本的调整和再生成

全国技术市场中"核心—外围"特征明显，核心区对外围区带动作用不足、网络无标度性显现导致严重的市场分割。为改善这一现象，国家一方面对国有组织进行体制松绑，使它们更加适应市场规则，积极创新模式和组织；另一方面优化市场服务体系，建立起更公平、更高效的资源配置渠道，优化网络结构。但是市场中的非正式制度发挥着重要作用，这意味着市场主体还是将社会资本视为获取信息、机会、技术的重要资源。因此，当下的困境不仅在于适度"市场化"国有组织、完善市场服务体系，更在于让社会资本更加分散，降低对单一类别组织和少量个体的依赖，进而降低创新资源区域性集聚和创新高壁垒。根据北京市的经验，政府不能直接生产社会资本，但可以通过干预长期维持的、稳定的关系网络来间接促进社会资本的生成，比如在各类创新联盟的建立中强调联盟稳定性、强调多主体共建、强调"核心区"与"外围区"跨区域共建、强调中小企业参与。因此提出第三个发展技术市场的核心结论——政府通过干预长期维持的、稳定的关系网络促进社会资本的调整和再生成。

四、促进金融市场和技术市场的交叉融合、大力发展市场服务体系、活跃市场竞争

我国技术市场表现出协调型市场的特征，更擅长渐进性创新而非突破性创新。北京技术市场发生改善这一现象的经验在于通过促进金融市场与技术市场的交叉融合吸引更多的市场新进入者而逐渐改善市场竞争机制；通过发展专业化的市场服务体系建立起更公平、更高效的资源配置渠道，推动市场资源在更大范围内流通。因此提出第四个发展技术市场的核心结论——促进金融市场和技术市场的交叉融合、大力发展市场服务体系、活跃市场竞争。

第三部分
治理技术市场

从技术市场需要发挥的功能和承载的目标来看，治理技术市场的主要目标是通过技术市场的发展有效提升技术要素的市场化配置水平。

第十一章
市场治理

第二部分在社会学"市场是社会建构的"这一理论观点的启发下提出分析我国技术市场的 GSA 框架。在该分析框架下对我国国家层面和北京层面技术市场的演进过程进行了综合性解释,进而梳理出我国技术市场的发展特征。根据分析对主要结论进行总结,并结合市场特征提出市场治理的重要方面。

第一节 治理基础

一、市场特征

第一,我国技术市场的发展动力从源自政府自上而下的规定演变为政府、社会性网络和行动者的共同驱动,但是这些因素尚未实现"携手"共治。我国技术市场发展过程中外生于市场的政府始终为技术市场提供突破固有发展模式的动力,内生的非正式制度从缺少调节能力演变为能够积极响应市场内部变化进行自我调节,进而逐渐赋予市场内生变革能力。这种动力机制变化下技术市场演进过程为:政府以提升国家竞争力和国民生活水平为总体目标,结合经济和技术背景,从建设初期以"供需对接"的方式设置市场运行规则,到后期以"一体化"和"网络化"为原则设计市场。这些政策一方面通过制度安排直接作用于具有强烈制度遵从性的高校、科研院所、国有企业等国有组织,另一方面通过优化制度环境激励以民营企业为代表的市场主体参与市场活动。在政策推动和技术代际积累下，市场行动者数量大幅提升、交互规模随之扩张。市场行为从在技术生命周期链条中各自功能局限、对接不力、市场互动方式松散转变为功能拓展、技术链上下游联系紧密、市场互动方式复杂。行动者规模和行为方式的改变又会调整社会性网络的整体结构和社会资本分布：合作网络规模不断扩大、密度不断提升，运行效率不断优化。其中，具有社会资本优势的高校在以信任、互惠为基础的合作关系中维持着强势市场地位，在全国范围内建立了以高校为中心、多主体参与的合作研究体系；转让网络同样经历了快速的规模扩展和效率优化过程，其中，社会资本从高校、科研院所手中逐渐分散到中介组织、民营企业手中，更公平、更高效的资源配置渠道被建立起来。那些占据强势社会资本的主体有能力调节或改变市场内部的关系网络，进而改变非正式制度（Bourdieu，1997），因此，能够改变非正式制度的主体从缺少"市场性"演变为具备"市场性"，进而逐渐有了调整非正式制度、助力市场结构转换的能力，市场逐渐具备了自主变革动力。但是因为政府对强制性政策工具的偏好、"重宏观引导轻规则建立、重行政干预轻市场指导"的政策特征、对市场规律认识不足的治理缺陷使得政府和市场尚未建立良好的互动机制，因此，政府力量和市场力量尚未实现自上而下、自下而上的良性互动，各类影响市场发展的因素尚未实现"携手"共治。而对于北京技术市场来说，市场内部展现出较强的自我优化和自我强化能力，政府也通过社会共治能够较为积极地响应市场变革，进而初步形成政府、社会性网络和行动者三个维度协同共治的发展格局。

第二，政策趋势并非放松管制（更少规制），而是通过重新规制（更多规制）实现市场改革。在技术市场四十多年的演进历程中，政策逻辑从"以政府调节为主导、以市场调节为辅助"到"以政府调节为主体、以市场调节为基础"，再到"以市场调整为主导"的转变中，政策主题也发生了相应的调整：第一阶段政策主题是构建法律体系、监督市场发展、培育市场主体；第二阶段为健全制度环境、扩大市场容量、建立市场服务体系；第三阶段为优化服务体系、完善制度环境、强化企业创新主体地位。可以看出，政府在市场中的嵌入经历了从单一角色到多重角色，从外部的、在上的干预到嵌入市场内部的过程。因此，政府所做的不仅仅是废除旧制度，而是不断完善和建设新制度，不仅仅是下放过多管制负担，而是不断培养维持市场制度的能力。

通过构建"政策工具＋现代市场体系理论"二维分析框架对政策内容进行量化研究。从政策工具维度来看，政府对强制性政策工具使用偏多，自愿性政策工具使用严重缺失。在强制性政策工具方面，更倾向于"规制""命令与权威"政策的使用，表现出"重管制、轻治理"的特征；在混合性政策工具方面，"信息与劝诫"的使用频率最高，表现出政府倾向于通过引导、号召和鼓励等方式推动技术市场的建设和发展，但是对信息披露、信用体系等市场规则的建立不足；对自愿性工具使用很少说明对行业协会等非正式制度关注远远不足。从现代市场体系理论维度来看，虽然不同阶段政府对市场体系中不同维度的关注度有很大差异，但是并没有发生"从无到有"的转变，也即政策选择并非沿着政府到市场的"光谱"进行排列，也不是沿着受管制和自由竞争性市场的"光谱"排列，而是对市场的整体设计和治理。将两个维度进行整合发现，技术市场的政策工具选用并没有根据市场体系不同维度的特点有明显差别，也没有随着市场演进阶段的不同而有明显调整。总体上，政府对市场的干预是一个整体设计和治理的过程，但是这种治理主要通过制度化、行政化的方式实现，严重低估和忽视了市场导向的政策选择的范围，使得政策体系缺少灵活性、激励性，导致政府行政负担过重。从北京技术市场的分析中可以看出，随着市场越来越复杂，政府参与制定了更加精巧细致的市场规则，采取了更多市场化的手段治理市场。因此，我国政府技术市场治理的挑战仍然在于在尊重市场规律的前提下，设计市场运行规则、限制行政干预权力。

第三，技术市场以高校和科研院所为基础研发主体、企业为创新主体，非正式制度在市场运行中发挥重要作用，正式制度作用不断增强，但尚未发挥理想作用的倾向于协调型市场体系的发展模式。从行动者维度来看，首先，企业成为技术商业开发、工艺开发的主要力量，但是企业对技术成果的需求是以已经经过中试环节、能迅速商业化的技术为优先，对距离商品化较远、风险较大的技术投入持谨慎态度，因此，企业原始创新能力不足。高校、科研院所因为资源优势和政策偏向，在市场中承担着主要的"知识来源"角色，但是这类组织"市场性"不足、数量有限。以上原因导致市场中基于技术创造的竞争不活跃。其次，市场交互方式从技术咨询和技术服务逐渐转向技术开发和技术服务，高校、科研院所也开始通过积极筹建衍生企业、转制院所促进科技成果转化，市场逐渐表现出以产学研结合为代表的"社会化大生产"的知识生产、传播、应用方式。从社会性网络维度来看，市场转让交易中基于信任、合作、互惠、权威、服从等的社会行为远大于基于理性算计的经济行为；市场合作关系的建立从基于情感型信任升级为基于认知型信任，但是强关系增多、网络密度增强，且主要集中在核心区间。因此，非正式制度发挥着重要作用，而正式制度作用逐渐增强但尚未达到理想效果。这种制度结构使市场具有分担风险和保持长期关系的优势，增加了信任度并限制了机会主义，使市场活动在稳定、有序的状态之下进行。但同时把市场主体限定在一个较为封闭的圈子里，其能够从外界获取的资源有限，不利于市场资源配置机制、价值传递机制和竞争机制作用发挥，从而对于打破市场中已经形成的"核心—外围"结构的助力不足。从政府维度来看，政府从建设初期以"供需对接"的方式设置市场运行规则，到第三阶段以"一体化"和"网络化"为原则设计市场，使用多种激励措施将创新体系从高校、科研院所内部研发转变为基于创新者网络的模式。以上这些特征说明技术市场偏向于协调型市场体系。协调型经济体系更擅长于渐进性创新，而其在突破式创新方面的表现不足，因此可能会过早固化已有研究，导致路径依赖而不是保持创新活力。

二、治理目标

一是增加供给。通过技术市场建设推动更多的技术要素，尤其是政府掌控的、在体制内沉淀和"空转"的技术要素进入市场。更进一步的，不局限于技术要素，让高校科研院所以成建制、组织化的方式参与市场导向的研发。

二是加速应用。通过技术市场建设，加速先进技术的应用和扩散，这里同时包括提升技术要素的可交易性（涉及类似知识产权证券化的制度创新），也包括提升交易的活跃度（提高交易频度），以促进先进技术在行业扩散，从而提升整个行业的技术水平。

三是服务战略。针对构建新发展格局、科技自立自强、产业基础高级化、产业现代化等国家战略要求，通过技术市场建设，主动支撑这些战略目标，包括有效培育本土研发主体、支持关键核心技术研发、促进服务产业升级和提升产业自主可控水平。

第二节　治理举措

一、优化制度环境

培育正式制度和非正式制度有机结合、互相补充的技术市场制度环境。在我国技术市场发展过程中，正式制度和非正式制度的互动机制尚未建立，导致政策举措并不能突破惯习、关系和文化观念对市场发展的阻碍，非正式制度也不能条理化和法规化，从而阻碍了我国技术市场发展。此外，过去40年，我国技术市场的发展基本是由政策驱动的，一直没有建立起基础性的、系统化的、有足够约束力的制度规则体系。而且，就现有的涉及技术要素市场的政策、法规、标准来看，其中的问题也非常突出。首先是政策冲突问题，尤其是促进科技成果转移转化的政策法规与国资管理、公平竞争等法规冲突；其次是政策地方化问题。在国家导向下，地方出台了许多涉及技术转移转化和技术市场的支持政策，两者彼此之间恶性竞争。最后是政策碎片化的问题。缺少统一的、规范的政策标准导致政策执行方面漏洞百出。因此，新时期发展技术市场首先要建章立制，除了要健全基础性的制度保障，也要促进技术要素市场制度规则的体系化、一致化和有效化。

（1）健全基础性的制度保障，促进技术市场制度规则的体系化、一致化和有效化。主要任务有：一是修订、发布技术合同认定规则及科技成果登记办法。全面修订《技术合同认定登记管理办法》《技术合同认定规则》及地方技术市场条例，推行技术合同事项告知承诺制，技术合同认定实行负面清单管理，取消对合同效力、约定成果数量的行政性审查，加强虚假交易、虚假承诺失信联合惩戒，配合税务部门严厉打击利用虚假技术合同登记骗取税收优惠的违法行为。二是保证基本法律在创新领域的有效实施。坚持市场主体地位平等，坚持知识产权大保护、严保护、同保护，全面理清对不同所有制技术产权区别对待的规章、政策性文件和相关管理制度。强化科技政策、创新政策公平竞争审查，细化应纳入公平竞争审查范围的政策措施及其类型。三是健全市场化配置的科技法律体系。建议在《中华人民共和国科学技术进步法》的修订中明确市场在资源配置中起决定性作用作为构建国家创新体系的基本原则，修订调整现行技术市场条文规定，建立技术要素市场信用规则，统一全国技术市场行政监管事权、优化市场执法权配置。四是建立国家取得科技成果权利的法定机制。我国原则上实行"委托研发成果国家所有、资助研发成果承担者所有"的权属分配制度。对于依法由国家所有的科技成果，根据成果保护或实施的客观需要，授权国务院科技或财政部门代表国家以机关法人身份依法申请专利权，申请批准后，将专利权列为国有专利权，由授权部门代表国家行使该专利权管理职责。强化项目承担者依法、及时地向资助机关披露项目发明、报告实施情况的法定义务，实行"未披露不赋权、未报告停赋权"。理顺国家介入权、强制许可、指定实施的法律适用关系，健全、维护涉及国家安全和重大社会利益的科技成果特别实施制度。五是研究单独制定国家科技成果管理和运用的专门规范，规范国有科技成果知识产权保护，强化以普通许可方式实施利用国有科技成果，明确国有科技成果转化收益处置规则。六是改革事业单位科技成果国资制度。推动从"管资产"向"管资本"调整，取消将事业单位科技成果纳入国资管制，强化对以知识产权出资形成企业股权和知识产权质押融资取得收益的国资监管。七是建立国有科技成果、财政资助科技成果和国企事业单位科技成果统一信息公示机制，完善国有科技成果、财政资助科技成果专利权、股权特殊标注规则，推动财政资助科技成果、国有企事业单位科技成果专利权实施开放许可、优先境内实施与市场化。八是健全知识产权出资法律规则。在公司法、合伙企业法、企业国有资产法等法律中，健全以知识产权收益出资的新制度安排，完善知识产权出资公示和权利标注制度，细化由知识产权出资形成股权的质押融资规则。九是加快建立现代科研院所管理制度。通过立法等手段，明确高校院所使命定位，制定市场化活动负面清单、事权划分方案和利益冲突回避制度，赋予高校院所在科研、人事、财务、薪酬等方面更多的法人自主权。十是完善政策评估系统。一方面深入考虑政策体系与社会性网络和行动者之间的互动机制，另一方面因为市场是由社会建构的，政策也是基于经验的，所以政策的方向是设置市场目标并将其与现实市场相对比，努力减少导致政策失败的失误，而不总是关注"市场失灵"。

（2）发展社会性规制手段。主要任务包括：一是深化政府的"放管服"

改革。在尊重市场规律的基础上，下放行政权力、简化管制流程、推进亲商服务、保障政策的连贯性和长期性。二是统筹建设行业协会、标准协会等社会组织，一方面更加迅速、灵活、低成本地响应市场变化，另一方面引导和规范社会组织行为，提高政府和市场之间的信任水平。三是加快塑造执行制度的市域社会治理共同体，实现"责任共同体""行动共同体""利益共同体"有机统一，培养数字素养高、政策理解力强的各类治理主体，为提升制度吸纳力和整合力奠定坚实的基础。

二、升级市场服务体系

技术市场因为创新网络效应极容易形成市场分割和市场垄断，专业化科技中介组织能够改变这种市场分割和垄断，推动市场结构优化。此外，技术有不同于一般有形商品的非标性和不确定性（这种不确定性既来自技术二次开发过程的不确定性，也源自市场需求的不确定性）。技术不同于一般有形商品的属性决定了技术很难像洗衣粉、牙膏一样在市场上直接进行交易，或者说，要实现技术要素的交易，仅仅准备好场地、搭好货架、提供结算交付是远远不够的，技术市场交易的实现必然需要十分专业的服务机构深度参与。而且，从服务的广度和深度来看，技术要素市场的服务要远高于其他市场。这些服务从广度上看，不再局限于交易环节——向前端会延伸至研发环节，向后端会延伸产品销售环节；从深度上来看，这些服务机构往往深度介入决策和运营环节，和服务对象形成共创和共营的关系。从类别上，不仅包括技术转移转化机构，也包括科技金融、创业孵化以及政府政策服务。基于此，提出发展市场服务体系的政策建议如下：

一是提升技术市场服务能力，主要任务有：完善科技成果评价机制。建立市场化社会化的科研成果评价制度；培育发展技术转移机构，支持国家技术转移中心和区域分中心的建设，构建国家技术转移骨干网络，支持高校、科研机构和科技企业设立技术转移部门；建立国家技术转移人才培养体系，提高技术转移人员的技术评价和筛选、知识产权运行、商业化咨询等转移服务能力；鼓励要素交易平台和各类金融机构、中介机构合作，形成涵盖产权界定、价格评估、流转交易、担保、保险等业务的综合服务体系；支持有条件的技术转移服务机构与天使投资、创业投资等合作建设投资基金，建立从实验研究、中试到生产的全过程融资模式，促进科技成果资本化、产业化；建立健全科技成果常态化路演和科技创新咨询制度。

二是完善以数字技术基础设施为主要内容的技术市场新型基础设施。主要任务包括：建立和完善全国技术要素市场统计体系，覆盖更多交易品类和交易形态；集中建设区域性高能级技术要素集合交易场所和运营平台，并加快推进全国技术要素市场交易网络的互联互通；建立全国统一的科技成果信息数据库和非涉密技术信息发布平台；发展数字化背景下的新型技术要素转化和交易平台，即新业态的转化交易机构，支持大数据、人工智能、区块链等数字技术在技术转移转化、技术交易领域的应用，支持相关机构开展模式探索；加强科技成果转化中试基地建设，支持科技企业与高校、科研机构合作建立技术研发中心、产业研究院、中试基地等新型研发机构；支持地方政府面向未来生产生活形态建设各类应用场景，对中小企业和创业者低成本或免费开发。

三、提升市场竞争环境

我国技术市场倾向于协调型市场体系而非自由型市场体系，这种市场体系不擅长突破式创新，而突破式创新对我国提高经济发展水平、在国际竞争中占据有利地位至关重要。为此提出以下政策建议：

一是扩大技术市场有效供给。前面的研究提到，技术市场面临供给缺位的问题，因为高校科研院所等国家大力投入的科研板块实际上缺少具有潜在市场价值的存量科技成果，其背后的最主要原因是高校科研院所的研究从选题立项开始就已脱离产业和市场需求。前面也对已有的技术要素市场的"供给推动"的政策逻辑进行了批判。因此，此处增加技术要素市场的有效供给并不是延续"供给推动"的政策逻辑，也不是继续增加对高校科研院所的资源投入，或是拉更多的高校科研院所进场。这里的增加技术要素市场的有效供给实际上是"增强技术要素市场的需求拉动"。在具体措施上，不仅继续通过确权和成果转化收益激励扫除已有科技成果进入市场的障碍，更要在确定研究方向和立项的环节就纳入产业和市场的需求，将高校科研院所的教授和课题组变相地变成企业的研发总监和研发团队。具体任务包括：健全职务科技成果产权制度。深入开展赋予科研人员职务科技成果所有权或长期使用权试点。继续推动事业单位和公共财政投资形成的创新产出从"行政控制资源"向"市场配置资源"转变，在体制内落实"谁创造、谁拥有"的技术要素初始分配原则。探索职务科技成果产权激励新模式。完善职务科技成果转化激励政策和科研人员职务发明成果权益分享机制。积极推进科研院所分类改革，加快推进应用技术类科研院所市场化、企业化发展。改革科研项目立项和组织实施方式。建立健全多元化支持机制，构建以企业需求为导向的科研立项机制，完善专业机构管理项目机制。大力支持企业提升研发能力。支持有条件的企业承担国家重大科技项目。

二是促进技术市场开放融合。在我国，围绕地方行政区边界形成了一个个自成体系、相对封闭的区域创新体系，创新资源和创新活动被区域创新政策和行政力量锁定这些碎片化的体系当中，技术市场的发展面临挑战。"十四五"时期的技术要素市场建设的一个重要任务就是打破行政区隔，建立统一开放的全国性的技术要素市场，让技术要素实现跨区域的自由流动。在《中共中央 国务院关于构建更加完善的要素市场化配置体制机制的意见》中，关于开放只提到国际科技创新合作，而忽略了国内统一市场的整合构建。另外，纯粹形态的技术要素是不存在的，技术必须附着和融入其他载体才能发挥作用。真实的技术交易实际上是以高技术产品和服务的形态进行交易的。而现实中的技术要素配置过程内化于人才流动、投资、研发和创业的行为过程，这意味着技术要素市场必然与高科技产品与服务市场、人才市场、资本市场存在融合关系。主要任务包括：（1）促进技术要素与资本要素融合发展。积极探索通过天使投资、创业投资、知识产权证券化、科技保险等方式推动科技成果资本化。鼓励商业银行采用知识产权质押、预期收益质押等融资方式为促进技术转移转化提供更多的金融产品服务。（2）支持国际科技创新合作。深化基础研究国际合作，组织实施国家科技创新合作重点专项，探索国际科技创新合作新模式。探索推动外籍科学家领衔承担政府支持科技项目。（3）开展创新要素跨境便利流动试点，发展离岸创新创业。发展技术贸易，促进技术进口来源多元化，扩大技术出口。（4）支持京津冀、长三角、粤港澳大湾区、成渝经济圈等区域率先探索建设一体化的技术要素市场。（5）促进孵化平台、交易平台和服务平台等发展天使投资，以及围绕"技术要素产权"建立做市商和发展抵押融资等业务。

第十二章
组织治理

信息不对称、供需不匹配是制约技术市场发展的主要因素，服务机构的建立正是为了解决这一问题，所以服务机构在促进技术市场发展过程中发挥着重要作用。

第一节　服务机构类型

技术市场中的服务机构主要包括：（1）国家战略科技力量和综合研究型大学的科技成果转化中心，如西安交通大学科技成果转移转化中心、清华大学科技成果转移转化中心；（2）技术转移机构，如科易网；（3）创新创业服务和孵化机构，如集"技术要素产生、转化、孵化服务和产业化"，于一体的新型研发机构；（4）数字化新型技术要素转化和交易平台，如猪八戒等众包或交易平台；（5）区域性高能级技术要素集合交易场所和运营平台，如西安科技大市场。

技术市场服务机构的主要是构建技术供给方与专利需求方之间的媒介，通过搭建这样的平台加强技术供需双方的信息沟通，进而促进技术交易的实现。在技术交易过程中，一个公开的、健全的交易市场发挥着重要作用，而技术转移平台所起到的就是交易市场的作用，通过平台可以更加快捷、便利和有效率地配置技术资源，从而促进科技创新、经济发展。

服务机构最为基础和关键的功能就是信息汇聚，技术拥有方可以利用交易平台展示自己的研究成果、研究方向和成果转让等信息，技术需求者可以通过平台发出寻求所需相关技术的信息，交易平台的建立降低了技术转移过程中的信息交易成本，加快了合作进程。同时，服务机构还具有一定的价格发现功能，技术供求信息的集中和公开降低了信息的不对称程度，使潜在的交易者对交易价格能作出合理的判断，从而使交易价格趋于合理。

第二节　典型案例

一、机构平台

本部分选取西安交通大学国家技术转移中心（以下简称西交技术转移中心）、厦门科易网科技有限公司（以下简称科易网）、德国史太白技术转移中心（以下简称史太白）三家典型技术转移机构进行研究，选取这三家主要是因为：（1）三家机构在行业内的影响力、知名度较高，是公认的专业化程度较高的技术转移机构；（2）三家组织分别为国有组织、民营企业和国外组织，在发展背景、资源条件和人员结构方面存在差异性，具有较强普适性；（3）能够相对全面地获取三家机构的信息资源。表 12－1 是三家组织的概况。对技术转移机构的分析从专业知识、社会身份和职业身份三个维度进行，三个维度代表了组织的专业水平（安涌洁等，2022）。

表 12－1　　　　　　　　　　　　　案例简介

对比项	西交大技术转移中心	科易网	史太白
成立日期	1999 年	2007 年	1971 年
组织性质	事业单位外设机构	私营企业	私营非营利机构
组织规模	设立 18 个地方分支机构，拥有 30 多人的职业技术经理人队伍	成立 22 家全资子公司，建立 60 多个平台，运营 30 多个区域技术市场，专业科技服务人员 300 余人	拥有 1100 家转移、咨询和研究中心，合作伙伴遍及 50 多个国家，拥有 2100 多名全职工作人员，630 多名教授和近 3400 多名签约专家
发展定位	服务学校产学研体系建设、服务学校双一流学科建设、服务陕西、辐射全国	致力于成为卓越的城市技术创新服务平台和科技服务提供商	企业的伙伴、促进创新的信息和咨询源泉、技术和知识的中心

续表

对比项	西交大技术转移中心	科易网	史太白
资质荣誉	国家技术转移中心、国家技术转移示范机构、高校专业化国家技术转移机构建设试点单位	国家技术转移示范机构、国家科技成果转化服务示范基地、中国创新驿站区域站点、国家现代服务业创新发展示范企业、国家中小企业公共服务示范平台	欧洲最大的技术转移机构、全球最著名的技术转移机构

（一）西交大技术转移中心

（1）专业知识。西交大技术转移中心专业知识的形成是理论性、实践性和反思性相结合的复杂交互式过程，在交互中完成知识和能力的转化。首先，技术知识储备是中心的关注重点，获取途径主要是西交大已有技术人才和外部招聘，如 2010 年中心从业者 10 人，其中，属于西交大工程专业的教授、副教授 5 人，工程师 3 人，之后在人员招聘中强调应聘者需具备生物及化学、机械及动力、人工智能大数据及区块链等七大西交大优势技术领域的学院式规范教育背景。其次，中心整合国家技术转移西北中心、中部之光技术转移有限公司等行业、企业资源围绕七大技术领域设立培训课程，培训内容综合商务、法律、财务、谈判技巧、风险投资等多学科理论知识和案例剖析、市场调研、技术判断等实践知识，跨越了传统学科、教学和实践知识之间的藩篱，形成兼具自主性和创业式的内部培训体系。此外，中心与校内专家定期开展项目信息的分析和讨论，并积极组织并参与技术转移大讲堂、技术经理人协会等社会性活动，这种实践和理论之间的持续联系不仅激发了从业者的反思性学习，而且促进了从业者构建个人抽象知识模式，从而使其更有能力应对个性化服务需求。

（2）社会需求。建设初期，中心的主要任务是代表西交大开展技术转移、成果转化和产学研合作等活动，业务内容包括本校技术资源的收集、推广、转移以及对外部需求的对接。因此，组织市场地位偏向于供给主体。为诱发市场服务需求、提升客户满意度，中心以西交大优势学科形成七大技术领域，围绕这些技术领域建立技术经理人体系和专家咨询库，并与知名企业、组织和专家建立长期稳定的合作关系，从而加强核心业务、提高组织声誉。通过建立纵向一体化服务体系减少技术转移过程摩擦、提升资源整合能力，如建立概念验证中心验证技术原型可行性，建立中试基地推动技术形式的市场化，成立科技金融办公室衔接资金需求，建立知识产权运行办保障权属、利益分配。一体化服务体系意味着服务模式从交易模式转变为关系模式。此外，为扩大服务范围，中心凭借已有组织声誉采取了多重节点网络化发展策略，即围绕各个地区的特色产业建立自主运营的分支机构，并采用灵活的横向结构进行资源分配，根据员工专长和资源形成动态化、模块化、标准化和插件化的组织形态，随时依据任务形成新的资源组合，充分发挥西交大科技资源优势。

（3）职业身份。中心由政府部门自上而下授意建设，附属于西交大，因此，凭借高校声誉，其从一开始便有了法定认可的外部合法性和有别于其他技术转移机构的品牌声誉。在成立同年，学校成立的西交大技术成果转移有限责任公司与中心一体化运营，以期通过市场化运营机制减少财政依赖、降低行政限制。因此，中心社会身份开发融合了政府和市场双重逻辑，一方面以国家赋予的五大任务为导向，发掘创新主体和政府的服务需求，积极承担公共服务职能和社会责任；另一方面以"政府引导、多元投资、企业化运作"划分公益服务与价值服务边界，从利他主义转向生存本位的共赢主义。但是市场逻辑的引入意味着内部从业者在职业价值观上的冲突，因为中心管理和发展依赖体制内行政人员、科研人员，作为国家雇员，他们的职业逻辑是分配制度下的行政控制，而市场逻辑意味着商业竞争，因此中心采取了以下措施重构职业价值观：一是加强政策宣讲使从业者领会政策意图；二是通过财政、产权等方式激励从业者参与市场的意愿；三是通过链接客户资源、走访高校教授、改变筹资模式等方式激发商业意识和创业精神；四是责任下放个人，建立专职技术经理人负责制。

（二）科易网

（1）专业知识。科易网作为网上技术交易服务平台，通过开发服务工具替代现实社交圈的技术转移、知识交换方式的逻辑非常清晰，比如依托云数据库实现对资源的集聚、加工、统计和分析；依托科易宝实现在线合同签订、款项支付；依托"老师傅"知识共享平台提供咨询服务；依托技术经理人培训系统，实现技术经理人的线上线下培训和管理。它在开发和运营网络服务工具方面的领先性提升了服务标准性、消减了对特定领域技术知识的依赖，因此，其内部职工的学历背景更加多元。企业内部知识的创造和传播依然以培训为主，培训课程包括知识产权、技术评估、技术需求、项目申报流程、大数据＆人工智能、政策解读等多学科知识，并且通过使用网络监测和定期审查系统来提高知识透明度和从业者行为的一致性。由此可见，培训的主要目的是建立员工的规范性认知、标准化服务，并不强调个性化服务反思。此外，公司积极参与政府、社会团体组织的技术经纪人培训活动，在交互活动中获取外部实践知识。

（2）社会需求。科易网的服务逻辑是在网络环境中开发出改进现实交易的替代性机制，并通过创新技术降低网络环境下的交易摩擦，提升服务的标准化，降低服务的风险性。明显地，企业的市场地位是中介服务平台。为满足市场需求、扩大服务范围，企业实施纵向一体化、横向多元化和多重节点网络化的发展战略。首先，服务业务经历了从单品到体系的转变，如成立之初推出网络交易平台、2012 年打造"科易宝"技术商品交易系统，2016 年推出"老师傅"科技咨询平台，成为集技术贸易信息服务、对接服务、交易服务为一体的技术转移平台。其次，在已建立的品牌声誉基础上，企业业务从提供技术市场平台建设、技术交易服务到提供线上线下展会、技术经纪人培训等不断横向扩展，并以政府端、企业端、院校端为主要分类进行平台布局设计。此外，企业结合区域产业差异在不同地区设立子公司，截至 2021 年 12 月，公司创建了 22 个子公司，在全国范围内实施网络化的资源共享模式。

（3）职业身份。科易网发展之初正值各地政府兴建技术市场的阶段，它的第一个项目便是为厦门市思明区打造区域技术交易市场，因此，科易网起步之初的成功在于通过识别政府开放的治理空间，确保制度合法性。而对政府逻辑的判断和政策意图的识别也一直是企业行动的依据，如科易宝、老师傅平台等服务新产品的开发都表现出强烈的制度要求遵从。在构建职业价值观方面，科易网最大的挑战在于不同教育背景和实践背景引发的多元职业价值观。科易网的解决思路可以归纳为重组职业价值观，具体措施包括：一是建立物质象征元素，如通过投资改造总部产品研发中心、革新基础设施构建企业形象；二是通过培训建立共同的认知基础；三是明确企业定位，并与制度环境动态联系，如企业定位从"知识转移专业服务商"转变为面向政府的

"区域技术市场服务商"，再到面向社会的"城市技术创新服务平台"；四是将职业发展与自我管理和自我激励结合起来，如科易网在 2015 年实施了股权改革制度。

（三）史太白

（1）专业知识。史太白从业人员分布世界各地，获取专业知识方面的重点举措可以梳理为两方面：一是绑定科研人员的技术知识。在发展初期，与所在州内 16 所大学有技术专业特长的教授取得合作，这些教授监管史太白技术咨询服务中心业务。之后在世界各地依托各类知名大学、研究机构、企业建立分中心，吸引了大批教授参与，目前其教授数量大致占到了所有员工总数的 13%。其在全球范围内不断吸收的技术人才保持和促进了史太白的知识积累和更新。二是制度化人才培养机制。柏林史太白大学于 1998 年成立，之后其与各地区高校合作建立史太白学院，搭建二元制教学体系网络。二元制教学法不仅通过传统教育获得理论知识，而且融合了商业世界的实践知识，从而使理论知识、实践知识之间有意或无意地进行社会化，压缩知识社会化过渡时期，使知识效益指数增加。其中同时暗含了行为反思的"隐藏课程"，激发参与者之间的反思性和批判性学习，促进专业知识的互动和生产。此外，各分中心还会举办技术或商务课题研讨会、进行信息对话，通报最近关键技术、企业人员在职培训等活动，快速传播新增知识，提升实践技能。

（2）服务需求。从 19 世纪开始长期的技术积累使史太白在技术需求预测、技术前景论证、技术转移一站式服务等方面富有盛誉，在市场上充当着吸收潜在技术、扩散现有技术、供给内部开发技术的技术供给方、需求方、中介服务方三重身份。为维持和发展服务需求、拓展业务范围，史太白采取了四种发展策略：一是加强核心业务，不断吸收全球优秀的技术专家和人才补充技术知识、不断对典型案例编码更新数据库、及时引进前沿技术工具，如数字化技术，赋能组织管理能力和业务能力；二是纵向一体化，沿着技术转移服务链，在系统和规范的基础上进行研发、咨询、培训、转移、孵化、管理等一体化服务布局；三是横向多元化，凭借已有资源和优势向企业提供企业设立、市场开拓、运营管理等技术转移之外的咨询服务；四是国际网络化，依托品牌优势在全球 50 多个国家设立了 1100 多家分中心，建立了全球范围内关于客户、人才、资源、组织的庞大、稳定和不断扩展的网络系统。

（3）职业身份。1971 年，史太白基金会在德国巴登·符腾堡州经济部倡议和资金支持下建立，州政府通过无偿资助及购买服务的方式支持基金会提供技术咨询服务。1999 年，史太白基金会及所属各中心放弃政府的财政补贴，步入非营利性的完全市场化运营轨道。因此，政府赋予的法定合法性和非营利性定位是其外部合法性的主要来源。在社会身份开发过程中，史太白以市场为优先原则、以品牌声誉作为主要手段，和各地区知名组织合作，在国际市场扩张影响力，由此既获取各个组织在各自技术领域的专业权威，从而有效传递组织领域知识，进一步推动品牌声誉、优化社会身份。但由于服务地区的需求差异和制度差异，各个分中心从业者的职业价值观面临着差异和冲突。史太白应对这种价值观冲突的方法是重新定位职业价值观，主要措施有两点：一是社会身份保护，通过制定统一的专业培训、服务标准、服务原则、评估体系传递史太白规范性价值体系；二是文化匹配，各个分中心自主化运营，从而能够充分融合各个地区的社会和政治理想，将其发展与特定的社会背景和文化主张联系起来，以使他们的新角色更具有吸引力。

（四）先进做法总结

根据典型案例，总结建设专业化技术转移机构的经验做法。

1. 对于提升专业知识需要注意：一是教育培训应该设置在实践场景中，使从业者更容易获得经验技能、不断"自我诊断"；二是重视建立反思性空间和活动，在这个空间和活动中，理论知识和实践知识并置，激发参与者之间的反思性和批判性学习，促进创造能力开发和专业知识的生产；三是构建员工自我评价的能力评估模型，激发自我意识和学习动机；四是打破"知识获取、知识共享、知识利用、知识传播"的单回路模式，建立多重循环知识创造过程，因为单回路模式是将组织目标视为给定。但是作为半公益性组织，技术转移机构需要不断参与社会目标和价值观调整过程；五是引入数字化技术，实现各类信息流及时、连续、细化和完整地传播和保存，加快知识和经验的积累和迭代，放大知识的共享效能。

2. 技术转移机构的职业身份构建需要在三个层面推进：在制度层面，政府发挥着重要作用，可以通过法律法规约束或促进批准职业发展、定义专业边界、配置激励系统和提供物质资源来促进社会角色认同、保障组织公益属性的积极发挥、促进社会利益最大化；在中观层级，专业协会或行业组织能够创造协同合作的行业环境，培养集体专业精神，保护成员权利和利益，促进行业知识的积累、传播和迭代，以市场化的自我控制维持和推动行业发展；在微观层级，组织异质性意味着要结合自身实际和制度环境采取差异化策略构建职业角色认同、塑造职业价值观，从而指导个人行为、履行专业责任，遵守道德原则。

3. 组织声誉是技术转移机构重要的无形资产，支持机构在获取优秀人才、低成本营销、释放质量信号等方面取得优势。多重节点网络化是技术转移机构加强资源流动、优化配置资源、嵌入客户应对市场服务需求的最佳策略。当下，随着技术发展，数字技术支撑下依托知名组织的平台化发展策略可以整合两者优势，提升行业服务能力，实现社会利益最大化。因此，以平台化思维推动技术转移机构的专业化发展是可行之举。首先，平台化意味着技术转移机构能够通过分散治理规则、去中心权力结构和自主性主体行动提升组织运营灵活性。其次，平台的本质就是分工，让专门的资源发挥专门的能力，实现资源的能力化、能力的资源化。最后，平台化意味着链接各类生态伙伴，通过建立技术、资源、数据、市场的全方位合作关系，挖掘整个生态系统中的能力和资源，最大化资源的流动和交叉利用率。

二、区域平台

西安科技大市场是国内首家技术交易平台，是技术市场交易实现的媒介，依托本地丰富密集的技术要素和创新资源，致力于打造立足西安、服务关天、辐射全国、连通国际的科技资源集聚中心和科技服务创新平台，多年来聚焦硬科技产业领域，集聚区域创新资源，繁荣区域技术市场，有效促进了技术要素的市场化配置，为我国统筹科技资源改革、推进技术要素市场化配置作出了有益的探索和示范。本书将西安科技大市场作为典型案例进行研究，一方面是因为随着数字经济时代创新范式的变革，创新生态逐渐向融通融合方向演化，技术要素市场化配置的大尺度生态及围绕产业发展的系统性构建远远不够，配置地理范围有限，配置手段和模式老旧，配置效率不高等问题突出，以科技大市场为代表的交易平台发挥着促进技术要素市场化配置的重要作用，成为技术市场发展的重要载体和媒介。另一方面是因为，西安科技大市场作为国内首家技术交易平台，被先后认定为国家技术转移示范单位、国家技术转移西北中心、国家知识产权运营军民融合特色试点平台、国家技术转移人才培养基地、国家级科技服务综合标准化试点建设单位等，其在构建区域科技创新综合服务体系及科技创新生态等方面所作出的积极探索与实践，被中央电视台《新闻联播》头条予以报道，成为科技领域的"西安品牌"。以"公益＋市场"为核心的西安科技大市场体系经验已被全国很多地方借鉴和推广，其发展经验可供其他地区借鉴。

（一）发展历程

截至目前，西安科技大市场主要建设历程及内容总体上可以分成以下三大发展阶段。

1. 集聚科技要素阶段：2011～2012年。该阶段为西安科技大市场发展的1.0阶段，通过搭建基础性科技服务体系，集聚科技资源，实现供需信息对接和政策服务。这一阶段在西安市科技局的全力支持下，搭建起科技资源信息门户网、一站式服务大厅"一网一厅"基本架构。推动技术合同登记、仪器设备共享、政策咨询受理等科技服务工作的正常开展，实现了技术、设备、人才等创新要素信息集聚共享。截至目前，推动西安市技术合同登记超过10万份，交易额突破1000亿元，累计吸纳入库大型仪器设备共享超过10000台套，其中，军工设备占比超过1/3，累计培养政策联络员超过6000名，帮助企业落实各类政策超百亿元，提供西安高新区知识产权管理办公室入驻服务。此外，举办财税大讲堂、政策大讲堂、知识产权大讲堂、军民融合大讲堂等创新讲习所系列培训及产学研交流活动累计超过2600场次，服务人次超700万。

2. 共建科技服务阶段：2013～2014年。该阶段为西安科技大市场发展的2.0阶段，其功能主要是集聚各类服务机构。这一阶段，通过与专业市场服务机构合作，由机构主导开展相关探索。本阶段总体完成了由"一网一厅"科技创新基础性服务体系全面升级为"三网一厅"区域科技创新综合服务体系。所谓"三网一厅"，第一网科技资源信息化平台体系是在科技资源信息门户网的基础上，重点围绕技术、设备、人才、政策等不同的创新要素，逐步建立起系列专业化信息服务平台；第二网科技服务市场化平台体系就是科技服务的电商平台，围绕技术交易、检验检测、知识产权等科技服务业，西安科技大市场先后培育了金知网、凡特网、科易网等 12 个市场化平台；第三网移动互联平台就是基于移动互联网、应用于各类智能终端的服务平台，与中国联通合作，双方计划合作共建一个科技服务商城，并将其打造成全国科技服务的总入口平台。一厅是指线下服务体系的整体集成，包括目前位于都市之门 B 座二楼近 3000 平方米为企业提供一站式服务的服务大厅、各类线下交流合作平台以及各类创新主体和服务资源的集聚。

3. 自建科技服务阶段：2015 年至今。西安科技大市场在自身发展的 3.0 阶段，扮演了战略投资者的角色，成为创新体系的投入者、整合者和赋能者。通过自建团队，培育服务能力，以自身为主开展相关探索。具体来看，首先西安科技大市场建立起技术交易市场 + 技术经理人协会、技术经理人公司、技术经理人的"1 + 3"服务体系，通过技术经理人项目储备对接、技术经理人公司组织运营、技术经理人协会搭建平台和组织活动，将技术供方、技术需方、技术中介整合，集成技术、人才、政策、资金、服务等创新资源按照"全链条一体化"的建设思路建立了一套成果筛选—孵化—转化的运行模式。其次，2015 年，西安科技大市场开始承担多项国家级建设项目和任务，包括国家科技支撑计划——国家科技资源云平台建设、西安现代服务业综合试点——技术转移产业链构建与完善任务、国家知识产权运营军民融合特色试点平台等，同时，在 2015 年底与神州数码、国家知识产权出版社等单位共同发起设立了西安科技大市场创新云服务股份有限公司，这标志着承载主体开始走向多元化和市场化。2017 年，驻地 16 所高校联合发起并成立西安技术经理人协会高校分会，旨在构建高校技术转移转化协同创新平台，加强合作交流，培养高素质技术转移人才，共同探索高校技术转移转化模式。

（二）发展现状

1. 职能部门。西安科技大市场是由西安市科技局、西安高新区管委会合作共建，于 2011 年 4 月 2 日正式启动运行，是国内首家科技大市场。科技大市场围绕"交易、共享、服务、交流"四位一体的功能定位，开展业务主要涉及技术交易、设备共享、政策服务等科技服务。目前下辖市属全额事业单位一家（西安科技大市场服务中心）、国有非营利性企业一家（西安科技大市场有限公司）、国有参股股份制企业一家（西安科技大市场创新云服务股份有限公司）。其中，西安科技大市场服务中心为西安市科学技术局管理的公益二类事业单位。

2. 主要职能。西安科技大市场主要负责建设科技人才、文献资料、仪器设备、技术成果等公共服务平台，提供科技资源的共享服务；负责市科技服务大厅建设，提供科技研发、成果产业化、创业孵化、企业创新服务等。科技大市场始终坚持"交易、共享、服务、交流"四位一体的功能定位："交易"功能——通过线上线下、网内网外的有机融合，汇集技术、成果、资金等科技资源供需信息，依托政策引导和市场交易，促进技术转移和成果转化；"共享"功能——通过技术平台、仪器设备、科技文献、专家人才等资源的共享实现科技资源的开放整合与高效利用；"服务"功能——通过人才创业、政策落实、知识产权、科技中介、联合创新等专业化和集成化服务，构建流动、高效、协作的创新体系，推动科技创新创业，实现科技资源与产业的有效对接；"交流"功能——通过举办科技项目对接和各种专业论坛，开展科技宣传、咨询、培训等活动，促进科技资源的交流与合作，推动科技成果的商品化、产业化与国际化。

3. 发展成果。西安科技大市场先后成为国家技术转移示范机构、国家级科技服务综合标准化试点单位、中国军事科学院军民融合创新示范试点单位、西安国家全面创新改革试验区试点单位、国家技术转移西北中心建设承载单位、国家技术转移人才培养基地和国家知识产权运营军民融合特色试点平台建设（运营）单位等。西安科技大市场所构建的区域科技创新综合服务体系机制创新成效显著，已成为国家多个地区科技创新体系建设的主流模式，成为国家科技创新体系和军民融合服务体系建设的典型案例和代表性工程，被全国多个地区学习借鉴。目前西安科技大市场已经接待来自全国 160 个城市，1540 个考察交流团。交流与合作比较多的省份有河南、山西、浙江、山东、四川、青海等。

（三）先进做法

1. 数字化转型——升级线上服务体系。西安科技大市场打造了"一网一端一屏一云"的线上服务体系："一网"完善大市场官网的展示功能，优化用户体验，加强供需项目信息披露的完备性、及时性和真实性；"一端"链接"秦创原综合服务平台"小程序，在此基础上打造了"一键找人、一键找钱、一键找技术"的会员制线上超级市场；"一屏"打造了全市技术要素线上交易展示大屏，能动态化、可视化地呈现全市范围内技术成果转化和技术交易活动；"一云"依托秦创原综合服务平台数据库以及市场化服务平台数据库，建设了技术要素交易市场云平台，实现区域内平台之间数据同步及业务协同，向用户提供便捷、优质的科技服务。

2. 活化市场——成立西安科技大市场技术要素交易所。扩展科技要素范围，打造综合科技要素市场，成立"西安科技大市场技术要素交易所"。在外观上以不同的视觉色彩区分，打造建设了四个功能性交易大厅，包括人才大厅（绿厅）、专利大厅（橙厅）、资本大厅（红厅）和产品服务大厅（蓝厅），和一个综合创新广场。围绕建设运营、创新发展和科学评估三大核心业务板块，将西安科技大市场技术要素交易所打造成为区域技术要素市场化配置的智能化、公共化、品牌化地标建筑，形成西安技术要素市场化配置的"样板间"和"标杆店"，内置功能齐全、品类完善的科技成果转移转化服务软硬件设施，定期开展有显示度和宣传示范效应的品牌活动。

3. 提升供给——共建西安科技大市场开放实验室。设立西安科技大市场开放实验室——西安实验室，在电子信息、汽车、航空航天、高端装备、新材料新能源、食品和生物医药6个领域，联合市属高校院所组建6个分类开放实验室，探索一套特殊机制促进将原有科教板块的设备、人才和技术资源转变为面向产业的研发服务资源。开放实验室要采取网络化、平台化的服务方式，按照"有技术、有团队、有模式、有预期"的评价标准，遴选或培养有市场化潜力的科技创新团队，引导各开放实验室建立"首席科学家制度"，实现科学家挂帅、科学家创业。构建"创新平台项目数据库"，将项目按照"应用基础研究、应用研究、技术开发"三个维度分类，将项目团队按照"科技招商、校企合作、院校团队"三个维度分类，强化"养事不养人"和"补贴到平台不到人"的扶持机制。

4. 对接需求——打造开放式企业研发众包协作平台。围绕企业研发面临的个性化技术需求，构建开放式企业研发众包协作平台。依托开放性平台，挖掘行业创新技术的应用场景，针对影响全行业的系统性解决方案，探索建立科研项目全球悬赏制度。研发众包平台的具体工作机制包括：一是公开征集技术需求。构建与高校院所、国家及省市重大项目实施部门、龙头企业的常态化联系机制，及时征集技术和科研需求。二是"1个工作日"快速对接。每一个提交的技术需求在1个工作日之内即得到1~3位有意愿承接的工程师信息反馈，并有技术经理人作为协调中介推进双方的技术需求对接。三是"迭代"对接方案。由科技大市场的技术经理人帮助企业对接技术服务方，并在技术资源对接的同时，总结之前对接失败的原因，细化企业技术需求，最终实现精准对接，直到找到适合的技术开发合作方。四是开发项目协作研发工具。项目进度管理模块帮助企业和开发者实时查看项目研发进度；在线组队模块将科技大市场的高校资源调用组织为最优研发者，成为企业的"云研发部"；任务拆分模块将项目拆分分配至个人，团队成员远程协作并行开发，从而开展更快、更高效的研发活动；成熟的研发流程可在平台上共享，其他需求方可利用现有的开发流程模板快速完成产品研发。

5. 资源共享——打造西安科技大市场科技仪器设备共享服务平台。推动"西安仪器设备共享公共服务平台"模式创新，按照"自有场地和设备、自有专业团队、自有结算系统和自有服务标准"的要求，在原有服务平台的基础上，将高频使用的仪器设备，通过自己采购、托管的方式，构建企业化运营服务能力，以提升仪器共享服务的专业化、便利化程度。具体来看，利用以西安科技大市场为中心构建的包含重点实验室、企业工程中心在内的西安市开放实验室体系通过"科技物业云平台"链接创新企业的设备使用需求和设备供应方托管租赁服务。鼓励西安的科研机构在"一带一路"共建国家设立创新中心、海外实验室，充分利用当地先进的科研能力开发新技术，通过逆向技术反馈本土研发。

6. 破除信息不对称——设立西安科技大市场技术要素评估中心。结合现有高新技术企业认定、科技型中小企业认定和人才引进职能等工作，优化技术、人才、企业三类要素的评价以及相应认证，通过构建技术要素评估（认证）的标准体系、服务体系和数据库，促进西安市技术要素评价的科学化、标准化和市场化。在技术（专利）价值评估方面，借鉴先进地区做法经验，进一步聚集知识产权服务机构，集中知识产权授权、确权与保护资源，深化知识产权运营服务体系建设，加强专利导航，做好知识产权布局，打造"一站式"知识产权保护平台；在人才评价认定方面，形成科技创新人才市场化供给方式，促进科研人员从"单位人"向"市场人"的转变。构建全谱系创新人才队伍。建设科研人才梯队，采取"单位或专家推荐＋同行评议＋市场机构评估"的遴选方式，评选具有较高理论水平和丰富实践经验的骨干工程师和青年拔尖工程师。依托高校和国家技术转移西北中心组建丝路技术转移学院，培养包括产品经理、投资经理和市场在内的跨行业、跨地域、跨学科的技术要素市场人才，建设技术转移前沿理论研究的教学平台和实训基地。企业评价认定方面，依托"企业创新积分制"，建立基于定量评价、非传统财政或金融的新型政策工具，加快发现和精准支持一批研发能力强、成长潜力大、掌握关键核心技术的中小企业，切实提高西安市科技创新政策精准施策水平。

7. 储备人才——制定各项人才计划。西安科技大市场在培育人才方面的目标包括：一是将高校科研院所内卷的青年教师（研究人才）变成企业外挂的研发团队；二是挖掘人才潜力，促进优秀研发人才才能的共享和最大化；三是培育服务中小企业的成建制力量。建立西安硬科技工程师制度体系，探索包含职称评审制度、流动工作站制度和福利保障制度等在内的以精准评价实施精准补贴的人才扶持政策。与人社局职称管理部门联动，面向硬科技产业领域，扩大高技能人才评审"绿色通道"。将产业教授、融合学院教授等纳入中高级人才职称评审范围，不将学历、论文等作为人才参加职称评审的限制性条件。参照博士后流动工作站制度，在新型研发机构设立硬科技工程师流动工作站，制定进出站标准，鼓励研发人才在新型研发机构服务两年，服务经历纳入人才档案。对接西安市人才评审管理工作，将硬科技工程师进行分级管理，使其享受特殊人才津贴、购房、医疗、教育、车位等福利。

8. 融合资本市场——设立西安科技大市场硬科技前天使基金。坚持"前天使"理念，主要投资科技型中小企业、科技企业孵化器和科技服务机构。所有市级孵化器要求设立创投基金，由硬科技天使基金共同投资。一是加大资金支持力度。依托"国家中小企业发展基金（40亿元）"和"国家科技成果转化基金（9.5亿元）"设立一支"西安科技大市场硬科技天使基金（1亿元）"，每年投资100家科技型企业。在天使投资前，采取"启动资金支持＋后续运营支持"的前天使模式，破解初创企业融资难题。二是探索孵化器回馈机制。经科技大市场评估后，认定市场前景好的在孵企业，由西安科技大市场硬科技天使基金和科技企业孵化器共投，西安科技大市场硬科技天使基金所占股份，用以资金监管，企业出孵后，股权权益按首轮计价，原价退出。孵化器所占股份用以企业创新和作为经营资金，孵化器除了通过分红和股权变现，通过提供公共技术平台服务、申报政府项目、中间产品转让等也可以获得稳定的现金流。

第十三章
开放技术市场治理

过去四十多年我国依赖国际技术转让实现了经济的快速发展和技术的快速积累，已经从"创新追赶型国家"转变为"创新强劲型国家"。新形势下面临着高水平科技自立自强的压力，因此，关注开放技术市场具有更深的意义。

第一节　国际技术转移的新形势

一般认为，国际技术转移主要通过国际技术许可、外商直接投资和国际贸易来实现。在新的历史时期，国际技术转移呈现出了以下一些新特征。

一、经济全球化加速国际技术转移

经济全球化是指世界各国在全球范围内的经济一体化。国际货币基金组织（IMF）指出经济全球化是指跨国商品与服务贸易及资本流动规模和形式的增加，以及技术的广泛迅速传播使世界各国经济的相互依赖性增强。经济合作与发展组织（Organization for Economic Co-operation and Development，OECD）认为经济全球化可以被看作一种过程，在这个过程中，经济、市场、技术与通讯形式都越来越具有全球特征，民族性和地方性被弱化。

经济全球化包括生产全球化、技术全球化、贸易全球化和金融自由化等内涵。生产活动全球化是经济全球化最主要的表现形式之一，有利于全球范围内的资源优化配置和各国充分发挥自身的资源禀赋。经济全球化中的一个重要参与主体就是企业，企业通过参与全球化经济实现国际化经营，从而获取国际先进技术和管理经验，并反作用于更深层次的经济全球化，研发的全球化和技术的全球化是生产活动全球化和企业拉动的必然结果。贸易全球化同样也是世界范围内资源配置合理化的必然结果，贸易的对象包括商品、劳务和技术等层次，通过开展国际贸易可以实现参与国各自的利益最大化。而金融自由化又是贸易全球化所催生的必然结果，同时也是世界各国参与全球化经营的必要条件。

经济全球化的基本特征是产品、技术、贸易、资本、资源和信息在世界范围内的自由流动和配置，这也是技术转移的宏观国际背景。在世界经济发展全球化、一体化的背景下，世界各国之间的经济联系不断加强，相互依赖程度不断加大，企业类组织要想发展壮大，必须走国际化经营道路，通过占领全球范围内更多的市场份额来实现企业的自身价值和利益导向。在一定程度上，企业经营的国际化就是企业资产和生产要素跨国界的转移。垄断优势理论认为，从事跨国经营的企业拥有某种特殊的资产，这种资产是其能够在国外市场上克服跨国经营的种种障碍并在竞争中战胜当地企业的原因。

在经济全球化的同时，世界很多国家和地区还加强了相互之间的区域一体化，纷纷成立各种形式的经济联盟或者签订相关国际条约。1965 年，法国、德国、意大利、荷兰、比利时和卢森堡六国签订《布鲁塞尔条约》（1967 年生效）成立欧洲共同体，1991 年签订《马斯特里赫特条约》并于 1993 年生效，从欧洲共同体过渡到欧洲联盟。1967 年，印度尼西亚、新加坡、马来西亚等 10 个国家成立东南亚国家联盟。1989 年，中国、美国、韩国、日本、加拿大、墨西哥、新西兰、澳大利亚等国家联合成立亚太经合组织（APEC）。1992 年，美国、加拿大和墨西哥三国联合成立北美自由贸易区（NAFTA）。同时，世界很多国家和地区还在不断推进深入的区域经济合作，并签订相应的条约。以中国为例，目前中国已经与包括智利、巴基斯坦、新西兰、新加坡、秘鲁、瑞士等在内的多个国家签署自由贸易协定（Free Trade Agreement，FTA），此外还有一些双边或多边贸易协定处于谈判、可行性研究或协商加入阶段，比如区域全面经济伙伴关系（Regional Comprehensive Economic Partnership，RCEP）、中日韩 FTA、中韩 FTA 和中韩服务贸易协定（Trade in Services Agreement，TiSA）等。FTA 的谈判与签订是政府间行为，其真正目的是为企业创造更好的交易环境，因为，企业是市场的主体。

全球化经济的一个重要表现就是跨国公司的发展壮大。随着本国市场份额的分割和本国生产成本的上升，国际市场和国际生产基地对于部分企业产生了极大的诱惑，从而造就了跨国企业的出现。一方面，随着本国市场份额的不断饱和，跨国企业选择参加国际市场，这必然会导致本国产品或者服务进入目标国际市场。在产品或服务流动的同时，伴随产品或服务的技术也实现了扩散，这也是技术溢出的一个重要途径。另一方面，随着本国生产成本的上升，包括劳动力成本、厂房成本、环境成本等，很多发达国家的企业选择在发展中国家和地区建立分支机构，以达到降低成本的目标。在跨国公司建立境外分支机构的情境下，其必然会雇用部分当地人为员工，在对这些人进行培训的过程中自然实现了技术的流动。

可以发现，国际技术转移和技术扩散本身就是经济全球化和区域一体化的内容，经济全球化和区域一体化也必然伴随着技术的转移。而且，越是深入的经济全球化，产品生产的分工就越是精细，从而技术转移和扩散也就越深入。

二、科技发展加深国际技术合作

如今，科学技术的发展和进步越来越依赖于开放创新，而开放创新的一个重要体现就是国际科学技术合作。从另外一个角度来看，国际科技合作也是提高全球研发效率、降低重复研发所耗费资源的有效途径，很多国家都在一些共同领域（如能源技术、生命科学）面临难题，而合作有利于通过集中力量解决问题。

经济全球化的另外一个重要特征就是国际科技合作的不断深化。国际科技合作在政府层面、企业层面、大学和研究机构层面以及非营利社会组织层面都有所体现。落后的国家和企业为寻求技术的跨越式发展，可能会选择通过让渡部分收益、部分市场或者其他内容给发达国家的相关部门来实现技术引入。即使是技术水平相当的国家和地区，通常也各有优势，会通过加强国际合作实现共赢。而无论是哪种方式，都是跨国技术流动的具体体现。

很多跨国企业都在海外建立研发基地、组建研发团队、进行技术和产品的研发，这也使得跨国公司和跨国技术联盟成为国际技术转移的重要载体。一方面，跨国公司在开展海外经营的过程之中会自然带来技术溢出效应，从而间接促进技术的转移；另一方面，跨国公司在海外建立研发基地，一般会雇用本地研发人员，而在人员的流动过程中也会形成知识和技术的溢出。

技术发展的融合性和系统性也越来越强。技术的发展对学科交叉融合有了更高的需求，对人员、设备、财力、政策环境等因素有更多的依赖。这也对国家之间的互补、合作提出了要求。

三、国际政经格局制衡国际技术转移

技术转移活动与国际贸易和国际政治挂钩的现象在世界范围内正在蔓延。近年来，我国对外开放程度不断提高，对技术要素国际化的需求程度也相应增加。相对来看，发达国家在很多技术领域占据领先优势，历来都对向发展中国家的技术转移保持警惕的态度，在经济动力不足的新形势下，其对国内技术的保护倾向更加明显。

近年来发达国家经济增长放缓，动力不足。与此同时，关税税率大幅下降和各种数量限制措施等贸易壁垒的边境措施在原则上被禁止，而边境内措施开始成为阻碍国际贸易发展的新型贸易壁垒。技术性贸易壁垒和"长臂管辖"是新型贸易壁垒的重要内容。

中国与美国之间历来贸易摩擦不断，而技术转移与知识产权是两国贸易摩擦争议的焦点问题。2017 年，美国贸易代表办公室宣布对华启动 301 调查，其采取的一系列措施包括对进口的中国产品提出加征关税、把众多中国企业列入其"实体清单"、限制在美华人的流动、限制中国学者和学生赴美。在这样的背景下，国际技术转移受到很大限制，尤其是依附于高科技设备和元器件的技术转移、依附于人才流动的技术转移。这样的现实显然给发展中国家的科学技术发展带来更大的挑战，也倒逼国内创新的发展。

第二节　开放技术市场的时代要求

随着技术经济潜力的提升和技术在各个领域的渗透，一些国家把技术和技术转移作为国家安全安排的一个考虑方面。与此同时，可持续发展也成为全球发展的新主题，能源约束、气候变化引起全球关注，其中的技术转移问题也引起更多讨论。

一、经济安全

技术的发展深刻影响了人类的生产和生活方式，也影响了国家治理和政府部门的运作方式。政府部门一方面引入各种技术到管理过程之中，一方面又对一些技术保持警惕的态度。随着技术的进步和市场的发展，很多政府工作业务不得不与企业挂钩，甚至一些重要信息都掌握在企业手中，这样的现实实际上牵制了政府行为，也使政府对待技术更加谨慎。而这样的境况实际上也影响了技术转移相关活动，政府出于维护国家安全的考虑，动用行政力量干预技术转移。

美国的"实体清单"（the entity list）制度就是国家干预技术转移的典型代表。"实体清单"是美国为维护其国家安全利益，而对出口进行管制的一个重要手段，于1997年2月由美国商务部发布，被认为参与扩散活动的最终用户都进入榜单，以此明确告知出口商在未得到许可证时不得帮助这些实体获取受管辖的任何物项，同时，有关许可证的申请应按照美国《出口管理条例》第744部分规定的审查标准接受审查，且向此类实体出口或再出口有关物项不适用任何许可例外的规定。企业一旦被列入"实体清单"，实际上相当于被美国政府剥夺在美国从事贸易的机会。2019年5月16日，美国商务部产业安全局（Bureau of Industry and Security, BIS）将华为列入"实体清单"；6月21日，包括中科曙光、天津海光、成都海光集成电路、成都海光微电子技术、无锡江南计算技术研究所在内的5家机构组织也被列入"实体清单"；10月8

日，包括海康威视、科大讯飞、旷世科技、大华科技、厦门美亚柏科信息有限公司、依图科技、颐信科技有限公司等在内的 28 家中国组织和企业被列入"实体清单"。可以发现，被美国列入其所谓"实体清单"的我国企业多为高科技企业，一些企业的产品生产依赖于从美国进口的零部件，被列入清单后其生产活动受到一定影响。高技术含量的产品或者零部件的进出口实际上也是国际技术转移的一种体现形式，而美国通过国内制度设计赋予政府通过行政手段干预这种技术转移的权力。

二、气候谈判

环境问题和基于环境问题设置的可持续发展目标（SDGs）是推动现代国际技术转移的一个重要动因，尤其是气候有益技术。技术是应对气候变化的关键所在，技术转让对应对气候变化具有重要意义，很多与气候变化、环境保护有关的国际条约都把促进气候有益技术转移写入其中。2019 年 11 月 4日，美国政府正式通知联合国，要求退出应对全球气候变化的《巴黎协定》，给全球气候治理的基本原则和规范造成一定影响。

世界各国在缓解气候变化方面达成了诸多共识，但是对于与气候有益技术转让密切相关的问题却难以达成共识。制约气候有益技术转移的因素主要包括以下几个方面：参与各方缺乏互信；发达国家政府的承诺与其国内企业的利益需求存在冲突；国际公约相关条款和规则的"弹性"语言和"软法"性质并存；知识产权协定（TRIPs）与《联合国气候变化框架公约》体系规则的冲突。

知识产权是影响国际气候有益技术转移的重要因素，发达国家和发展中国家对其持不同立场。发展中国家一般认为，知识产权保护制度阻碍了气候有益技术的广泛扩散，应当对气候有益技术领域的知识产权保护程度进行适当放宽或调整。而发达国家在技术与知识产权方面占据优势地位，所持观点也与发展中国家相悖，发达国家反对在气候谈判中具体地讨论知识产权问题，认为知识产权制度促进了技术转让，是自由市场模式下气候有益技术转让的适宜环境，反对把知识产权置于技术开发与转让的对立面，主张加强知识产权对气候技术的保护。

第三节　我国管理国际技术转移的新举措

就我国而言，经济全球化是区域发展和企业发展实现国际化的一个重要拉动因素，同时还有另外一个同样重要的推动因素，就是党的十五届五中全会上所确立的"走出去"战略，即国际化经营战略。在"走出去"战略背景下，我国各相关政府部门相继出台了一系列政策法规，不断完善我国企业参与国际化进程中的管理、服务和监督，为企业充分利用国内外"两个市场、两种资源"提供保障，不断壮大我国参与国际化经营的主体，提高其国际化经营的层次，同时也使其经营方式多样化。

在这种双重背景下，我国有越来越多的企业将自身发展放眼海外，积极寻求机遇参与全球市场的角逐，争取在世界经济贸易格局中取得一席之地。据统计，2019 年，我国对外全行业直接投资 8079.5 亿元人民币，其中，我国境内投资者共对全球 167 个国家/地区的 6535 家境外企业进行了非金融类直接投资，累计投资 7629.7 亿元人民币。2019 年，我国货物贸易进出口总值 31.54 万亿元人民币，其中，出口 17.23 万亿元，进口 14.31 万亿元，贸易顺差 2.92 万亿元，是世界最大的出口国。这说明我国企业已经不再仅仅满足于国内市场，而是放眼世界不断融入全球化市场。

在经济全球化不断深入且我国经济与全球经济不断深入融合的背景下，国际技术转移所发挥的作用更加突出。

一、"一带一路"倡议与对外技术交流

当前，我国已经进入全面扩大开放的新时期。2013 年 9 月习近平主席提出通过推进"丝绸之路经济带"和"21 世纪海上丝绸之路"（合称"一带一路"）建设，构建全方位开放新格局的构想，并在 2014 年全国两会期间进一步强调"一带一路"倡议，专门成立了丝路基金等政策性金融机构。

国际技术转移是"一带一路"倡议下的重要环节。《国家技术转移体系建设方案》提出面向"一带一路"共建国家等的国际技术转移广泛开展，"一

带一路"科技创新合作技术转移行动。与"一带一路"共建国家共建技术转移中心及创新合作中心，构建"一带一路"技术转移协作网络，向共建国家转移先进适用技术，发挥对"一带一路"产能合作的先导作用。

由于"一带一路"共建国家以发展中国家为主，科技水平相对不高，在客观上对于技术交流、技术合作、技术转移有更高的需求。对于我国而言，借助"一带一路"的平台，一方面能促进我国企业和技术更好地"走出去"，实现市场的扩张；另一方面，也能够带动"一带一路"共建国家的经济发展，为区域经济共同繁荣作出贡献，同时也有利于共享经济发展的利益。

就我国而言，在"一带一路"背景下的技术转移实践中需要注意以下两点：第一，强调技术转移的双向性，既有技术输出，也有技术引进；第二，在考虑国家、地区特征的基础上，因地制宜地开展技术转移活动，并采取多样化的技术转移形式。

二、亚投行与国际技术援助

亚洲基础设施投资银行（Asian Infrastructure Investment Bank，AIIB）是首个由中国倡议设立的多边金融机构，被定位为一个政府间性质的亚洲区域多边开发机构。亚投行重点支持基础设施建设，其成立宗旨是为了促进亚洲区域的建设互联互通和经济一体化的进程，加强中国及其他亚洲国家和地区的合作。亚投行的建立标志着新兴国家参与国际事务的能力和作用不断上升。

技术援助是亚投行运行中的一项基本业务。《亚投行协定》（The Articles of Agreement of the Asian Infrastructure Investment Bank）是亚投行成员国所必须遵守的基础性约定，其在业务对象和业务原则部分明确提及技术援助，"第十五条 技术援助"专门规定："一、在符合银行宗旨和职能的情况下，银行可提供技术咨询、援助及其他类似形式的援助。二、如遇提供上述服务的费用无法补偿时，银行可从其收益中支出。"

传统的多边开发银行，比如欧洲复兴开发银行（European Bank for Reconstruction and Development，EBRD）、亚洲开发银行（Asian Development Bank，ADB）、泛美开发银行（Inter-American Development Bank，IDB）等都明确规定技术援助是银行的重要"职能"之一，实际是将技术援助作为一种方式和手段来辅助银行目的的实现。在这些传统多边开发银行对发展中国家进行贷款援助过程中，由于单纯的提供资金不能帮助发展中国家克服管理和技术上的障碍，致使资金不能发挥最大的效用，因此通过增加附加性条件来提高援助的有效性。但是，在亚投行的基础性文件中，技术援助被作为原则性条款列出，充分突出了技术援助在基础设施建设中的重大作用，技术援助不再只是辅助性角色。

关于技术援助，本书在前面讨论马歇尔计划、苏联援建、联合国可持续发展目标、南南合作等内容时已经进行过初步分析。由中国倡议的亚投行把技术援助写入《亚投行协定》，实际上突出了中国在亚投行成员国进行技术援助的地位。

三、制定、修订相关法律法规

2019 年 3 月 15 日，十三届全国人大二次会议表决通过的《中华人民共和国外商投资法》成为我国外商投资管理体制改革的一个里程碑，是我国外商投资领域的基础性法律。该法自 2020 年 1 月 1 日起施行，原《中华人民共和国中外合资经营企业法》《中华人民共和国中外合作经营企业法》《中华人民共和国外资企业法》（合称"外资三法"）同时废止。统一的外商投资基本法问世，将为我国积极有效地利用外资、推动新一轮高水平对外开放提供更加有力的法治保障。在原有"外资三法"的基础上，新颁布的外商投资法充分强调了对外商投资的保护。在第一条关于立法目的中就开宗明义地指出："为了进一步扩大对外开放，积极促进外商投资，保护外商投资合法权益，规范外商投资管理，推动形成全面开放新格局，促进社会主义市场经济健康发展，根据宪法，制定本法。"

第十四章
结　　语

党的二十大报告中指出，加强企业主导的产学研深度融合，强化目标导向，提高科技成果转化和产业化水平。科技成果转化和产业化是一直困扰我国经济发展的重大难题。构建完善的技术市场体系助推科技成果产生、转移、转化是创新驱动发展的必由之路。在四十多年的发展过程中，我国技术市场相关法律法规基本健全，工作架构设计基本完成。但是，一些基本理论问题、认识问题尚未解决。本书将相关理论知识进行梳理，并且基于市场社会学相关理论构建研究技术市场新的理论视角，通过研究技术市场演化逻辑助力我国技术市场发展。

但是这些探讨当然不能解决全部技术市场问题，也存在一些不足，但这为未来研究指明了方向。

首先，由于我国行政辖区之间的差异，各个地区的技术市场所嵌入的经济环境和条件具有特定的场景性，从全国层面将"政府"作为统一整体进行分析也可能遮蔽很多现实问题。而选取北京技术市场与全国技术市场进行对比，其在规模和层级上不具有一致性，不能完全挖掘出地方引导下技术市场的发展特点。因此，未来可以聚焦于不同地区的技术市场发展，进行横向对比，关注各级政府在市场干预中的灵活性和异质性，增进对市场经济中"中国模式"的理解。

其次，本书从社会性网络和行动者两个维度整体性分析影响技术市场发展的各类社会性因素，虽然在学理上具有可操作性，但却忽略了文化、规范、惯习等因素对市场的具体影响。因此，未来研究可以在操作性上向前推进，具体分析有哪些社会性因素对主体行为的影响最大、对政策制定更有助益。

最后，本书主要利用统计数据从宏观层面对技术市场进行实证分析，由于受到调研所获得的一手文献的限制，微观层面的经验研究还比较欠缺，这也是今后需要进一步解决的问题。

参 考 文 献

[1] 安东尼·吉登斯. 社会的构成 [M]. 李康，李猛，译. 北京：生活·读书·新知三联书店，1998.

[2] 安玉琢. 国外技术市场运行机制研究 [J]. 科学管理研究，2000 (3)：52 –54.

[3] 安涌洁，胡贝贝，刘海波，等. 技术转移机构的专业化：理论内涵和发展实践 [J]. 科技管理研究，2022，42 (23)：63 –71.

[4] 彼得·伯格，托马斯·卢克曼. 现实的社会建构：知识社会学论纲 [M]. 北京：北京大学出版社，2019.

[5] 毕娟. 技术交易视角下高校技术转移效率分析——以北京地区为例 [J]. 中国市场，2013 (35)：51 –58.

[6] 曹荣湘. 走出囚徒困境——社会资本与制度分析 [M]. 上海：上海三联书店，2003：71 –73.

[7] 陈纯菁，姚泽麟. 活化"社会嵌入性"的内容：一项关于中国人寿保险交易的民族志 [J]. 清华社会学评论，2018 (2)：107 –152.

[8] 陈国宏，王吓忠. 技术创新、技术扩散与技术进步关系新论 [J]. 科学学研究，1995 (4)：68 –73.

[9] 陈林生. 市场的社会结构——市场社会学的当代理论与中国经验 [M]. 北京：中国社会科学出版社，2015：269 –271.

[10] 陈向东. 国际技术转移的理论与实践 [M]. 北京：北京航空航天大学出版，2008.

[11] 陈云贤. 中国特色社会主义市场经济：有为政府 + 有效市场 [J]. 经济研究，2019，54 (1)：4 –19.

[12] 陈志武，张曙光，周天勇，等. 转变发展方式——寻找增长新动能

[J]. 财经界，2011（5）：88－92.

[13] 陈忠卫. 产学研间的信任关系与合作模式选择——基于多案例的比较研究 [J]. 管理案例研究与评论，2014，7（5）：360－371.

[14] 程森成. 技术市场的政策研究 [J]. 江汉论坛，2004（1）：46－48.

[15] 戴魁早. 技术市场发展对出口技术复杂度的影响及其作用机制 [J]. 中国工业经济，2018（7）：117－135.

[16] 邓练兵. 中国创新政策变迁的历史逻辑 [D]. 武汉：华中科技大学，2013.

[17] 丁涛，盖锐，顾晓燕. 我国知识产权市场发展与经济增长关系实证分析——基于1992～2013年的数据 [J]. 经济体制改革，2015（5）：185－190.

[18] 董亮，张玢，李明亮，等. 我国技术市场理论研究的嬗变机制与发展趋势研究 [J]. 中小企业管理与科技（下旬刊），2015（6）：115－117.

[19] 杜伟，高林远. 制度变迁与中国经济体制改革的实证分析 [J]. 当代经济研究，2002，13（1）：53－55.

[20] 范保群，张钢，许庆瑞. 国内外技术转移研究的现状与前瞻 [J]. 科学管理研究，1996（1）：1－6.

[21] 范会芳. 舒茨现象学社会学理论建构的逻辑 [M]. 郑州：郑州大学出版社，2009.

[22] 范忠仁，董正英. 技术交易合同流向地域特征的实证分析 [J]. 科技进步与对策，2009，26（20）：1－4.

[23] 方世建，郑南磊. 技术交易中的逆向选择问题研究 [J]. 研究与发展管理，2001（6）：55－60.

[24] 方世建，史春茂. 技术交易中的逆向选择和中介效率分析 [J]. 科研管理，2003（3）：45－51.

[25] 弗兰西斯·福山. 信任：社会美德与创造经济繁荣 [M]. 李宛蓉，译. 呼和浩特：远方出版社，1998.

[26] 符平. 市场的社会逻辑 [M]. 上海：上海三联书店，2013.

[27] 傅正华，陈晴，高宁. 新时期我国技术市场发展方针初探 [J]. 中国科技论坛，2004（2）：21－24.

[28] 高楠, 于文超, 梁平汉. 市场、法制环境与区域创新活动 [J]. 科研管理, 2017, 38 (2): 26 - 34.

[29] 高霞, 陈凯华. 合作创新网络结构演化特征的复杂网络分析 [J]. 科研管理, 2015, 36 (6): 28 - 36.

[30] 官汝凯. 走向共同富裕之路: 以技术市场发展提升劳动收入份额 [J]. 财经研究, 2023, 49 (1): 19 - 33.

[31] 顾焕章, 常向阳. 我国技术市场政策法规评析 [J]. 农业技术经济, 1999 (1): 18 - 21, 26.

[32] 顾纪瑞. 中国八十年代技术转移和技术进步 [J]. 学海, 1996 (5): 8 - 13.

[33] 顾文兴, 仇金泉, 方开炳. 社会主义技术市场初探 [J]. 科学学与科学技术管理, 1983 (6): 6 - 7, 2.

[34] 顾真溶, 蒋伏心. 长三角地区创新能力对技术市场交易效率的影响研究 [J]. 科技管理研究, 2019, 39 (4): 55 - 63.

[35] 豪利特, 拉米什. 公共政策研究: 政策循环与政策子系统 [M]. 庞诗等, 译. 北京: 生活·读书·新知三联书店, 2006.

[36] 何保山, 顾纪瑞, 严英龙. 中国技术转移和技术进步 [M]. 北京: 经济管理出版社, 1996.

[37] 何润华. 关于我国技术市场和专利制度的理论与实践——为我国公布第一部专利法而作 [J]. 科学学与科学技术管理, 1984 (4): 5 - 8.

[38] 何喜军, 吴爽爽, 武玉英, 等. 专利转让网络中结构洞占据者识别及角色演化——粤港澳大湾区的实证研究 [J]. 科学学与科学技术管理, 2022, 43 (4): 75 - 94.

[39] 胡方元. 基于知识转移的技术市场效率评价与优化研究 [D]. 长春: 吉林大学, 2011.

[40] 华冬芳, 蒋伏心. 技术转移中的信任生成机理研究 [J]. 南京社会科学, 2016 (9): 17 - 23.

[41] 黄萃, 徐磊, 钟笑天, 等. 基于政策工具的政策——技术路线图 (P - TRM) 框架构建与实证分析——以中国风机制造业和光伏产业为例 [J]. 中国软科学, 2014 (5): 76 - 84.

[42] 黄倩，陈朝月. 基础研究政策扩散的文献量化研究 [J]. 中国科技论坛，2019 (12)：12 – 22.

[43] 黄微，刘郡. 国内外技术市场运行机制比较研究 [J]. 图书情报工作，2009，53 (22)：18 – 21，59.

[44] 姬鹏程，孙凤仪，赵栩. 知识产权对经济增长作用的实证研究 [J]. 宏观经济研究，2018 (12)：40 – 54，144.

[45] 江小涓，黄颖轩. 数字时代的市场秩序、市场监管与平台治理 [J]. 经济研究，2021，56 (12)：20 – 41.

[46] 姜慧敏，崔颖. 基于技术合同分析的我国技术交易发展现状与对策研究 [J]. 科技管理研究，2018，38 (19)：31 – 37.

[47] 杰西·洛佩兹，约翰·斯科特. 社会结构 [M]. 允春喜，译. 吉林：吉林人民出版社，2007.

[48] 金通，骆莙函. 技术市场发展对工业转型升级的影响 [J]. 社会科学战线，2021 (7)：258 – 263.

[49] 金为民. 我国技术市场的发展与经济增长的协整分析 [J]. 科学学与科学技术管理，2009，30 (4)：73 – 76，80.

[50] 金雪军，刘汝姣. 技术市场与资本市场对接的模式分析及应用 [J]. 软科学，2004 (5)：26 – 28，32.

[51] 卡尔·波兰尼. 大转型：我们时代的政治与经济起源 [M]. 刘阳，冯钢详，译. 杭州：浙江人民出版社，2007.

[52] 柯洪，王美华，杜亚灵. 政策工具视角下 PPP 政策文本分析——基于2014 ~ 2017 年 PPP 国家政策 [J]. 情报杂志，2018，37 (11)：85 – 92.

[53] 科尔曼. 社会理论的基础（上、下）[M]. 邓方，译. 北京：社会科学文献出版社，2008.

[54] 拉德克利夫·布朗. 社会人类学方法 [M]. 夏建中，译. 北京：华夏出版社，2002.

[55] 兰梓睿. 中国可再生能源政策效力、效果与协同度评估——基于1995 ~ 2018 年政策文本的量化分析 [J]. 大连理工大学学报（社会科学版），2021，42 (5)：112 – 122.

[56] 雷光继，林耕. 我国技术市场发展面临的机遇、问题和对策研究 [J].

科学管理研究，2013，31（5）：5－8.

[57] 李柏洲，孙立梅. 我国技术市场运行效率研究 [J]. 科技进步与对策，2011，28（10）：1－5.

[58] 李敦黎. 我国技术交易中存在的问题与政府作用研究 [J]. 科技进步与对策，2004（3）：29－31.

[59] 李汉林，魏钦恭. 嵌入过程中的主体与结构：对政企关系变迁的社会分析 [J]. 社会科学管理与评论，2013（4）：51－61，112.

[60] 李红霞，李五四. 我国科技资源配置效率与空间差异分析——基于 SFA 模型的实证分析 [J]. 科学管理研究，2010，28（4）：35－40.

[61] 李兰花，黄灿，郑素丽，等. 实物期权视角下技术市场特征对高校专利维持决策的影响研究 [J]. 管理工程学报，2021，35（2）：79－89.

[62] 李鹏，郭晓川，齐英. 技术市场信用风险管理和控制政策 [J]. 科学管理研究，2011，29（3）：108－112.

[63] 李世超，蔺楠. 我国产学研合作政策的变迁分析与思考 [J]. 科学学与科学技术管理，2011，32（11）：21－26.

[64] 李雨浓，王博，张永忠，等. 校企专利合作网络的结构特征及其演化分析——以"985 高校"为例 [J]. 科研管理，2018，39（3）：132－140.

[65] 理查德·斯威德伯格. 经济社会学原理 [M]. 周长城，等译. 北京：中国人民大学出版社，2005.

[66] 理查德·埃文斯. 历史与记忆中的第三帝国 [M]. 梁本彬，孙匀，译. 北京：中信出版社，2018.

[67] 丽娜. 我国专利转移的区域性特征研究——基于我国城际专利转移网络的分析 [J]. 中国发明与专利，2022，19（8）：48－56.

[68] 梁剑. 技术合同的经济学研究 [M]. 成都：四川大学出版社，2015.

[69] 梁丽娜，于渤. 技术流动、创新网络对区域创新能力的影响研究 [J]. 科研管理，2021，42（10）：48－55.

[70] 廖理，李梦云，王正位. 借款人社会资本会降低其贷款违约概率吗——来自现金贷市场的证据 [J]. 中国工业经济，2020（10）：5－23.

[71] 廖勇，汪邦军，张玺. 技术市场政策体系探析 [J]. 经济体制改革，1993（1）：98－104.

［72］林南．社会资本——关于社会结构和行动理论［M］．张磊，译．北京：社会科学文献出版社，2020．

［73］林仁红．技术市场创新生态系统协同机理研究［D］．北京：首都经济贸易大学，2016．

［74］林志帆，龙小宁．社会资本能否支撑中国民营企业高质量发展？［J］．管理世界，2021，37（10）：56－73．

［75］刘大勇，洪雅兰，吕奇．科技成果转化的市场机制与市场成熟度评价［J］．产业经济评论，2017（3）：61－69．

［76］刘迪．技术市场发展推动了中国产业结构转型升级吗？［J］．河北经贸大学学报，2020，41（2）：73－81．

［77］刘凤朝，潘雄锋．我国技术市场发展和经济增长关系的交叉谱分析［J］．研究与发展管理，2008（3）：53－57．

［78］刘凤朝，张淑慧，朱姗姗．技术知识多样性的双重作用：专利受理及创新影响——基于对象—过程视角的研究［J］．中国软科学，2018（9）：148－159．

［79］刘凤朝，马荣康．国家创新能力成长模式——基于技术发展路径的国际比较［J］．科学学与科学技术管理，2013，34（4）：70－79．

［80］刘和东，施建军．自主创新、技术转移与经济增长关系的实证检验［J］．统计与决策，2009（15）：80－82．

［81］刘和东．中国技术市场与自主创新关系的实证研究［J］．科学学研究，2006（6）：974－978．

［82］刘华，周莹．我国技术转移政策体系及其协同运行机制研究［J］．科研管理，2012，33（3）：105－112．

［83］刘纪达，董昌其，安实．中国国防科技工业政策的变迁路径及其动力机制——基于589份政策文献的量化分析［J］．行政论坛，2022，29（2）：98－109．

［84］刘克寅．基于异质性行为契合的合作创新作用机制研究［J］．牡丹江大学学报，2020，29（10）：7－11．

［85］刘璇，刘军．区域技术创新扩散强度与效应研究——以京津冀和长三角地区为例［J］．经济问题，2010（9）：113－116．

[86] 刘学. 技术交易的特征与技术市场研究 [J]. 中国软科学, 2000 (3): 62 - 67.

[87] 刘泽政, 傅正华, 刘泽宪. 我国技术转移中政府职能研究 [J]. 科学管理研究, 2011, 29 (4): 60 - 64.

[88] 罗纳德·伯特. 结构洞: 竞争的社会结构 [M]. 任敏, 李璐, 林虹, 译. 上海: 格致出版社, 2008.

[89] 马克斯·韦伯. 经济与社会 (第一卷) [M]. 王迪, 译. 上海: 上海三联书店, 2010.

[90] 马希良. 我国的技术市场及其发展趋势 [J]. 科技管理研究, 1985 (3): 14 - 15.

[91] 门豪. 中国淘宝村的市场发生机制研究 [D]. 长春: 吉林大学, 2018.

[92] 孟申思. 高校技术转移本地实践破解转移障碍的作用机制研究 [D]. 杭州: 浙江大学, 2021.

[93] 孟钰莹. 专利技术价值评估方法研究综述 [J]. 情报探索, 2017 (9): 131 - 134.

[94] 慕良泽. 农村集市场域中的政治与市场——基于对甘肃省东部景乡集市的调查分析 [J]. 地方财政研究, 2007 (9): 47 - 52.

[95] 尼尔·弗雷格斯坦. 市场的结构 [M]. 甄志宏, 译. 上海: 上海人民出版社, 2008.

[96] 倪志伟. 新制度主义的源流 [G] //薛晓源、陈家刚主编. 全球化与新制度主义: 2001 年卷. 北京: 社会科学文献出版社, 2004.

[97] 牛枫. 我国技术转移的界面下移效应原因探析及对策 [J]. 经济论坛, 2006 (1): 43 - 44.

[98] 帕森斯, 斯梅尔瑟. 经济与社会 [M]. 北京: 华夏出版社, 1989.

[99] 潘雄锋, 刘凤朝. 中国技术市场发展与经济增长的协整分析 [J]. 科学学研究, 2005 (5): 645 - 649.

[100] 潘雄锋, 张静, 米谷. 中国区际技术转移的空间格局演变及内部差异研究 [J]. 科学学研究, 2017, 35 (2): 240 - 246.

[101] 彭甲超, 易明. 我国技术市场发展的空间格局及其对经济增长的影响 [J]. 科技管理研究, 2018, 38 (14): 30 - 35.

[102] 皮埃乐·布迪厄, 华康德. 实践与反思——反思社会学导论 [M]. 李猛, 李康, 译. 北京: 中央编译出版社, 1998.

[103] 钱颖一. 理解现代经济学 [J]. 经济社会体制比较, 2002 (2): 1-12.

[104] 秦宛顺, 刘学. 中国技术市场形成、发展与运行分析 [J]. 数量经济技术经济研究, 1998 (5): 3-9.

[105] 邱均平. 文献计量与内容分析——2004 年信息化与信息资源管理研讨会论文选集 [C]. 长春: 社会科学出版社, 2005: 120-150.

[106] 邱灵. 加快发展技术要素市场研究 [J]. 宏观经济研究, 2022 (9): 19-32.

[107] 任守云, 潘璐. 作为场域的市场: 农民销售处境与结构限制——以河北李村李子销售为例 [J]. 南京农业大学学报 (社会科学版), 2016, 16 (2): 15-24, 152.

[108] 邵汉华, 王瑶, 罗俊. 技术市场发展促进了产学研深度融合吗? [J]. 管理评论, 2022, 34 (11): 99-108.

[109] 沈慧君, 黄灿, 毛昊. 专利中介是否能帮助企业克服专利交易的经验劣势 [J]. 中国科技论坛, 2019 (12): 116-125.

[110] 沈正兰, 夏海波. 市场分割对区域创新能力的影响研究 [J]. 科技管理研究, 2022, 42 (21): 95-103.

[111] 施普林格·自然集团, 清华大学. 全球科技创新中心指数 2020 [R]. 北京: 国际科技创新中心, 2020.

[112] 时立荣, 徐美美, 贾效伟. 建国以来我国社会企业的产生和发展模式 [J]. 东岳论丛, 2011, 32 (9): 159-163.

[113] 斯蒂文·K. 沃格尔. 市场治理术: 政府如何让市场运作 [M]. 北京: 北京大学出版社, 2020.

[114] 宋丕丞. 技术中介在技术交易服务中是否存在下沉倾向——基于买方选择视角的验证 [J]. 科技进步与对策, 2021, 38 (21): 15-23.

[115] 隋立祖, 寇宗来. 中国技术市场发展: 理论逻辑和绩效评价 [J]. 研究与发展管理, 2011, 23 (3): 118-124.

[116] 孙博文, 谢贤君, 张政. 技术市场如何影响绿色全要素生产率?——

基于 OECD 绿色增长战略视角研究 [J]. 当代经济管理, 2020, 42 (8): 18 - 27.

[117] 孙豪. 国内市场发展战略的演化逻辑 [J]. 商业经济与管理, 2020, 40 (8): 84 - 96.

[118] 孙娟, 黄嫣然, 阳屹琴. 粤港澳大湾区高校专利转移、许可现状、挑战和建议 [J]. 科技管理研究, 2019, 39 (15): 92 - 97.

[119] 谭开明, 魏世红. 技术市场与技术创新互动发展的机理分析 [J]. 科技与管理, 2009, 11 (3): 37 - 40.

[120] 谭开明, 魏世红. 谈我国技术交易激励机制框架设计 [J]. 经济问题, 2007 (4): 41 - 43.

[121] 唐恒, 高粱洲, 刘桂锋. 京津冀产学研专京津冀利合作网络时空演化研究 [J]. 情报杂志, 2017, 36 (10): 130 - 136.

[122] 田波. 求索中国技术市场 [M]. 上海: 上海大学出版社, 2015.

[123] 涂尔干. 社会分工论 [M]. 渠敬东, 译. 北京: 生活·读书·新知三联书店, 2000.

[124] 托马斯·卢克曼, 彼得·伯格. 现实的社会建构 – 知识社会学论纲 [M]. 吴肃然, 译. 北京: 北京大学出版社, 2019.

[125] 汪晓华, 和金生, 白景美. 技术中介服务业改革与发展研究 [J]. 科学管理研究, 2000 (6): 31 - 33.

[126] 王白石. 试论技术商品及其交易特征 [J]. 科学学与科学技术管理, 1985 (9): 6 - 8.

[127] 王怀祖, 彭志强. 中国省际技术引进与省域自主创新能力关系研究 [J]. 管理现代化, 2017, 37 (4): 39 - 43.

[128] 王进富, 李嘉辉, 张颖颖, 等. 政府资助波动、技术市场发展程度与国有企业 R&D 投入 [J]. 科技进步与对策, 2021, 38 (10): 28 - 35.

[129] 王元地, 陈凤珍, 李敏. 我国科研机构专利许可的空间分布及流动网络分析 [J]. 情报杂志, 2016, 35 (1): 57 - 63.

[130] 魏江. 技术转移动因研究 [J]. 自然辩证法通讯, 1997 (3): 40 - 46, 80.

[131] 温芳芳. 基于社会网络分析的专利合作模式研究 [J]. 情报杂志, 2013, 32 (7): 119 - 123.

［132］吴伟，朱嘉赞．高等教育发展改革开放 40 年之高校科研体制机制改革［EB/OL］．北京：搜狐新闻，2018［2022 – 12 – 13］．https：//www. sohu. com/a/ 24106295999896482.

［133］吴兆华．技术市场在社会主义市场体系中的地位和作用——再论技术市场与其他市场之间的关系［J］．科学管理研究，1987（2）：48 – 53.

［134］西美尔．社会学——关于社会化形式的研究［M］．林荣远，译．北京：华夏出版社，2002.

［135］夏凡，冯华．基于纵向市场机制的产业技术进步协同效应研究［J］．科技进步与对策，2020，37（4）：70 – 78.

［136］夏梁．"以市场换技术"是如何提出的（1978 – 1988）［J］．中国经济史研究，2015（4）：102 – 113，144.

［137］肖国芳，李建强．改革开放以来中国技术转移政策演变趋势、问题与启示［J］．科技进步与对策，2015，32（6）：115 – 119.

［138］肖小虹，彭金霞，贺小刚．技术市场赋能地方创业活力——来自中国省级地区的经验证据［J］．经济问题探索，2022（10）：53 – 76.

［139］谢崇赟．商品世界的物质装置与价值斗争：法国经济社会学的"再市场化"从布迪厄的经济场域谈起［J］．社会，2021，41（6）：166 – 202.

［140］谢青，田志龙．创新政策如何推动我国新能源汽车产业的发展——基于政策工具与创新价值链的政策文本分析［J］．科学学与科学技术管理，2015（6）：3 – 14.

［141］辛守良，杨娴．社会主义生产目的在现阶段的实现特点［J］．北京大学学报（哲学社会科学版），1981（2）：55 – 61.

［142］许水平，尹继东．区域技术市场发展对创新能力的影响——基于2000 ~ 2011 年省际面板数据分位数回归［J］．科技管理研究，2014，34（24）：1 – 6.

［143］杨继绳．技术市场初探［J］．自然辩证法通讯，1982（4）：24 – 30.

［144］杨继绳．论社会主义市场系统中的技术市场［J］．科学学与科学技术管理，1987（5）：8 – 10.

［145］叶环保．论技术市场的功能及其发展目标［J］．华中师范大学学报（哲学社会科学版），1987（6）：82 – 87.

[146] 叶祥松，刘敬．异质性研发、政府支持与中国科技创新困境 [J]．经济研究，2018，53（9）：116-132.

[147] 易昌泰，高平．论社会主义技术市场 [J]．江西财经学院学报，1985（5）：29-33.

[148] 鱼金涛，郝跃英．斋藤优的新著《国际技术转移政治经济学》[J]．外国经济与管理，1987，(8)：44.

[149] 俞立平，吴思慈，张宏如．技术市场发展与高技术企业创新差距关系研究 [J]．统计与信息论坛，2022，37（3）：14-23.

[150] 张江雪．我国技术市场发展程度的测度 [J]．科研管理，2010，31（5）：79-86，147.

[151] 张江雪．我国技术市场税收优惠政策效果的实证研究 [J]．科技与经济，2010，23（4）：16-20.

[152] 张锴，穆荣平，李扉南．影响技术市场规模的关键因素研究 [J]．科学学与科学技术管理，2003（4）：57-60.

[153] 张可云，赵文景．雄安新区高技术产业发展研究 [J]．河北学刊，2018，38（5）：152-160.

[154] 张林，莫彩玲．中国技术市场的时空演变特征 [J]．经济地理，2020，40（9）：125-132.

[155] 张汝飞，刘超，赵彦云．技术市场对产业结构调整的促进效应——以北京技术市场为例 [J]．技术经济，2016，35（8）：74-82.

[156] 张铣．技术转让中信息披露存在的问题及其应对 [J]．知识产权，2015（7）：65-71.

[157] 张欣炜，林娟．中国技术市场发展的空间格局及影响因素分析 [J]．科学学研究，2015，33（10）：1471-1478.

[158] 张雅蕊，马玎．中国钢铁产业创新网络结构演化研究 [J]．企业科技与发展，2018（1）：22-25.

[159] 张亚峰，李黎明．专利价值再认识：大学专利转让的实证研究 [J]．科学学研究，2022，40（9）：1608-1620.

[160] 张永安，耿喆，王燕妮．区域科技创新政策分类与政策工具挖掘——基于中关村数据的研究 [J]．科技进步与对策，2015，32（17）：116-122.

［161］张优智. 技术市场发展与经济增长的协整检验——基于 1987～2009 年的数据分析 ［J］. 大连理工大学学报（社会科学版），2011，32（4）：25－31.

［162］张座铭，彭甲超，易明. 中国技术市场运行效率：动态演进规律及空间差异特征 ［J］. 科技进步与对策，2018，35（20）：55－63.

［163］章木生. 发展技术市场的构想 ［J］. 科技进步与对策，1985（4）：10－12.

［164］章琰. 大学技术转移中的界面及其移动分析 ［J］. 科学学研究，2003，21（z1）：25－29.

［165］赵慕兰. 把握技术转移规律促进产学研创新体系发展 ［J］. 中国高校科技，2007，（11）：65－67.

［166］赵新亚. 论技术商品的价值决定和价格形成 ［J］. 价格理论与实践，1989（11）：10－14.

［167］赵志娟，李建琴. 技术市场对区域创新能力的影响研究 ［J］. 科技管理研究，2015，35（8）：62－65.

［168］郑天天. 我国重大科技发展规划演变研究 ［D］. 大连：大连理工大学，2007.

［169］中国科学技术发展战略研究院，中国科技金融促进会，上海市科学学研究所. 中国科技金融生态年度观察（2018）［M］. 上海：上海交通大学出版社，2018.

［170］周波. 知识交易及其定价研究 ［D］. 上海：复旦大学，2006.

［171］周俊亭，席彦群，周媛媛. 区域技术市场、政府扶持与科技创新 ［J］. 中国软科学，2021（11）：80－90.

［172］周密，孙湦阳. 专利权转移、空间网络与京津冀协同创新研究 ［J］. 科学学研究，2016，34（11）：1736－1743，1760.

［173］周琼琼，华青松. 科技资源配置对技术创新能力的影响研究 ［M］. 成都：西南交通大学出版社，2017.

［174］朱春奎，等著. 政策网络与政策工具：理论基础与中国实践 ［M］. 上海：复旦大学出版社，2011.

［175］朱诗怡，张凯，胡昕霖. 技术市场对经济高质量发展的影响研究——

基于稀疏 PCA 与中介效应检验 [J]. 经济问题探索, 2021 (9): 30 - 43.

[176] 朱雪忠, 胡锴. 中国技术市场的政策过程、政策工具与设计理念 [J]. 中国软科学, 2020 (4): 1 - 16.

[177] 庄子银, 段思淼. 区域技术市场发展对创新的驱动作用——来自 2002～2015 年省级面板数据的实证分析 [J]. 科技进步与对策, 2018, 35 (15): 29 - 38.

[178] Aghion P, Bloom N, Blundell R, et al. Competition and innovation: An inverted-U relationship. Quart [J]. Journal of Economic, 2005 (122): 701 - 728.

[179] Agrawal A, Cockburn I, Zhang L. Deals not done: Sources of failure in the market for ideas [J]. Strategic Management Journal, 2015, 36 (7): 976 - 986.

[180] Anand B N, Khanna T. The structure of licensing contracts [J]. Industry Economic, 2000 (1): 103 - 135.

[181] Anderson G, Jankowski J, Boroush M. U. S. R&D Increased by $51 Billion in 2020 to $717 Billion; Estimate for 2021 Indicates Further Increase to $792 Billion [EB/OL]. Alexandria: National Center for Science and Engineering Statistics, 2023 [2023 - 2 - 12]. https: //ncses. nsf. gov/pubs/nsf23320/figure/3.

[182] Arora A, Fosfuri A, Gambardella A. Markets for technology and their implications for corporate strategy [J]. Industrial and Corporate Change, 2001, 10 (2): 419 - 451.

[183] Arora A, Gambardella A. The market for technology [J]. Handbook of Economics of Innovation, 2010 (1): 641 - 678.

[184] Arora A, Fosfuri A, Gambardella A. Markets for Technology: The Economics of Innovation and Corporate Strategy [M]. Massachusetts: The MIT Press, 2001.

[185] Arora A, Ceccagnoli M. Patent Protection, Complementary Assets and Firms' Incentives for Technology Licensing [J]. Management Science, 2006 (52): 293 - 308.

[186] Arora A, Gambardella A. The changing technology of technological change: General and abstract knowledge and the division of innovative labour [J].

Research Policy, 1994, 23 (5): 523 –532.

[187] Arora A, Fosfuri A. Licensing the market for technology [J]. Journal of Economic Behavior & Organization, 2003, 52 (2): 277 –295.

[188] Arora A, Belenzon S, Suh J. Science and the Market for Technology [J/OL]. Maryland: Management Science, 2022 [2023 –01 –19]. https: //doi. Org/10. 1287/ mnsc. 2021. 4268.

[189] Arque-Castells P, Spulber D F. Measuring the private and social returns to R&D: Unintended spillovers versus technology markets [J]. Journal of Political Economy, 2022, 130 (7): 1860 –1918.

[190] Arque-Castells P, Spulber D F. Firm Matching in the Market for Technology: Business Stealing and Business Creation [J]. Northwestern Law & Econ Research Paper, 2017 (18): 88 –102.

[191] Arrow K. Economic welfare and the allocation of resources for the invention [J] //Nelson RR, ed. The Rate and Direction of Inventive Activity: Economic and Social Factors. Princeton: Princeton University, 1962: 609 –626.

[192] Asmussen C, Fosfuri A. Orchestrating corporate social responsibility in the multinational enterprise [J]. Strategic Management Journal, 2019, 40 (6): 894 –916.

[193] Astebro T. Noncapital investment costs and the adoption of CAD and CNC in U. S. metalworking industries [J]. RAND Journal of Economics, 2002, 33 (4): 672 –688.

[194] Athreye S, Cantwell J. Creating competition? Globalization and the emergence of new technology producers [J]. Research Policy, 2007 (36): 209 – 226.

[195] Baker W. The Social Structure of a National Security Market [J]. American Journal of Sociology, 1984, 89 (4): 775 –811.

[196] Bandelj N. Relational Work in the Economy [J]. Annual Review of Sociology, 2020 (46): 251 –27.

[197] Bavelas A. A Mathematical Model for Group Structures [J]. Human Organization, 1948 (7): 16 –30.

［198］ Benoit B, Abdalla G. Licensing and selling intellectual property rights and technology online ［J］. The Licensing Journal, 2000, 20 (4): 15 – 18.

［199］ Bessy C. Économie des conventions et transformations du capitalisme: une analyse des effets du pouvoir de valorisation ［J］. Revue française de socio-économie, 2019, 23 (2): 79 – 96.

［200］ Bettignies J, Liu H F, Robinson D T. Competition and Innovation in Markets for Technology ［J/OL］. Maryland: Management Science, 2022 ［2023 – 01 – 19］. https: // doi. org/10. 1287/mnsc. 2022. 4574.

［201］ Bevir M. A Theory of Governance ［M/OL］. California: GAIA Books, 2013 ［2023 – 01 – 06］. https: //escholarship. org/uc/item/2qs2w3rb.

［202］ Bion C. Technology Subordination and International Technology Development ［M］. London: Harper Collins Publishers, 1990.

［203］ Bloom N, Draca M, Van R J. Trade induced technical change? The impact of Chinese imports on innovation, IT and productivity ［J］. The Review of Economic Studies, 2016, 83 (1): 97 – 117.

［204］ Boltanski L. Pragmatique de la valeur et structures de la merchandise ［J］. Annales. Histoire, 2017, 72 (3): 607 – 629.

［205］ Bourdieu P. Les structures sociales de l'économie ［M］. Paris: Seuil, 2001.

［206］ Bourdieu P. Outline of a Theory of Practice ［M］. Cambridge: Cambridge University Press, 1977: 72 – 90.

［207］ Cabaleiro G, Salce F. The State of Markets for Technology in Chile ［J］. Journal of Technology Management and Innovation, 2018, 13 (1): 38 – 47.

［208］ Callon M. L'emprise des marches Comprendre leur fonctionnement pour pouvoir les changer ［M］. Paris: La Découverte, 2017.

［209］ Cassiman B, Veugelers R. In search of complementarity in innovation strategy: internal R&D and external knowledge acquisition ［J］. Management Science, 2006, 52: (1), 68 – 82.

［210］ Caves R E. International corporations: The industrial economics of foreign investment ［J］. Economica, 1971, 38 (149): 1 – 27.

[211] Caviggioli F, Ughetto E. The drivers of patent transactions: Corporate views on the market for patents [J]. R&D Management, 2013, 43 (4): 318 –332.

[212] Caviggioli F, Marco A D, Giuseppe S, et al. Corporate strategies for technology acquisition: evidence from patent transactions [J]. Management Decision, 2017, 55 (6): 1163 –1181.

[213] Ceccagnoli M M, Higgins J, Palermo V. Behind the Scenes: Sources of Complementarity in R&D [J]. Journal of Economics and Management Strategy, 2014 (23): 125 –148.

[214] Cockburn I M, Macgarvie M J, Müller E. Patent thickets, licensing and innovative performance [J]. Industrial and Corporate Change, 2010, 19 (3): 899 –925.

[215] Comino S, Galasso A, Graziano C. Market power and patent strategies: Evidence from renaissance Venice [J]. The Journal of Industrial Economics, 2019, 68 (2): 226 –269.

[216] Czarnitzki D, Hussinger K, Schneider C. R&D collaboration with uncertain intellectual property rights [J]. ZEW Discussion Papers, 2011 (11): 1 –10.

[217] Duan D, Zhang Y, Chen Y, et al. Regional integration in the intercity technology transfer system of the Yangtze River Delta, China [J]. Sustainability, 2019, 11 (10): 29: 41.

[218] Dunning J H. International Production and the Mul-tinational Enterprise [M]. London: Allen & Unwind, 1981.

[219] Dushnitsky G, Lenox M J. When do firms undertake R&D by investing in new ventures? [J]. Strategic Management Journal, 2005, 26 (10): 947 –965.

[220] Ekstrom M. Causal Explanation of Social Action: The Contribution of Max Weber and of Critical Realism to a Generative View of Causal Explanation in Social Science [J]. Acta Sociologica, 1992, 35 (2), 107 –122.

[221] Favereau O. Complément. L'économie du sociologue ou penser (l'orthodoxie) à partir de Pierre Bourdieu [G] // Bernard Lahire. Le travail sociologique de Pierre Bourdieu. London: La Découverte, 2001: 255 –314.

[222] Figueroa N, Serrano C J. Patent trading flows of small and large firms

［J］. Research Policy, 2019, 48 (7): 1601 – 1616.

［223］ Fosfuri A. The licensing dilemma: Understanding the determinants of the rate of technology licensing ［J］. Strategic Management Journal, 2006, 27 (12): 1141 – 1158.

［224］ Fosfuri A, Giarratana M S. Introduction: Trading under the Buttonwood—a foreword to the markets for technology and ideas ［J］. Industrial and Corporate Change, 2010 (19): 767 – 773.

［225］ Friedmann J. The good society ［M］. Cambridge: MIT Press, 1979.

［226］ Galasso A, Schankerman M, Serrano C J. Trading and enforcing patent rights ［J］. The RAND Journal of Economics, 2013, 44 (2): 275 – 312.

［227］ Gambardella A, Giuri P, Luzzi A. The Market for Patents in Europe ［J］. Research Policy, 2007 (36): 1163 – 1183.

［228］ Gambardella A, Giarratana M S. General technological capabilities, product market fragmentation, and markets for technology ［J］. Research Policy, 2013, 42 (2): 315 – 325.

［229］ Gans J, Stern S. The product market and the market for "ideas": Commercialization strategies for technology entrepreneurs ［J］. Research Policy, 2003 (32): 333 – 350.

［230］ Garud R, Kumaraswamy A. Changing competitive dynamics in network industries: An exploration of Sun Microsystems' open systems strategy ［J］. Strategic Management Journal, 1993, 14 (5): 351 – 369.

［231］ Graham S J, Marco A C, Myers A F. Patent transactions in the market place: Lessons from the USPTO patent assignment dataset ［J］. Management Strategy 2018, 27 (3): 343 – 371.

［232］ Granovetter M. The Impact of Social Structure on Economic Outcomes ［J］. Journal of Economic Perspectives, 2005 (19): 33 – 50.

［233］ Granovetter M. Economic Action and Social Structure: The Problem of Embeddedness ［M］. Department of Sociology, 1985.

［234］ Guerzoni M. The impact of market size and users' sophistication on innovation: the patterns of demand and the technology life cycle ［J］. Economic Research Papers, 2007 (46): 113 – 126.

[235] Guilhon B. Technology and markets for knowledge: knowledge creation, diffusion and exchange within a growing economy [J]. Kluwer Academic Publishers. 2001, 29 (8): 335 – 340.

[236] Hall B H, Ziedonis R H. The patent paradox revisited: an empirical study of patenting in the US semiconductor industry, 1979 – 1995 [J]. RAND Journal of Economics, 2001, 32 (1): 101 – 128.

[237] Hall P A, Soskice D. Varieties of Capitalism: The Institutional Foundations of Comparative Advantage [J]. New York: Oxford University Press, 2001.

[238] Harber S, Werfel S H. Patent trolls as financial intermediaries? Experimental evidence [J]. Economics Letters, 2016 (149): 64 – 66.

[239] Hashmi A. Competition and innovation: The inverted-U relationship revisited [J]. The Review of Economics and Statistics. 2013, 95 (5): 1653 – 1668.

[240] Helsley R W, Strange W C. Entrepreneurs and cities: complexity, thickness and balance [J]. Regional Science&Urban Economics, 2011, 41 (6): 550 – 559.

[241] Herbst P, Jahn E. IP-for-IP or Cash-for-IP? R&D Competition and the Market for Technology [J]. The Industrial Organization Society, 2017, 51 (1): 75 – 101.

[242] Hochberg Y V, Serrano C J, Ziedonis R H. Patent collateral, investor commitment, and the market for venture lending [J]. Journal of Financial Economics, 2018, 130 (1): 74 – 94.

[243] Howells J. The management of innovation and patterns in technological development [J]. Aarhus School of Business: Department of Management, 2003 (5): 1 – 31.

[244] Inkinen T, Soursa K. Intermediaries in Regional Innovation Systems: High-Technology Enterprise Survey from Northern Finland [J]. European Planning Studies, 2010, 18 (2): 169 – 187.

[245] Jones T, Norris M, Solomon I. Strategies for maximizing value from in-

tellectual capital in a technology-driven business [J]. The Licensing Journal, 2002 (6): 1 – 7.

[246] Kani M, Motohashi K. Understanding the technology market for patents: New insights from a licensing survey of Japanese firms [J]. Research Policy, 2012 (41): 226 – 235.

[247] Kaufmann A, Tödtling F. Science-industry interaction in the process of innovation: the importance of boundary-crossing between systems [J]. Research Policy, 2001 (30): 791 – 804.

[248] Kelley A. Practicing in the patent marketplace [J]. The University of Chicago Law Review, 2011, 78 (1): 115 – 137.

[249] Kimberly K H. Risky Investments: How Local and Foreign Investors Finesse Corruption-Rife Emerging Markets [J]. American Sociological Review, 2018, 83 (4): 657 – 685.

[250] Krugman P. A "Technology Gap" Model of International Trade [M]. Structural Adjustment in Developed Open Economies. Palgrave Macmillan UK, 1985.

[251] Kulatilaka N, Lin L. Impact of Licensing on Investment and Financing of Technology Development [J]. Management Science, 2006, 52 (12): 1824 – 1837.

[252] Kwon S. How does patent transfer affect innovation of firms [J]. Technological Forecasting & Social Change, 2020 (154): 1 – 12.

[253] Lamoreaux N, Sokoloff K, Sutthiphisal D. Patent Alchemy: The Market for Technology in US History [J]. Business History Review, 2003, 87 (1): 3 – 38.

[254] Lanjouw J O, Schankerman M. Patent Quality and Research Productivity: Measuring Innovation with Multiple Indicators [J]. The Economic Journal, 2004, 114 (495): 441 – 465.

[255] Libecap G D. Economic variables and the development and law: the case of western mineral rights [J]. Journal of Economic History, 1978, 338 – 362.

[256] Lopez J. Society and Its Metaphors [M]. London: Bloomsbury Academic, 2003.

[257] Mansfield E. Technical change and the rate of imitation [J]. Econometrica: Journal of the Econometric Society, 1961: 741 – 766.

[258] Marco A D, Scellato G, Ughetto E, et al. Global markets for technology: Evidence from patent transactions [J]. Research Policy, 2017, 46 (9): 1644 – 1654.

[259] Monk A H. The emerging market for intellectual property: drivers, restrainers, and implications [J]. Journal of Economic Geography, 2009 (9): 469 – 491.

[260] Motohashi K. Licensing or not licensing? An empirical analysis of the strategic use of patents by Japanese firms [J]. Research Policy, 2008 (37): 1548 – 1555.

[261] Mowery C, Ziedonis A. Document Markets versus spillovers in outflows of university research [J]. Research Policy, 2015, 44 (1): 50 – 66.

[262] Parsons T, Shils E. Toward a General Theory of Action: Theoretical Foundations for the Social Sciences [J]. Cambridge: Transaction Publishers, 2001.

[263] Podolny J M. Networks as the Pipes and Prisms of the Market [J]. American Journal of Sociology, 2001, 107 (1): 33 – 60.

[264] Posner M V. International Trade and Technical Change [J]. Oxford Economic Papers, 1961, 13 (3): 323 – 341.

[265] Powell W W. Neither Markets nor Hierarchy: Network Forms of Organization [J]. Research in Organizational Behavior, 1990 (12): 295 – 336.

[266] Reinhilde V. Internal R&D expenditures and external technology sourcing [J]. Research Policy, 1997, 26 (3): 303 – 315.

[267] Robbins C. Measuring payments for the supply and use of intellectual property [J] // Reinsdorf M, Slaughter M, eds. International Trade in Services and Intangibles in the Era of Globalization. Chicago: National Bureau of Economic Research, Inc, 2009: 139 – 174.

[268] Rothwell R, Zegveld W. Industrial Innovation and Public Policy: Preparing for the 1980s and 1990s [M]. London: Frances Printer, 1981.

[269] Serrano C J. Estimating the gains from trade in the market forpatent

rights [J]. International Economic Review, 2018, 59 (4): 1877 – 1904.

[270] Serrano C J. The dynamics of the transfer and renewal of patents [J]. The RAND Journal of Economic, 2010, 41 (4): 686 – 708.

[271] Sheehan J, Martinez C, Guellec D. Understanding Business Patenting and Licensing: Results of a Survey [J]. OECD Conference Proceedings, 2007 (16): 89 – 110.

[272] Swedberg, Richard. The Economic Sociologies of Pierre Bourdieu [J]. Cultural sociology, 2011, 5 (1): 67 – 82.

[273] Teece D J. Profiting from technological innovation: Implications for integration, collaboration, licensing and public policy [J]. Research Policy, 1986 (15): 285 – 305.

[274] Uzzi B. Embeddedness in the Making of Financial Capital: How Social Relations and Networks Benefit Firms Seeking Financing [J]. American Sociological Review, 1999, 64 (4): 481: 505.

[275] Uzzi B, Spiro J. Collaboration and creativity: the small world problem [J]. American Journal of Sociology, 2005, 111 (2): 447 – 504.

[276] Wherry F. Relational Accounting: A Cultural Approach [J]. American Journal of Cultural Sociology, 2016, 4 (2): 131 – 156.

[277] White H C. Where Do Markets Come From? [J]. American Journal of Sociology, 1981, 87 (3): 517 – 547.

[278] White H. Markets from Networks. Socioeconomic Models of Production [M]. Princeton: Princeton University Press, 2006.

[279] Whitford J. Waltzing, Relational Work, and the Construction (or Not) of Collaboration in Manufacturing Industries [J]. Politics & Society, 2012, 40 (2): 249 – 272.

[280] Williamson O E. The Vertical Integration of Production: Market Failure Considerations [J]. The American Economic Review, 1971, 61 (2): 112 – 123.

[281] Zaheer A G, zübüyük R, Milanov H. It's the connections: The network perspective in interorganizational research [J]. Academy of Management Perspectives, 2010, 24 (1): 62 – 77.

［282］Zelizer V A. How I Became a Relational Economic Sociologist and What Does That Mean? ［J］. Politics & Society, 2012, 40 (2): 145 – 174.

［283］Zheng F H, Jiao H, Cai H B. Reappraisal of outbound open innovation under the policy of China's "Market for Technology" ［J］. Technology Analysis & Strategic Management, 2018, 30 (1): 1 – 14.

［284］Zukin S, DiMaggio P. Structures of Capital: The Social Organization of the Economy ［M］. Cambridge: Cambridge University Press, 1990.